中央高校基本科研业务费专项资金资助
（项目编号：2042022kf1036）

健康老龄化视角下中国老年人的衰弱指数研究

顾耀华 著

武汉大学出版社

图书在版编目(CIP)数据

健康老龄化视角下中国老年人的衰弱指数研究/顾耀华著.—武汉：武汉大学出版社,2024.1(2024.12重印)
 ISBN 978-7-307-23803-9

Ⅰ.健… Ⅱ.顾… Ⅲ.人口老龄化—研究—中国 Ⅳ.C924.24

中国国家版本馆 CIP 数据核字(2023)第 102063 号

责任编辑:陈 红　　责任校对:李孟潇　　版式设计:马 佳

出版发行：武汉大学出版社　（430072　武昌　珞珈山）
（电子邮箱：cbs22@whu.edu.cn　网址：www.wdp.com.cn）
印刷：武汉邮科印务有限公司
开本：720×1000　1/16　　印张：12.25　　字数：197 千字　　插页：1
版次：2024 年 1 月第 1 版　　2024 年 12 月第 2 次印刷
ISBN 978-7-307-23803-9　　　　定价：48.00 元

版权所有，不得翻印；凡购我社的图书，如有质量问题，请与当地图书销售部门联系调换。

目 录

第一章 健康老龄化 ··· 1
一、我国老龄化现况 ··· 1
二、健康老龄化 ··· 3
三、健康老龄化对我国的启示 ·· 10

第二章 健康老龄化研究进展 ·· 15
一、研究背景及目的 ·· 15
二、研究对象及方法 ·· 17
三、结果 ·· 19
四、结论 ·· 48

第三章 衰弱 ·· 49
一、定义 ·· 49
二、意义 ·· 53

第四章 中国老年人的衰弱现状 ······································ 66
一、中国老年健康影响因素跟踪调查(Chinese Longitudinal Healthy Longevity Survey，CLHLS)简介 ·································· 66
二、研究背景及目的 ·· 69
三、研究对象及方法 ·· 69
四、结果 ·· 76
五、结论 ·· 95

第五章　衰弱预测模型的构建 …… 99
　　一、研究背景及目的 …… 99
　　二、研究对象及方法 …… 100
　　三、结果 …… 102
　　四、结论 …… 110

第六章　衰弱预后模型的构建 …… 115
　　一、研究背景及目的 …… 115
　　二、研究对象及方法 …… 116
　　三、结果 …… 120
　　四、结论 …… 157

第七章　衰弱的变化轨迹 …… 162
　　一、研究背景及目的 …… 162
　　二、研究对象及方法 …… 163
　　三、结果 …… 167
　　四、结论 …… 185

第八章　总结 …… 188
　　一、研究方法 …… 189
　　二、创新与不足 …… 190

第一章 健康老龄化

由于医疗技术的发展和生育率的下降，人类寿命逐渐延长，人口结构逐渐老化。目前，全球普遍面临人口老龄化挑战①。21世纪以来，大多数工业化国家的人口寿命不断增加，并在近几十年的时间内，以超出联合国等国际组织预期的速度快速增长，增长趋势并无放缓倾向。由此，80岁以上的高龄老年人数量不断增加，百岁老人的数量也大幅增长。据联合国预测，从2015年到2050年，全球60岁以上人口的比例将从12%增至22%，达到近21亿，其中80岁以上老年人口数量将达4.34亿。届时，全球除了非洲以外，老年人口将超过总人口的1/4②。预期寿命增长的同时，生育率正逐渐降低。有些国家已出现了人口死亡率大于人口出生率的人口负增长现象，尤其是西方国家③。

一、我国老龄化现况

2000年，全国第五次人口普查数据显示，我国60岁及以上老年人口达1.3亿人，占总人口的10.2%，65岁及以上老年人口达8811万人，占总人口的6.96%，标志着我国进入老龄化社会，并且发展态势迅猛④。根据2020年全国第七次人口普查数据，我国现有60岁及以上老年人口约2.6亿，占18.70%（其中，65岁及以上老年人口为1.9亿，占13.5%），80岁以上老年人口约0.36亿，占2.56%。预计到2051年，60岁以上老年人数量将达到最大值4.83亿，80岁以上

---

① 杨团. 中国长期照护的政策选择[J]. 中国社会科学, 2016, 37(11): 87-110.
② 联合国. World Population Prospects: 2017 version, 2017.
③ 联合国. World Population Prospects: 2022 version, 2022.
④ 杨团. 中国长期照护的政策选择[J]. 中国社会科学, 2016, 37(11): 87-110.

老年人数量将翻4倍[①]。人口老龄化使潜在供养比(即15～64岁人口与65岁以上人口的比值)不断下降,由1950年为12,2000年降至9,2020年降至5。据估计,21世纪中叶将会降至4,对社会保障体系造成重大影响。与此同时,人口老龄化还会对劳动力供求关系、经济发展、社会公共基础设施建设、社会文化建设等社会建设和发展产生深远影响[②]。我国人口老龄化具有基数大、速度快等特点,老龄事业和养老服务体系的重要性和紧迫性日益凸显。

进入老龄化社会以来,我国老龄化相关政策不断发展完善,以满足社会经济发展需求、人民生活水平变化需求和老年群体的实际需求。随着老龄化程度的加重,老龄化相关政策也在基于我国现实发展状况下及时做出调整。1999年10月,全国老龄工作委员会成立,负责协调和统筹全国的老龄事业相关工作。2000年8月,中共中央、国务院出台《关于加强老龄工作的决定》,强调:"老龄问题涉及政治、经济、文化和社会生活诸多领域,是关系到国计民生和国家长治久安的一个重大社会问题"。这是我国综合推动老龄事业的主要政策。

2001年7月,国务院颁布第一个老龄事业五年规划《中国老龄事业发展"十五"计划纲要(2001—2005年)》,后续于2006年和2011年颁布《中国老龄事业发展"十一五"规划》和《中国老龄事业发展"十二五"规划》,于2017年和2022年颁布了《"十三五"国家老龄事业发展和养老体系建设规划》和《"十四五"国家老龄事业发展和养老体系建设规划》。

由于老龄事业发展涉及我国经济社会发展诸多领域,老龄化相关政策具有内容及时性、治理主体多元化等特点。2000年开始,各领域相继出台相关政策,尤其是养老保障领域和养老服务领域。不仅建立了城镇居民基本医疗保险试点、城市医疗救助制度、新型农民养老保险制度、农村低保制度,还于2010年颁布了《中华人民共和国社会保险法》。2006年,《关于加快发展养老服务业的意见》发布。2008年,《关于全面推进居家养老服务工作的意见》发布。党的十八大以来,为了更好地应对我国人口快速老龄化进程,党中央高度重视老龄事业和养老

---

① 全国老龄工作委员会办公室总报告起草组. 国家应对人口老龄化战略研究总报告[J]. 老龄科学研究,2015,3(3):4-34.

② Jeffrey B. Halter, Joseph G. Ouslander, Mary E. Tinetti, Stephanie Studenski, Kevin P. High, Sanjay Asthana. 哈兹德老年医学[M]. 李小鹰,王建业,译. 北京:人民军医出版社,2015.

服务体系的建设，推动各个领域的政策相继配套出台，使我国老龄政策进入系统化、体系化的快速发展轨道[①]。2012年12月，《中华人民共和国老年人权益保障法》第一次修订。2013年，《关于加快发展养老服务业的若干意见》和《关于促进健康服务业发展的若干意见》出台。2016年3月，《中华人民共和国国民经济和社会发展第十三个五年规划纲要》设立"积极应对人口老龄化"专章。在一系列养老政策的推动下，我国养老产业的活力快速提升，全社会关心、重视、支持老龄事业发展的社会氛围越发浓厚。2019年，党的十九届四中全会召开，确立了推进国家治理体系和治理能力现代化的总体目标，需要系统地、战略性地解决我国老龄化程度不断加深的问题。同年，中共中央、国务院印发《国家积极应对人口老龄化中长期规划》。2020年11月，《中共中央关于制定国民经济和社会发展第十四个五年规划和二〇三五年远景目标的建议》明确提出应以"一老一小"为重点完善人口服务体系。2021年，《中共中央 国务院关于优化生育政策促进人口长期均衡发展的决定》公布，提出三胎开放政策及其配套生育支持措施。上述政策变迁旨在不断适时调整和完善老龄政策，以使其更加科学有效地应对人口老龄化带来的问题和挑战[②]。

二、健康老龄化

1. 健康老龄化提出的背景

随着全球老龄化加速，发生慢性病、失能和照护依赖的老年人数量显著增加，老化的人口将成为下一个全球公共卫生挑战[③]。据世界卫生组织统计，2012年全球范围内68%的死亡可归因于慢性非传染性疾病，其中约3/4的慢性非传染性疾病发生在60岁以上的人群中。2015年全球疾病负担研究显示，与1990年相

[①] 吴玉韶，赵新阳. 中国老龄政策二十年：回顾与启示[J]. 老龄科学研究，2021，9(10)：2-14.

[②] 吴玉韶，赵新阳. 中国老龄政策二十年：回顾与启示[J]. 老龄科学研究，2021，9(10)：2-14.

[③] Gu, Y., Wu, W., Bai, J., Chen, X., Chen, X., Yu, L.,... Tan, X. Association between the number of teeth and frailty among Chinese older adults: a nationwide cross-sectional study[J]. BMJ Open, 2019, 9(10).

比，虽然人类寿命有所延长，但其以不健康状态生存的时间也延长了。随着人口的增长和老化，由慢性非传染性疾病所导致的伤残调整寿命年逐渐增加，并于2015年达到总伤残调整寿命年的59.7%，成为主要的疾病负担[1]。因此，延长的寿命对个人和社会会产生什么样的影响，取决于一个关键因素：健康状况。如果延长的生命中始终伴随着脑力和体力的严重衰退，就会对老年人和社会产生更多负面影响。如何在提高老年人健康水平的同时降低医疗资源消耗是老龄化社会急需解决的核心问题。

为了应对老龄化加速的挑战，全球各国都在积极完善其医疗系统和社会系统，以适应老龄化时代的需求。2015年，世界卫生组织首次发布了《关于老龄化与健康的全球报告》，并于2016年发布了《全球应对老龄化与健康的行动框架（2016—2020）》，为实现健康老龄化制定了行动框架，该框架指出：应对老龄化挑战的关键在于提高老年人口的健康状况。世界卫生组织将"健康老龄化"作为老龄化社会的目标，并将健康老龄化定义为发展和维护老年人健康生活所需的功能发挥的过程。2019年，中共中央、国务院印发了《国家积极应对人口老龄化中长期规划》，从5个方面部署了应对人口老龄化的具体任务，包括：社会财富储备、劳动力有效供给、养老服务供给、科技创新和社会环境建设，其中老年人的健康是核心要素。各涉老政策的制定都取决于老年人群的健康状况。健康决定了老年人群的生活质量、对养老和医疗服务的使用以及社会参与程度。老年人的健康状况影响着其养老方式，决定了其使用医疗资源的情况。因此，实现健康老龄化是老龄化社会的核心目标和必然选择。

2. 老年健康的特点

健康老龄化的概念、内涵、相关政策及其实施都必须基于老年人群健康状况的规律。老年人群的特征之一是体质差异大。衰老过程的开始、发展速度、累及范围和变化轨迹在个体水平有显著差异。实际年龄与功能水平的联系并不紧密。步入老年阶段并不必然意味着疾病、失能或需要照护，老化过程并不必然伴随疾

---

[1] GBD 2015 DALYs and HALE Collaborators. Global, regional, and national disability-adjusted life-years (DALYs) for 315 diseases and injuries and healthy life expectancy (HALE), 1990-2015: a systematic analysis for the Global Burden of Disease Study 2015[J]. The Lancet, 2016(388): 1603-1658.

二、健康老龄化

病的发生发展。衰老与个体年龄仅表现出一定程度的相关，既非线性，也非一致[1]。

造成老年人群健康差异的原因是多方面的。衰老是一个复杂的过程。从生物学角度理解，衰老是机体在细胞、组织和器官水平的功能特性的下降和恶化[2]，与分子和细胞水平损伤的逐渐积累有关。老化的过程伴随着逐渐累积的广泛的分子和细胞损伤。随着时间推移，这些损伤加重衰老，导致机体生理储备下降、内在能力降低、疾病发生、机体功能水平下降，最终导致死亡[3]。

损伤不可避免，但与个体年龄仅表现出一定程度的相关。所有的衰老特征都受到环境和个体行为因素的强烈影响。例如，社会经济环境、健康行为、心理因素及医疗保健服务等。再加上遗传变异和表观遗传修饰的作用，这些因素可以广泛解释老龄化的多样性。其中，环境和行为造就了个体的社会地位，决定其面临的暴露和障碍，以及资源的可及性，会直接影响健康，并成为老年群体健康差异的主要因素。

老年人的健康状况还有以下显著特点：①以慢性病为主且病情持续变化。老年人群的慢性疾病重在预防、延缓和长期管理，反复入院并不能满足其健康需求还会产生过多花费。此外，老年人常因路途遥远、手续烦琐、行动不便等原因出现就医困难。②多种疾病与衰老共存[4]，衰老过程本身就是多种慢性疾病的发病机制[5]。共病和退行性改变的同时存在造成不典型的健康问题，通常被误解。③老年人同时存在医疗、生活能力和心理社会需求。疾病诊断之前，老年人难以明确其所需的医疗服务，疾病诊断之后，医务人员又难以了解老年人的个性化生活和心理社会需求。未满足的生活和心理需求会显著影响老年人的健康状况、疾病治疗过程和康复质量，与不良健康结局显著相关。④老年人群健康差异大。衰弱

---

[1] Guaraldi, G., Milic, J. The interplay between frailty and intrinsic capacity in aging and HIV infection[J]. AIDS Res Hum Retroviruses, 2019, 35(11-12): 1013-1022.

[2] Fedarko, N.S. The biology of aging and frailty[J]. Clin Geriatr Med, 2011, 27(1): 27-37.

[3] Guaraldi, G., Milic, J. The interplay between frailty and intrinsic capacity in aging and HIV infection[J]. AIDS Res Hum Retroviruses, 2019, 35(11-12): 1013-1022.

[4] Moskalev, A.A., Aliper, A.M., Smit-McBride, Z., et al. Genetics and epigenetics of aging and longevity[J]. Cell Cycle, 2014(13): 1063-1077.

[5] Suzman, R., Beard, J.R., Boerma, T., Chatterji, S. Health in an ageing world-what do we know? [J]. Lancet, 2014(385): 484-486.

老年人虽没有严重疾病，但身体脆弱，复原力差，更易发生跌倒、住院、失能和死亡，常因无法被疾病谱筛检而被忽略。⑤环境对老年健康影响显著，环境和个体内在能力共同决定了老年人的功能发挥，即是否能够按照自身观念和偏好进行生活和行动。

老年学家逐渐认识到，衰老过程本身、多种慢性疾病和退行性疾病的发生发展、失能和脆弱等现象的关键和起点在于老化过程的生物学机制①，而治愈某一种疾病的过程难以让老年人更为健康。他们致力于明确老化的生物学机制和机体稳态机制如何纵向地、动态地影响机体健康水平的发展轨迹，为老年群体的健康管理和健康老龄化政策制定提供新视角。

在生命过程中的任何时点，对健康需求最大的人往往也是拥有解决问题资源最少的人。由于其整个生命过程中日积月累的卫生不公平，老年人能力和现状产生了巨大差异。因此，在制定健康老龄化政策时应当有针对性地消除这些不公平。此外，老年人的健康状况是持续变化和复杂的，这些特点使老年人的健康需求变得复杂。因此，健康老龄化政策制定时应充分考虑老年人实际健康特点，不可将老年人简单地标准化或一概而论，而应考虑衰老过程的异质性，并覆盖所有老年人，不管其健康状况如何。

3. 健康老龄化的内涵

对于大多数老年人来说，维持功能发挥是最重要的，而大多数慢性非传染性疾病在控制良好的情况下对功能发挥的影响甚微。因此，世界卫生组织从功能发挥的角度出发对健康老龄化进行定义：发展和维护老年健康生活所需的功能发挥过程。功能发挥是指使个体能够按照自身观念和偏好来生活和行动的健康相关因素。它由个人内在能力、相关环境以及这两者之间的相互作用构成。内在能力是指个体可以随时使用和依靠的所有身体和精神（包括心理）功能的综合能力②，包括走路、思考、看、听和识记等。内在能力会受老化、疾病、意外伤害、心理状态等因素的影响，常通过个体所不能独自完成的日常生活来反映其内在能力水

---

① Ferrucci, L., Gonzalez-Freire, M., Fabbri, E., et al. Measuring biological aging in humans: a quest[J]. Aging Cell, 2020, 19(2).

② Beard, J., Officer, A., De Carvalho, I. A., Sadana, R., Pot, A. M. The World report on ageing and health: a policy framework for healthy ageing[J]. The Lancet, 2016(387): 2145-2154.

平。另一个维度是老年人所处的环境,包括组成个体生活背景的所有从微观到宏观层面的外界因素(见图1.1),例如:建筑环境、交通环境、便利设施、产品和技术、人际关系、文化环境以及卫生和支持系统等。环境与内在能力共同决定了老年人是否能够参与到他们想要参与的活动中去。例如,对于躯体活动受限的老年人,若使用辅助器材并居住在供残疾人使用的公共交通设施附近,则他们仍然具有行动能力。

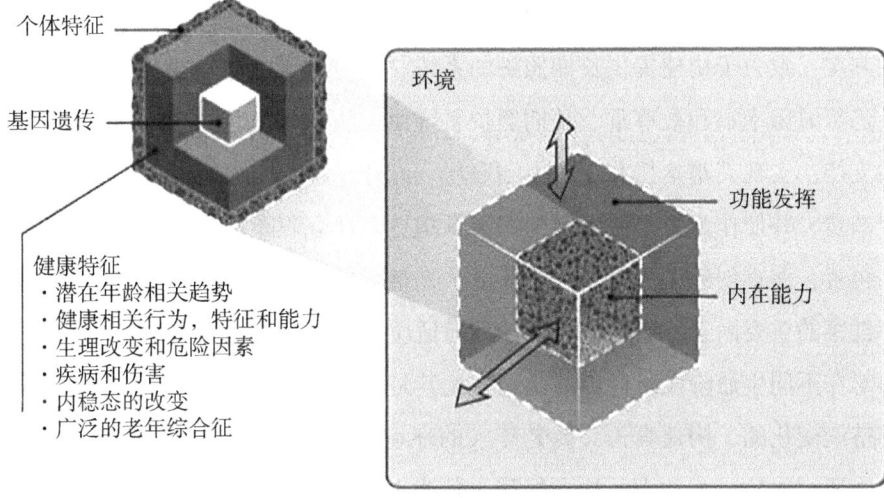

图1.1 世界卫生组织对"健康老龄化"的定义

健康老龄化就是创造环境和机会使老年人能够完成其认为有价值的事,包括满足基本生理、学习和决策的需求,能够自由活动的需求,建立并维持人际关系的需求和为社会做贡献的需求。健康老龄化不仅是对公共卫生战略的迫切呼吁,也是老龄化研究的最终目标。

世界卫生组织提出的"健康老龄化政策框架"改变了人们对老年人健康和生活质量的认识。"老年人健康"从"以疾病为中心"转向了"以功能为中心",即老年人的生活质量是由其实际功能水平所决定的,而实际功能水平是由老年人的内在能力、其所处的环境和两者的持续交互作用所决定的。基于现阶段医疗技术的进展,实现健康老龄化的关键步骤之一是提高和维持老年人的内在能力而不是致力于治愈或逆转某种疾病和老化进程。

4. 健康老龄化行动框架

根据老年人群特点和卫生系统现状，世界卫生组织提出了健康老龄化行动框架（图1.2），旨在为各国应对老龄化社会提供政策建议。

首先，使卫生系统满足老年人群的需要。现有的卫生系统在管理老年人复杂的健康问题时是片段式的、不连续的，这就导致了老年人的照顾者、照护地点和时间无法衔接和协调。因此，卫生政策的改革应将改善功能发挥、重点提升内在能力作为共同目标以构建综合性卫生保健服务体系。

其次，致力于构建提供长期照护的系统。即使身体机能和精神能力下降，老年人仍然渴望幸福和被尊重。长期照护系统使功能严重衰退的老人接受照护和他人的支持，实现其基本权利、自由和尊严。此外，长期照护可减少不合理的急性医疗消费，并使作为主要照顾者的妇女承担更多社会职能。

再者，注重创建关爱老年人的环境。在整个生命周期中，环境是影响身体和精神健康的重要因素。它影响着个体如何适应逐渐衰退的功能，也影响着个体如何面对在不同生命阶段所经历的逆境，尤其是在老年阶段。老年人和环境都是复杂并持续变化的。构建真正关爱老年人的环境涉及许多领域（包括卫生、长期照护、交通、居住、劳动力、社会保障、信息与通信）的诸多角色（包括政府、服务供给侧、社会、老年人及其组织、家庭和朋友）。

最后，要加强对老年人健康状况的衡量、监测和了解。健康老龄化事业的进步与发展依赖于对老年相关问题及其趋势的透彻理解。健康老龄化政策的制定与投资应当基于准确而有效的证据。目前，仍有许多问题尚待明确，例如：老化的模式、影响因素、干预措施及成本效益等。因此世界卫生组织支持各国采集、分析和使用健康老龄化数据，鼓励针对健康老龄化开展跨国、跨学科研究，制定健康老龄化科研政策，包括确定优先资助方向、经费来源、构建健康老龄化的科研能力等[1]，以确保新知识迅速转化为临床实践、人群干预措施以及卫生和社会政策。

---

[1] World Health Organization. What is healthy ageing?

二、健康老龄化

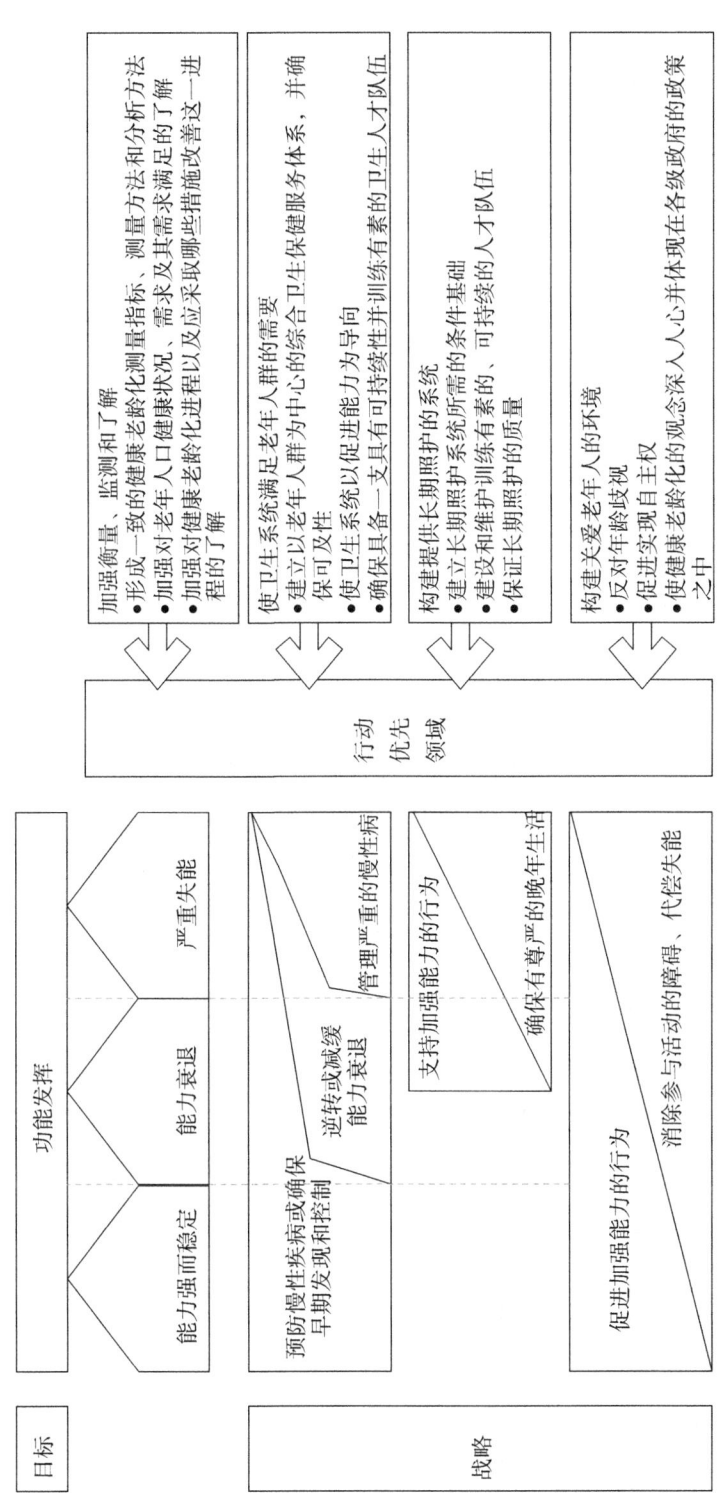

图1.2 健康老龄化行动框架

资料来源：世界卫生组织.关于老龄化与健康的全球报告[R].2015.

三、健康老龄化对我国的启示

世界卫生组织强调卫生系统应当构建以老年人为中心的卫生服务体系。根据行动框架和我国现况，可从以下几方面采取措施。

1. 以维持功能发挥、优化内在能力为目标

首先应当确立一个共同目标：建立并维持老年人的功能发挥，优化其内在能力。以老年人的体力和脑力作为卫生干预措施的切入点，才能在提高卫生系统绩效的同时满足老年人复杂的需求，这比优先治疗疾病的干预措施有效[1]。依据健康老龄化理念，可将衰老的发展轨迹分为：能力强而稳定、能力衰退和严重失能三个阶段。对于不同阶段的老年人可采取不同的干预策略[2]。对于内在能力强而稳定者，卫生策略的重点在于使其尽可能长久地维持该功能水平。致力于预防疾病，减少危险因素，倡导提高能力的行为，构建其适应力，确保充分地解决急性病并尽早发现和处理慢性病。此阶段还应重视环境的作用，包括提高个人的知识和技能，为锻炼身体提供安全愉悦的环境等。对于能力衰退者，例如衰弱和老年痴呆患者，卫生策略的重点从减少危险因素扩大到内在能力的促进、维持和逆转。早期干预可以延缓，甚至部分逆转老年人衰弱的过程和照护依赖的发生。此阶段可立足于初级卫生服务保健机构，解决引发能力衰退的原因，并通过体育锻炼和营养支持等措施优化其内在能力[3]。还应当提供有益的环境，以消除障碍，避免意外伤害，促进老年人的功能发挥。对于严重失能者，其基本活动存在困难，照护依赖是其主要特征。卫生策略的重点是提供长期照护。卫生服务和协调在此阶段非常重要，是支持在家养老、维持与长期照护关联以及减少不必要住院的关键。此阶段的目标是代偿失能并确保尊严，具体措施包括提供持续的日常疾

---

[1] World Health Organization. World report on ageing and health[M]. Geneva：Publications of the World Health Organization, 2015.

[2] World Health Organization. World report on ageing and health[M]. Geneva：Publications of the World Health Organization, 2015.

[3] World Health Organization. World report on ageing and health[M]. Geneva：Publications of the World Health Organization, 2015.

病管理、康复治疗、姑息治疗和临终关怀，并可通过增设专业老年急诊病房保证老年人快速获取急诊医疗服务。

2. 建立综合、连续、协调的卫生服务体系

基于干预目标和老年人群的健康特点，卫生系统需要以老年人的需求为中心，提供综合、协调的卫生服务，以衔接老年人衰退的不同阶段，为其提供连续的卫生支持。综合性医疗卫生服务有三个特点：第一，综合、多维度的需求评估和干预措施，尤其是针对有复杂需求的老年人，其效果要显著优于仅针对疾病的独立评价或治疗。第二，多学科卫生技术人员的团队合作，而不依赖老年人或其家属传达相关健康信息。第三，各医疗机构之间的高度合作，优化多种医疗资源的协调利用。这就要求临床上照护老年人的模式发生根本性的改变，强调重新设计医护体系与模式，整合卫生服务、长期照护系统、家庭照护中不同水平和地点的资源，持续性地、跨越疾病、地点和时间地提供卫生服务，并在没有经济负担的情况下，保证综合医疗护理模式的全面覆盖[1]。

首先应充分利用家庭、社区和初级卫生服务保健机构。支持就地养老，整合初级医疗卫生服务机构及其他卫生服务机构，加强长期照护和医疗服务之间的联系。具体措施包括从住院治疗转变为门诊治疗，实施以家庭为基础的干预措施，提倡社区参与，建立有效的转诊机制等[2]。由于老年人常倾向于在家或其生活的社区养老，因此，应注意初级卫生服务机构的地理位置及建筑环境。其次，可通过多种模式落实综合性医疗卫生服务的供给。例如，个案管理、慢性病自我管理和家庭医疗模式等。个案管理以维持老年人功能发挥为目标，对各种医务人员和医疗机构的卫生服务进行协调和管理，包括评估个体需求，制订综合的卫生保健计划和定期持续的随访。个案管理有利于早期发现并发症和功能状态的变化，可提高老年人的内在能力，增加社区服务的利用，并增加慢性疾病在临床上的获益[3]。家庭医疗模式可

---

[1] Beard, J., Officer, A., De Carvalho, I. A., Sadana, R., Pot, A. M. The world report on ageing and health: a policy framework for healthy ageing[J]. The Lancet, 2016(387): 2145-2154.

[2] World Health Organization. World report on ageing and health[M]. Geneva: Publications of the World Health Organization, 2015.

[3] World Health Organization. World report on ageing and health[M]. Geneva: Publications of the World Health Organization, 2015.

由负责卫生保健和长期照护的医务人员组成小组，为患者在家里提供治疗、康复训练及临终关怀等。

3. 培养多学科医疗团队实现综合性医疗卫生服务

综合性医疗卫生服务体系和模式的运转还依赖于一支训练有素、部署合理、管理高效的医务工作队伍。这支队伍主要包括医生、护士、社会工作者、社区工作人员、提供指导的老年病学专家，还包括提供支持的药剂师、营养、康复和心理学家等①。提高老年健康相关的知识和技能对所有医务人员都很重要。我国目前缺乏健全的老年医疗教育体系，现有的医学教育从内容和模式上都忽视了这种训练，医学生很少学习怎么处理老年人复杂的健康问题，并不具备管理老年人最有效的全局视角。

首先，医学教育体系应认识到老年医学的重要性，并强调在所有与健康相关的培养和继续教育中都纳入足够的与老年相关的训练，使医务人员具备处理老年健康问题的基本能力，例如，能准确对老年人的视力、听力、认知能力、营养状况进行评估，能够处理衰弱、骨质疏松和关节炎等问题。其他支持人员的培训内容包括提供健康促进、预防、治疗、康复和临终关怀等服务②。此外，应当转变培训模式，推动跨专业教育，使医务人员具备一系列非医学技能，包括应用交流、共享式决策、实施团队医疗服务和使用信息技术等。其中，应尤其注重老年专科医生和护士的培养。而我国尚未建立起老年医学专科医师的培训体系，老年病学专家数量非常少③。因此，应支持并扩大现有的培养老年医学人才的渠道，同时扩宽人才来源的渠道，例如在全科医生和中医学生的培养中强化其老年病学的知识和技能，增加其成为老年医学专业人才的可能性。其次，还应当重视老年专科护士的培养。在一支跨学科团队中，护士往往是综合性医疗卫生服务的核心。

---

① World Health Organization. World report on ageing and health[M]. Geneva: Publications of the World Health Organization, 2015.
② World Health Organization. World Report on Ageing and Health[M]. Geneva, Switzerland: Publications of the World Health Organization, 2015.
③ 李小鹰. 老龄化挑战——应加强老年医学人才培养[J]. 中国卫生人才, 2015, 17(3): 25-28.

4. 充分利用医疗服务设施、产品和技术

充分利用医疗服务设施、产品和技术可实现更便利、高效和智能的老年人医疗服务。第一，医疗设施应当充分考虑老年人的需求。初级卫生服务设施应靠近老年人的住址并注意公共交通的普及。医疗服务机构都应使用防滑工具，在有阶梯处设置电梯、自动扶梯、斜坡，门廊和过道可供体能严重衰退或坐轮椅的人使用等。第二，应根据老年人特点提供有效、可及的医疗用品。例如，老年人的基础药物清单应根据其健康动态变化而做出调整，因为药效会随着生理状况的变化而变化。还应加强老年医疗辅助设备的开发和普及，确保一些基本辅助设备的可及性，例如，助听器、助行器等，以促进功能发挥，减少跌倒和住院的发生。第三，应充分利用飞速发展的信息通信技术。建立高度共享的电子病历和卫生信息系统以分享个体和临床群体信息，了解老年人需求、促进不同机构医务人员之间的合作、规划卫生保健、监测治疗反应并评估干预结果、保证健康干预的连续性。此外，应鼓励将信息通信技术用于实施健康干预、监控老年人的健康和生活状态。越来越多的移动设备和可穿戴设备为实施老年人群的健康教育和管理创造了机会①。

5. 科学研究提供依据和参考

科学研究可为实现健康老龄化提供重要依据和参考。然而在老龄化领域，现有的研究指标和分析方法都十分有限，这阻碍了社会对健康老龄化关键问题的正确认识②。医学研究往往将重点放在某个疾病上，默认处理多个健康问题的最佳方式是将不同的处置方法进行叠加，降低了处理老年人需求的效率和效果。此外，流行病学研究也常常忽略老年人的健康特点，一些科学研究将患有并发症的老年参与者排除，从而导致研究的结果不能直接用于老年人群。卫生系统应当重视并充分支持健康老龄化科研，把握导向，不仅要考虑疾病存在与否，还应重视这些疾病对老龄个体机能造成的实际影响，鼓励跨学科研究，并与其他国家进行

---

① World Health Organization. World Report on Ageing and Health[M]. Geneva, Switzerland：Publications of the World Health Organization, 2015.
② 李小鹰. 老龄化挑战——应加强老年医学人才培养[J]. 中国卫生人才, 2015, 17(3)：25-28.

比较、交流和合作。目前国内尚缺乏标准化的健康老龄化测量指标、测量方法和分析方法[1]。老年人口的健康状况、需求状况以及需求被满足的情况尚待细化和明确。内在能力在整个生命周期的变化轨迹、影响因素和模式、干预措施等尚待探索，这在健康老龄化战略下将成为未来研究的核心。还应尝试如何结合社会科学方法制定延缓功能衰退的干预措施，并对其经济效益进行评估。

6. 卫生政策是可持续发展的保障

首先，采取一系列措施保障综合性医疗卫生服务体系的可持续发展。鼓励社区和初级卫生服务保健机构开展老年健康服务，对开展综合性评估与实施、落实家庭医疗、开展长期照护(包括康复、姑息治疗和临终关怀)的项目或机构给予经济奖励。还可通过建立联合预算、监控和问责制度巩固各级卫生机构的整合以及卫生系统和长期照护系统的整合[2]。其次，放眼全生命周期，理解整个生命经历对健康的积累作用，开展贯穿生命始终的医疗卫生服务，坚持预防大于治疗的原则。卫生政策的制定应当致力于早期开始实施干预，以控制健康危险因素，并在整个生命历程中持续。应考虑老年人群的异质性，秉持以人为本的原则，增加卫生保健服务的灵活性，例如，一些发达国家更注重老年人服务机构的架构和人员，而不是标准化的照护实践。最后，应致力于消除年龄歧视和生命各个阶段的卫生不公平。例如，建立和完善调剂金机制，缓解医保统筹地区间的老龄化差异[3]；在常见共病的模型下对治疗特定疾病的新药进行评估，然后再批准投入市场等[4]。卫生部门还可通过参与其他项目的制定和实施促进健康老龄化，例如参与设计适用于老年人的体力活动方案，设计不同状态老年人的住房标准和为老设施等。

---

[1] 梅光亮，陶生生，朱文，等. 我国健康老龄化评价测量指标体系的构建[J]. 卫生经济研究，2017, 34(11)：58-60.

[2] World Health Organization. World report on ageing and health[M]. Geneva：Publications of the World Health Organization, 2015.

[3] 赵斌. 医保制度如何应对老龄化[J]. 中国社会保障，2015, 22(43)：147-150.

[4] World Health Organization. World report on ageing and health[M]. Geneva：Publications of the World Health Organization, 2015.

第二章 健康老龄化研究进展

健康老龄化的内涵十分广泛,正如衰老过程本身的机制十分复杂。在科学研究中,微观层面从分子细胞上研究生理衰老的机制,宏观层面从政策干预上研究人群衰老的规律,其本质都是在探索如何实现健康老龄化。因此,从广义上看,所有与衰老相关的研究均可理解为促进健康老龄化的研究。目前,无论是宏观层面还是微观层面,老龄相关的科学研究都取得了相当大的进展。随着研究的深入,原本被认为互不相关的衰老特征被证明为相互关联。宏观层面和微观层面的老龄科学研究本在目的、对象与方法上均大相径庭,现已逐渐融合,呈现出相互影响、交叉渗透的特点。现有老龄相关科学研究的结果倾向于综合理解个体衰老和人群老化,衰老的机制和老化规律在越来越清晰深入的同时变得愈发错综复杂。

因此,为系统、多维度、多层次地理解老龄相关科学研究领域的框架、层次和结构,本部分内容采用了文献计量学方法,梳理了2013—2017年期间发表的健康老龄化研究相关的重要学术论文,以期系统、全面地理解老龄相关科学研究,总结衰老机制和老化规律的最新证据和未来方向。

一、研究背景及目的

分子生物学、神经病学、公共卫生学、老年医学和老年学等许多学科领域已对老龄相关主题进行了大量、广泛的研究[①]。在过去的十年中,由于生物学和遗

---

① Kennedy, B. K., Pennypacker, J. K. Drugs that modulate aging: the promising yet difficult path ahead[J]. Transl Res., 2014(163): 456-465.

传学领域突飞猛进的发展,老龄相关研究取得了前所未有的进展①。一方面,从生物学的角度看,衰老过程中各种分子和细胞损伤的机制逐渐清晰②。新发现的通路或循环因子已被证明可以调节或参与复杂的衰老过程③。另一方面,所有的衰老特征都受到个体行为和周围的环境因素的强烈影响。随着遗传变异和表观遗传修饰,这些环境和行为因素可以广泛地解释衰老速度的多样性④。然而,健康老龄化的确切机制仍然在很大程度上是未知的。例如,同样的LMNA突变可在某些个体中导致过早衰老综合征,但在另一些个体中无症状⑤。Sirtuins(III类组蛋白去乙酰化酶)的功能尚未完全明确,尽管它可能在不同模式生物的衰老和长寿中发挥关键作用⑥。此外,在动物实验中,关于氧化应激增加对衰老的影响的结论并不统一,这使得众所周知的衰老自由基理论受到了挑战⑦。因此,目前的认知不足表明,没有某一种单一因素可以解释衰老这一过程⑧。

近几十年来的研究结果促进和帮助人们以整体性视角理解人类生理学⑨。最近的研究表明,大脑可双向整合来自外周组织的体液和神经信息,从而在系统水平上影响衰老⑩。此外,大脑功能被认为通过肠-脑轴受到肠道微生物群的影

---

① Lopez-Otin, C., Blasco, M. A., Partridge, L., et al. The hallmarks of aging[J]. Cell, 2013(153): 1194-1217.

② Gil, J., Withers, D. J. Out with the old[J]. Nature, 2016(530): 164-165.

③ Pincus, Z. A stretch time[J]. Nature, 2016(530): 37-38.

④ Michel, J. P., Sadana, R. "Healthy aging" concepts and measures[J]. J Am Med Dir Assoc., 2017(18): 460-464.

⑤ Gonzalo, S., Kreienkamp, R., Askjaer, P. Hutchinson-gilford progeria syndrome: a premature aging disease caused by LMNA gene mutations[J]. Ageing Res Rev., 2017(33): 18-29.

⑥ Satoh, A., Lmai, S., Guarente, L. The brain, sirtuins, and ageing[J]. Nat Rev Neurosci., 2017(18): 362-374.

⑦ Kammeyer, A., Luiten, R. M. Oxidation events and skin aging[J]. Ageing Res Rev., 2015(21): 16-29.

⑧ Yin, J., Gao, G., Liu, X., et al. Genetic variation in glia-neuron signalling modulates ageing rate[J]. Nature, 2017(551): 198-203.

⑨ Kennedy, B. K., Pennypacker, J. K. Drugs that modulate aging: the promising yet difficult path ahead[J]. Transl Res., 2014(163): 456-465.

⑩ Satoh, A., Lmai, S., Guarente, L. The brain, sirtuins, and ageing[J]. Nat Rev Neurosci., 2017(18): 362-374.

响①。与此同时,骨骼肌被证明可以通过调节神经营养因子来影响大脑功能和衰老过程②。原被认为是各自独立的衰老机制现被理解为相互关联③。

不断增长的老龄化人口对老龄科学研究提出了新要求,以期科学证据可提供促进健康老龄化的最佳证据。本部分研究的目的是分析健康老龄化科学研究的文献网络以及研究框架结构和联系,明确潜在的研究趋势或者前沿,并总结现有研究进展。

二、研究对象及方法

1. 研究对象

CiteSpace Ⅱ 可以对相关的科学文献进行定量分析,并以多种形式将文献或关键词的共引或共现网络可视化④。本部分研究采用文献计量学方法分析健康老龄化科学研究领域的研究主题、文献网络、研究前沿和研究趋势。

研究对象为 2017 年以前发表于 WOS(Web of Science)数据库中的健康老龄化相关文献。检索主题为健康老龄化(healthy ageing)。检索策略如下:首先确立第一组术语,包括:"healthy""well""normal";其次,确定第二组术语,包括"ageing""aging""elderly""aged""older""old";最后,检索短语即为两组术语的交叉组合。检索是在标题中进行的,并且仅限于原创文章和评论文章。检索共获得 3329 条记录。经标题和摘要筛选后,有 26 条记录由于研究主题为材料和植物学,与健康老龄化无关而被排除,因此本研究最终纳入 3303 条记录。纳入本研究的完整记录内容即为 CiteSpace Ⅱ 软件的输入。

---

① Leung, N. T., Tam, H. M., Chu, L. W., et al. Neural plastic effects of cognitive training on ageing brain[J]. Neural Plast, 2015, 535618: 1-9.

② Fiuza-Luces, C., Garatachea, N., Berger, N. A., Lucia, A. Exercise is the real polypill [J]. Physiology(Bethesda), 2013, 28(5): 330-358.

③ Kennedy, B. K., Pennypacker, J. K. Drugs that modulate aging: the promising yet difficult path ahead[J]. Transl Res., 2014(163): 456-465.

④ Chen, C. CiteSpace Ⅱ: detecting and visualizing emerging trends and transient patterns in scientific literature[J]. J Am Soc Inf Sci. Technol., 2006(57): 359-377.

以健康老龄化为主题的搜索会遗漏较多微观层面的老龄科学研究，例如多组学相关文献，这类文献篇名中出现"健康老龄化"的概率较小。为补充此部分内容，笔者进一步搜集了衰老机制和抗衰老干预的文献，并进行了文献计量学分析。采用"aging mechanisms"及其同义词"aging"或"ageing"与"mechanism"或"mechanisms"对老化机制主题进行文献检索，由于文献数量庞大且多组学研究更新换代较快，因此，将检索时间限定为2013—2017年。搜索范围仅限于原创文章和评论文章。剔除不相关记录后，共纳入864条记录。同样，在标题中使用"anti-aging"或"anti-ageing"检索到449条有关抗衰老干预主题的记录。

2. 研究方法

采用文献共引分析、关键词共现分析、主题类别共现分析这三种方法对检索结果进行分析。文献共引分析可对检索出的文献进行聚类，从而反映该研究领域的文献网络/框架结构，当两篇或多篇文献同时被同一文献引用时，这两篇或多篇被引用的文献即创立了一个连接，连接越密集的文献越倾向于形成一簇，并远离其他簇①，这些各自成簇的文献聚类构成了该领域的研究网络/框架②。在CiteSpace Ⅱ软件的用户界面上，将"引用文献"作为节点即可实现文献共引分析及其可视化。以1年为时间切片，CiteSpace Ⅱ会为每一个时间切片计算文献共引网络，最后再将这些单独的网络融合成一个由多种节点类型和连接组成的集成网络。分析时可使用CiteSpace Ⅱ软件的默认分辨率参数。关键词共现分析的原理和方法与文献共引分析类似，关键词共现分析可用于分析该领域的研究前沿和趋势。在此分析中，选择"关键字"作为节点，时间窗口和分辨率参数与文献共引分析相同。同样，以"学科分类"作为节点，即可进行主题类别共现分析，从而了解该领域的学科类别分布网络。

CiteSpace Ⅱ不仅可通过文本和表格形式呈现详细的文献计量分析结果，还可将结果可视化。在可视化结果的图片中，每个节点呈现为引文环组成的圆形、三角形或正方形。每个环的厚度与引文在该时间切片中出现的引用量/共现量成正

---

① Mustafee, N., Katsaliaki, K., Fishwick, P. Exploring the modelling and simulation knowledge base through journal co-citation analysis[J]. Scientometrics, 2014(98)：2145-2159.

② van Eck, N.J., Waltman, L. CitNetExplorer：a new software tool for analyzing and visualizing citation networks[J]. J Inf Secur., 2014(8)：802-823.

比。在聚类分析中，不同颜色代表不同簇。

三、结　　果

在 WOS 数据库中共检索出 3303 篇健康老龄化的原始文献和综述。其中最早一篇发表于 1963 年。此后，健康老龄化文献的数量逐年增长。1998—2017 年，文献数量增长最快。2016 年，文献数量达到峰值 289 篇，是 2008 年文献数量的两倍。逐年增长的文献数量表明，健康老龄化相关研究在世界范围内获得越来越广泛的关注。

1. 健康老龄化研究的学科类别

如图 2.1 和表 2.1 所示，健康老龄化相关研究所属的学科类别中，两个主要学科是"老年学和老年医学"和"神经科学和神经学"，后者在图 2.1 中显示为高中心性学科，反映了该学科与多个其他学科类别相关，位于学科网络的结构洞中心。心理学是第三大学科类别，其次是临床神经病学、营养和饮食。

图 2.1　健康老龄化文献所属学科类别的分布

表 2.1　　　　　　　　健康老龄化文献所属学科类别及频率

频率	学科类别	频率	学科类别
899	Geriatric & gerontology	235	Psychiatry
822	Neurosciences & neurology	171	Endocrinology & metabolism
378	Psychology	155	Sports science
288	Clinical neurology	138	Pharmacology & pharmacy
249	Nutrition & diet	127	Physiology

2. 健康老龄化研究的文献网络/框架

文献共引分析的结果为文献聚类，文献按照其共同引用和共同被引用关系的强弱被划分为不同的文献簇，CiteSpace Ⅱ 还将引用该簇文献最多的引文分配到该簇作为代表性文献[1]，可用于反映该簇文献的主要研究内容。此外，CiteSpace Ⅱ 提供了三种不同的算法生成聚类标签。图 2.2 以时间线形式展示了健康老龄化研究的共引网络，分为 16 个簇，每簇文献在时间轴末尾的标签为聚类标签。该共引网络的总体 Modularity score Q 值和 Sihouette score S 值分别为 0.79 和 0.72。Modularity score Q 的取值范围为 0 到 1，用于衡量一个共引网络可以被划分为独立簇的程度。当 Q 大于 0.3 时，表示共引网络可明显被划分为不同簇。Sihouette score S 用于反映在识别每簇性质时的确定性。当 S 大于 0.7 时，共引网络是高度可靠的[2]。表 2.2 列出了共引网络中最大的 5 个簇，每簇大小与该簇所包含的引文数量一致。

---

[1] Boyack, K. W., Klavans, R. Co-citation analysis, bibliographic coupling, and direct citation: which citation approach represents the research front most accurately? [J]. J Am Soc Inf Sci Technol., 2010(61): 2389-2404.

[2] Chen, C. M., Ibekwe-SanJuan, F., Hou, J. H. The structure and dynamics of coci-tation clusters: a multiple-perspective cocitation analysis[J]. J Am Soc Inf Sci Technol., 2010(61): 1386-1409.

三、结　果

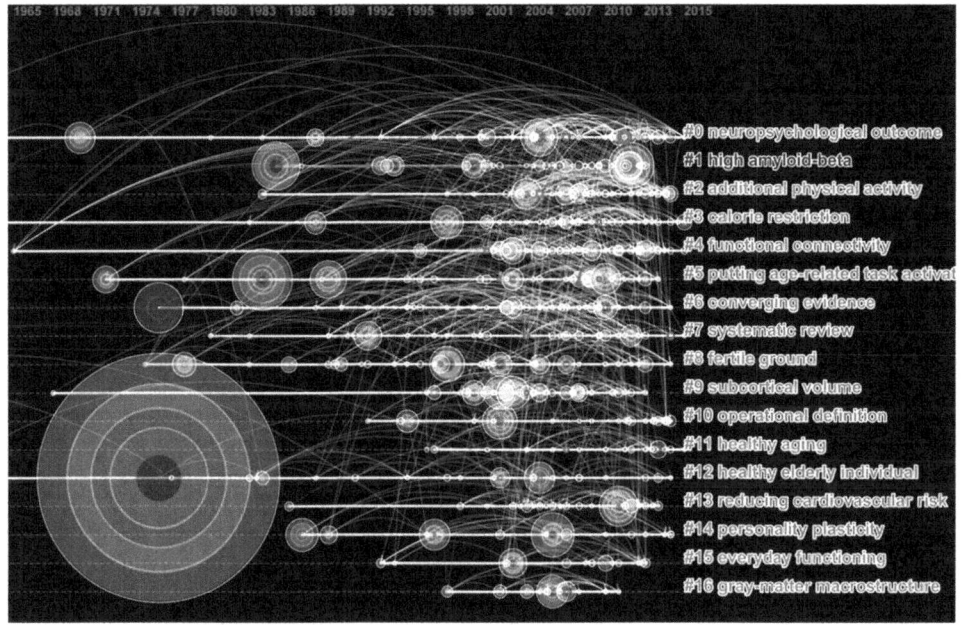

图 2.2　时间轴式健康老龄化文献共引网络

注：图中 16 条横线代表 16 个簇，每个节点代表一个被引用的文献，节点大小表示总体引用频率，连接两个节点的线表示共引连接。

表 2.2　　　　　　健康老龄化文献共引网络中最大的 5 个文献簇

文献簇 ID	大小	Silhouette Score S 值	簇标签	代表性文献
#0	53	0.64	Neuropsychological outcome	Desjardins-Crepeau（2016）
#1	51	0.84	High amyloid-beta	Lim（2013）
#2	47	0.82	Additional physical activity	Rahe（2015）
#3	46	0.89	Calorie restriction	Testa（2014）
#4	42	0.78	Functional connectivity	Hirsiger（2016）

由图 2.2 和表 2.2 可知，最大的一个文献簇共有 53 篇文献，标签为神经心理状态，是健康老龄化研究最密集的领域。这一文献簇的代表引文是 2016 年出版的 *Effects of combined physical and cognitive training on fitness and neuropsychological*

outcomes in healthy older adults[①]。神经心理状态/表现/指标(outcome)是一个概括性术语，主要指几种与认知或行为有关的大脑功能，包括记忆、学习、处理速度(processing speed)、智力、语言、反应时间和执行功能[②]。神经心理状态大多通过神经心理评估工具测得，评估通常从个人访谈开始，随后是一系列标准化的认知功能测试。神经心理学评估是神经心理学的基本方法，它探索行为与大脑活动之间的关系，其主要目的是呈现认知功能的神经机制[③]。

神经心理学研究为人们理解衰老过程提供了一个重要途径。几乎所有老年人的大脑都表现出与神经退行性病变有关的特征。衰老的大脑(aged brain)和相关的神经退行性疾病已经成为老年人群中最棘手和最难以定义的疾病。大脑在衰老过程中的临床表现差异巨大[④]。在理解老年人群的大脑-行为关系和衰老的大脑时，神经心理学提供了很好的途径。临床神经心理表现在衰老相关性疾病的鉴别诊断、日常生活建议和治疗计划中发挥着重要参考价值[⑤]。随着健康老龄化领域中神经心理学证据的积累，未来该部分研究趋向于制定年龄标化的神经心理功能评估标准，以期早期诊断大脑衰退，未来有望通过使用多种神经功能评估手段实现该目标，如神经成像和生物标记物[⑥]。

第二个文献簇的标签为高胞外β淀粉样蛋白(Amyloid-beta，Aβ)。其代表引文是Lim等人在2013年发表的《轻度认知障碍和健康老年人中高Aβ的认知后果：阿尔兹海默症(Alzheimer's disease)的早期识别》。该研究通过比较健康的和

[①] Desjardins-Crepeau, L., Berryman, N., Fraser, S. A., et al. Effects of combined physical and cognitive training on fitness and neuropsychological outcomes in healthy older adults[J]. Clin Interv Aging, 2016(19): 1287-1299.

[②] Lezak, M., Howison, D. B., Bigler, E. D., et al. Neuropsychological assessment. fifth ed [M]. New York: Oxford University Press, 2012.

[③] Elias, L. J., Saucier, D. M. Neuropsychology: clinical and experimental foundations[M]. New York: Pearson Education Inc., 2013.

[④] Coray, T. W. Ageing, neurodegeneration and brain rejuvenation[J]. Nature, 2016(539): 180-186.

[⑤] Casaletto, K. B., Heaton, R. K. Neuropsychological assessment: past and future[J]. Journal of the International Neuropsychological Society, 2017(23): 778-790.

[⑥] Groot, C., Hooghiemstra, A. M., Raijmakers, P. G., et al. The effect of physical activity on cognitive function in patients with dementia: a meta-analysis of randomized control trials[J]. Ageing Res Rev., 2016(25): 13-23.

患有轻度认知障碍的老年人的多种神经心理表现和指标,分析了高 Aβ 在预测阿尔兹海默症中的作用①。

Aβ 是阿尔兹海默症发生发展中的关键蛋白。阿尔兹海默症的标志性病理特征即为 Aβ 沉积形成的弥漫性斑块,磷酸化 tau 蛋白聚合形成的胞内神经纤维缠结等②。Aβ 的可溶性低聚物介导了阿尔兹海默症的神经退行性变③。Aβ 的错误折叠和积累在阿尔兹海默症患者出现临床症状前 10 年就已开始,是阿尔兹海默症发病的早期驱动因素④。虽然大量研究表明 Aβ 在阿尔兹海默症中起着关键作用,但使用抗淀粉样蛋白抗体通过消除 Aβ 斑块并不能改善阿尔兹海默症患者的认知功能。2017 年,Schultz 等学者发表了一项研究,将神经影像与 Aβ 的研究相结合,提出了一种新的阿尔兹海默症进展模型⑤。该领域的另一项较新的研究描述了动物模型中 Aβ 对先天性免疫的保护作用,并阐释了感染性或无菌性炎症刺激如何驱动淀粉样变的发生⑥。目前,阿尔兹海默症的 Aβ 病理机制仍是一个谜,未来研究需解决的一个关键问题是 Aβ 在大脑里的广泛沉积是否一定会导致阿尔兹海默症的发生⑦。

第三和第四个文献簇的标签分别为"身体活动(physical activity)"和"卡路里限制(calorie restriction, CR)"。这两个簇对应的是健康老龄化研究中抗衰老干预

---

① Lim, Y. Y., Ellis, K. A., Harrington, K., et al. Cognitive consequences of high a beta amyloid in mild cognitive impairment and healthy older adults: implications for early detection of Alzheimer's disease[J]. Neuropsychology, 2013(27): 322-332.

② Jucker, M., Walker, L. C. Amyloid-β pathology induced in humans[J]. Nature, 2015(525): 193-194.

③ Kumar, D. K., Choi, S. H. Washicosky, K. J., et al. Amyloid-β peptide protects against microbial infection in mouse and worm models of Alzheimer's disease[J]. Sci. Transl. Med, 2016(8): 340-372.

④ Mercken, E. M., Carboneay, B. A. Krzysik-Walker, S. M., Cabo, R., Of mice and men: the benefits of caloric restriction, exercise and mimetics[J]. Ageing Res Rev., 2012(11): 390-398.

⑤ Schultz, A. P., Chhatwal, J. P., Hedden, T., et al. Phases of hyperconnectivity and hypoconnectivity in the default mode and salience networks track with amyloid and tau in clinically normal individuals[J]. J Neurosci., 2017(37): 4323-4331.

⑥ Kumar, D. K., Choi, S. H., Washicosky, K. J., et al. Amyloid-β peptide protects against microbial infection in mouse and worm models of Alzheimer's disease[J]. Sci Transl Med., 2016(8): 340-372.

⑦ Jucker, M., Walker, L. C. Amyloid-β pathology induced in humans[J]. Nature, 2015(525): 193-194.

措施这一主题。代表性引文分别为《身体活动对健康老年人认知功能训练的影响》[1]和《热量限制和饮食限制模拟：促进健康老龄化和长寿的策略》。后者梳理了 CR 的生物学机制和分子信号通路，认为 CR 是唯一的非遗传、非药物和最成熟的抗衰老干预手段[2]。CR 和身体活动已被证明能有效延缓衰老过程本身以及隐匿的衰老相关病理改变[3]。这两种干预措施都能触发类似的生理信号通路，如哺乳动物雷帕霉素靶蛋白信号通路(mTOR)、胰岛素和胰岛素样生长因子-1(IGF-1)信号通路(IIS)[4]。

CR 被广泛地用于研究衰老的生物学机制[5]。早在 100 年前，CR 可延长寿命的证据就已出现[6]。随后，人们在动物模型中开展了大量有关 CR 机制和效应的研究。最近开始在人群中进行 CR 的相关研究。根据现有研究结果，适度的 CR 可改善多种与 2 型糖尿病、心血管疾病、癌症和血管性痴呆等疾病的发病机制相关的代谢因素[7]。在细胞水平上，CR 可以改善线粒体功能和蛋白稳态、基因组稳定性、自噬、应激抗性和干细胞功能[8]。CR 通过增加血清脂联素和皮质醇水平来抵抗氧化应激和炎症[9]。CR 可影响多条代谢信号通路，包括能量感受器单

---

[1] Rahe, J., Petrelli, A., Kaesberg, S., et al. Effects of cognitive training with addi-tional physical activity compared to pure cognitive training in healthy older adults[J]. Clin Interv Aging, 2015(10): 297-310.

[2] Testa, G., Biasi, F., Poli, G., Chiarpotto, E. Calorie restriction and dietary restriction mimetics: strategy for improving healthy aging and longevity[J]. Curr Pharm Des., 2014(18): 2950-2977.

[3] Chung, H. Y., Cesari, M., Anton, S., et al. Molecular inflammation: underpinnings of aging and age-related diseases[J]. Ageing Res Rev., 2009(8): 18-30.

[4] Mercken, E. M., Carboneay, B. A., Krzysik-Walker, S. M., Cabo, R. Of mice and men: the benefits of caloric restriction, exercise and mimetics[J]. Ageing Res Rev., 2012(11): 390-398.

[5] ngram, D. K., Cabo, R. Calorie restriction in rodents: caveats to consider[J]. Ageing Res Rev., 2017(39): 15-28.

[6] Speakman, J. R., Mitchell, S. E. Mazidi, M., Calories or protein? The effect of dietary restriction on lifespan in rodents is explained by calories alone[J]. Exp. Gerontol., 2016(86): 28-38.

[7] Most, J., Tosti, V., Redman, L. M., Fontana, L. Calorie restriction in humans: an update[J]. Ageing Res Rev., 2017(39): 36-45.

[8] Chung, H. Y., Cesari, M., Anton, S., et al. Molecular inflammation: underpinnings of aging and age-related diseases[J]. Ageing Res Rev., 2009(8): 18-30.

[9] Martin-Montalvo, A., de Cabo, R. Mitochondrial metabolic reprogramming in- duced by calorie restriction[J]. Antioxid Redox Signal., 2013(19): 310-320.

磷酸腺苷激活的蛋白激酶(AMPK)、mTOR、sirtuins 和 IIS 等[1]。在分子水平上，CR 可以激活转录因子 EB[2]，并减弱核转录因子 NF-κB[3]。此外，自噬基因 beclin-1 和 LC3、线粒体转录因子 A 和热休克蛋白 70 在 CR 人群的骨骼肌中含量更高[4]。在 CR 被真正用作人类的抗衰老干预之前，仍需明确一些关键问题。例如，在哪一年龄阶段，CR 开始发挥或失去其抗衰老效应？性别、基因型和 CR 类型如何影响 CR 干预的有效性？

身体活动是另一种被广泛认可的抗衰老干预措施。它是指由骨骼肌带动的身体运动，该过程的能量消耗超过了静息水平的能量消耗[5]。身体活动过程需要机体多个器官和系统的综合参与，触发了系统性的机体内环境的挑战[6]。身体活动可延缓衰老相关改变并防止多种代谢紊乱的发生[7]。在细胞、组织和系统水平上综合作用的稳态控制回路负责调节身体活动激发的一系列生理反应[8]。这种稳态调节的适应性过程在系统水平上训练和提高了机体功能，从而使得机体能够应对未来的各种生理性或病理性的稳态失衡，促进健康。

流行病学研究表明，定期的身体活动与全因死亡率的降低有关，也与心血管疾病、高血压、中风、2 型糖尿病、癌症、代谢综合征、抑郁和跌倒等的发生率降低有关。与 CR 相比，身体活动可保持肌肉健康、肌肉质量和力量以及改善骨

---

[1] Astafev, A. A., Patel, S. A., Kondratove, R. V. Calorie restriction effects on circadian rhythms in gene expression are sex dependent[J]. Sci Rep., 2017(7): 9716.

[2] Wang, C., Niederstrasser, H., Douglas, P. M., et al. Small-molecule TFEB pathway agonists that ameliorate metabolic syndrome in mice and extend C. elegans lifespan[J]. Nat Commun., 2017(8): 2270.

[3] Chung, H. Y., Cesari, M., Anton, S., et al. Molecular inflammation: underpinnings of aging and age-related diseases[J]. Ageing Res Rev., 2009(8): 18-30.

[4] Yang, L., Licastro, D., Cava, E., et al. Long-term calorie restriction enhances cel-lular quality-control processes in human skeletal muscle[J]. Cell Rep., 2016(4): 422-428.

[5] Koelwyn, G. J., Quail, D. F., Zhang, X., et al. Exercise-dependent regulation of the tumor microenvironment[J]. Nat Rev Cancer, 2017(17): 620-632.

[6] Schuch, F. B., Deslandes, A. C., Stubbs, B., et al. Neurobiological effects of exercise on major depressive disorder: a systematic review[J]. Neurosci Biobehav Rev., 2016(61): 1-11.

[7] Mercken, E. M., Carboneay, B. A., Krzysik-Walker, S. M., Cabo, R. Of mice and men: the benefits of caloric restriction, exercise and mimetics[J]. Ageing Res Rev., 2012(11): 390-398.

[8] Hawley, J. A., Hargreaves, M., Joyner, M. J., Zierath, J. R. Integrative biology of exercise[J]. Cell, 2014(159): 738-749.

骼健康。这是机体在全生命周期中各阶段能够独立生活的关键①。健康老龄化研究中，身体活动的相关研究还包括其在促进老年人认知功能效应上的研究②。

近年来，人们做了大量研究以探索身体活动预防疾病和改善健康的生物学机制③。已有充分证据表明，身体活动延缓衰老的方式包括：促进干细胞和线粒体功能、维持蛋白质稳态和基因组稳定性、调节细胞衰老和表观遗传改变、防止端粒缩短和激活营养素感知通路④、⑤。在身体活动期间与之后一段时间，机体会分泌数百种肌因子（骨骼肌表达和释放的蛋白），这些肌因子可激活多个由转录因子、激酶和共调节蛋白参与的代谢网络⑥。身体活动还通过分泌 IL-6 等肌因子来介导代谢和抗炎作用，并通过肌源性内脂素（一种尼古丁腺嘌呤二核苷酸[NAD+]生物合成酶）调控 SIRT1 通路，参与抗氧化防御、大分子损伤修复和线粒体生成⑦。此外，肌因子 IL-1 和 IL-8 可调节肌肉生长，促进血管生成，肌因子脑源性神经营养因子可促进神经可塑性⑧。此外，身体活动导致的生理反应和后续的适应性反应可激活或抑制特定的信号通路，用以调节运动介导的基因表达和蛋白合成与降解。这其中关键信号通路包括 AMPK、过氧化物酶增殖体激活受体 γ 辅助激活因子-1α（PCG-1α）、IIS、SIRT1、丝裂原活化蛋白激酶和 mTOR⑨。现

---

① Navas-Enamorado, I., Bernier, M., Brea-Calvo, G., de Cabo, R. Influence of anae-robic and aerobic exercise on age-related pathways in skeletal muscle[J]. Ageing Res Rev., 2017(37): 39-52.

② Choi, S. H., Bylykbashi, E., Chatila, Z. K., et al. Combined adult neurogenesis and BDNF mimic exercise effects on cognition in an Alzheimer's mouse model[J]. Science, 2018(361).

③ Neufer, P. D., Bamman, M. M., Muoio, D. M., et al. Understanding the cellular and molecular mechanisms of physical activity-induced health benefits[J]. Cell Metab., 2015(22): 4-11.

④ Garatachea, N., Pareja-Galeano, H., Sanchis-Gomar, F., et al. Exercise attenuates the major hallmarks of aging[J]. Rejuvenation Res., 2015(18): 57-89.

⑤ Koelwyn, G. J., Quail, D. F., Zhang, X., et al. Exercise-dependent regulation of the tumor microenvironment[J]. Nat Rev Cancer, 2017(17): 620-632.

⑥ Egan, B., Hawley, J. A., Zierath, J. R. SnapShot: exercise metabolism[J]. Cell Metab, 2016(24): 342.

⑦ Koelwyn, G. J., Quail, D. F., Zhang, X., et al. Exercise-dependent regulation of the tumor microenvironment[J]. Nat Rev Cancer, 2017(17): 620-632.

⑧ Fiuza-Luces, C., Garatachea, N., Berger, N. A., Lucia, A. Exercise is the real polypill[J]. Physiology, 2013(28): 330-358.

⑨ Hawley, J. A., Hargreaves, M., Joyner, M. J., Zierath, J. R. Integrative biology of exercise[J]. Cell, 2014(159): 738-749.

有研究表明，过氧化物酶增殖体激活受体δ、雌激素相关受体α和雌激素相关受体γ都是运动诱导的转录变化的关键调节因素①。规律的运动还可上调内源性抗氧化剂，增强氧化还原平衡的维持，包括NF-κB因子的氧化还原调节，NF-κB因子可广泛调控炎症、细胞生长、应激反应和凋亡等过程中的基因表达②。

运动的益处取决于肌肉收缩的速度、量、持续时间和强度，以及参与运动的总肌肉质量和机体的耐力③。目前尚未知身体活动诱导的内稳态改变在不同类型的细胞中是共同的还是独特的，也未知不同的运动模式如何影响机体反应④。

第五个文献簇的标签为"功能连接（functional connectivity）"。功能连接是指不同大脑区域之间的相关性，无论是在静息状态下还是在大脑处理外部刺激时⑤。大脑是一个复杂的神经网络，功能连接、结构连接（structural connectivity）和有效连接（effective connectivity）三者为揭示大脑处理和计算信息的机制提供了基础⑥。与其他两个大脑网络连接相比，功能连接可独特地、动态地分析多个大脑区域如何随着时间的推移进行相互作用。该文献簇中的代表引文是《健康老化过程中的结构和功能连接：认知和运动行为的关联》⑦。该研究探讨了认知和运动表现与大脑结构和功能连接之间的关系，并阐述了如何通过神经解剖学和个体内部的功能差异来理解衰老相关的行为退行性改变。

功能连接的相关研究已成为热点。在现代神经科学中，要理解大脑功能是如

---

① Fan, W., Evans, R. M. Exercise mimetics: impact on health and performance[J]. Cell Metab., 2017(25): 242-247.

② Navas-Enamorado, I., Bernier, M., Brea-Calvo, G., de Cabo, R. Influence of anae-robic and aerobic exercise on age-related pathways in skeletal muscle[J]. Ageing Res Rev., 2017(37): 39-52.

③ Fiuza-Luces, C., Garatachea, N., Berger, N. A., Lucia, A. Exercise is the real polypill[J]. Physiology, 2013(28): 330-358.

④ Neufer, P. D., Bamman, M. M., Muoio, D. M., et al. Understanding the cellular and molecular mechanisms of physical activity-induced health benefits[J]. Cell Metab., 2015(22): 4-11.

⑤ Camchong, J., MacDonald, A. W., Bell, C., et al. Altered functional and anatomical connectivity in schizophrenia[J]. Schizophr. Bull., 2011(37): 640-650.

⑥ Avena-Koenigsberger, A., Misic, B., Sporns, O. Communication dynamics in complex brain networks[J]. Nat Rev Neurosci., 2018(19): 17-33.

⑦ Hirsiger, S., Koppelmans, V., Merillat, S., et al. Structural and functional con-nectivity in healthy aging: associations for cognition and motor behavior[J]. Hum Brain Mapp, 2016(27): 855-867.

何从大量神经元元素之间的通信模式中产生的,还存在着持久的挑战①。神经成像技术的进步使功能连接成为大脑功能可视化的一个非常有用的工具②。大脑网络,特别是功能连接,为研究神经和精神疾病中认知和情感功能障碍的病理生理学和神经生物学机制提供了一个强大的范式;特别是在大脑解剖结构没有明显变化的情况时③。在老年人中,功能连接已被广泛用于研究阿尔兹海默症、轻度认知障碍、痴呆以及正常的大脑衰老,这些是与大脑结构和功能改变均相关的复杂过程。除了大脑结构的改变外,老年人大脑的中央中枢区域之间的功能连接也下降了④。因此,功能连接可提供一个理论框架,以理解行为和认知在发育和衰老过程中的变化模式⑤。

考虑到人类大脑的复杂性,精准地揭示其工作模式还有很长的路要走。目前还没有可以应用于所有人的大脑活动模式⑥,且目前的大脑成像在技术和方法上都有一定的局限性⑦。神经成像数据的解读中存在许多挑战。最近的一项研究展示了一种指纹功能连接谱的建立方法,可准确地从群体中定位到个人⑧。神经科学面临的另一个挑战是神经系统中高度的细胞异质性⑨。

综上所述,目前健康老龄化研究的主要领域包括:"神经心理状态""高 Aβ""身体活动""CR"和"功能连接"。

---

① Avena-Koenigsberger, A., Misic, B., Sporns, O. Communication dynamics in complex brain networks[J]. Nat Rev Neurosci., 2018(19): 17-33.

② Glasser, M. F., Smith, S. M., Marcus, D. S., et al. The human connectome Project's neuroimaging approach[J]. Nat Neurosci., 2016(19): 1175-1187.

③ Menon, V. Large-scale brain networks and psychopathology: a unifying triple network model[J]. Trends Cogn Sci., 2011(15): 483-506.

④ Lee, A., Shen, M., Qiu, A. Psychiatric polygenic risk associates with cortical morphology and functional organization in aging[J]. Transl Psychiatry, 2017(7): 1276.

⑤ Avena-Koenigsberger, A., Misic, B., Sporns, O. Communication dynamics in complex brain networks[J]. Nat Rev Neurosci., 2018(19): 17-33.

⑥ Elias, L. J., Saucier, D. M. Neuropsychology: clinical and experimental foundations[M]. New York: Pearson Education Inc., 2013.

⑦ Anonymous. Focus on the neuroscience toolbox[J]. Nat Neurosci, 2016(19): 1117.

⑧ inn, E. S., Shen, X., Scheinost, D., et al. Functional connectome fingerprinting: identifying individuals using patterns of brain connectivity[J]. Nat Neurosci, 2015(18): 1664-1671.

⑨ Anonymous. Focus on the neuroscience toolbox[J]. Nat Neurosci, 2016(19): 1117.

3. 健康老龄化的研究前沿和研究趋势

(1) 健康老龄化的研究前沿

关键词是文献内容最核心的体现。对关键词的分析有助于理解某科学研究领域的前沿。图2.3为关键词共现网络,通过关键词在时间轴的分布,可反映该科学研究领域前沿的动态演化过程。当某节点(此处为关键词)频繁出现在多个时区时,CiteSpace Ⅱ会将其置于最早的时区。表2.3列出了共现频率最高的前10个关键词。

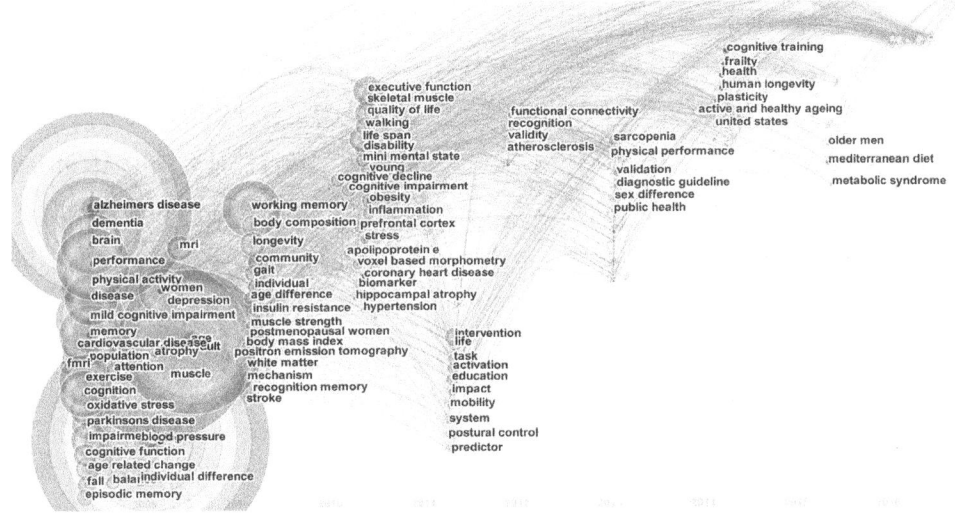

图2.3 健康老龄化文献的关键词共现网络

注:每个节点代表一个关键词,大小表示频率。

表2.3 健康老龄化文献中的高频关键词

频率	关键词	频率	关键词
369	Alzheimer's disease	135	Physical activity
207	Dementia	122	Working memory
161	Performance	119	Exercise
151	Mild cognitive impairment	118	Disease
136	Memory	106	Women

如图 2.3 和表 2.3 所示，最频繁出现的关键词为阿尔兹海默症和痴呆。轻度认知障碍和记忆等高频出现的关键词与阿尔兹海默症和痴呆有密切关系。阿尔兹海默症是导致痴呆最常见的原因，占总病例的 60%~70%。高频关键词中的记忆和工作记忆是认知研究领域的重要概念。

痴呆是老年人出现照护依赖和残疾的主要原因[1]。痴呆作为一种临床综合征，其特征是认知功能下降，如记忆困难、语言障碍、心理和精神变化以及日常生活活动障碍。除阿尔兹海默症外，其他类型的痴呆还包括血管性痴呆、路易体痴呆和额颞叶痴呆[2]。轻度认知障碍是正常衰老和痴呆之间的过渡阶段[3]。到目前为止，正常认知和轻度认知障碍、轻度认知障碍和痴呆之间尚无准确界限[4]。该领域最新的研究致力于利用生物标志物和神经成像工具为不同阶段的认知障碍制定诊断标准[5]。美国国家老龄研究所（NIA）提出使用淀粉样蛋白和神经元损伤标志物识别轻度认知障碍阶段的阿尔兹海默症，被认为是目前最准确的方法[6]。

阿尔兹海默症是一种进展缓慢的神经退行性疾病，其特征是大脑中 Aβ 和 tau 斑块的错误折叠、聚集和毒性增加[7]。阿尔兹海默症患者的脑细胞和神经细胞缓慢萎缩、死亡并停止工作[8]。从轻度记忆丧失开始，阿尔兹海默症患者逐渐失去

---

[1] Satizabal, C.L., Beiser, A.S., Chouraki, V., et al. Incidence of dementia over three decades in the Framingham heart study[J]. New Engl J Med, 2016(374): 523-532.

[2] Groot, C., Hooghiemstra, A.M., Raijmakers, P.G., et al. The effect of physical ac-tivity on cognitive function in patients with dementia: a meta-analysis of randomized control trials[J]. Ageing Res Rev., 2016(25): 13-23.

[3] Cooper, C., Sommerlad, A., Lyketsos, C.G., Livingston, G. Modifiable predictors of dementia in mild cognitive impairment: a systematic review and meta-analysis[J]. Am J Psychiatry, 2015(172): 323-334.

[4] Langa, K.M., Levine, D.A. The diagnosis and management of mild cognitive im-pairment: a clinical review[J]. JAMA, 2014(312): 2551-2561.

[5] Albert, M.S., DeKosky, S.T., Dickson, D., et al. The diagnosis of mild cognitive impairment due to Alzheimer's disease: recommendations from the National Institute on Aging-Alzheimer's Association workgroups on diagnostic guidelines for Alzheimer's disease[J]. Alzheimers Dement., 2011(7): 270-279.

[6] Vos, S.J., Verhey, F., Frolich, L., et al. Prevalence and prognosis of Alzheimer's disease at the mild cognitive impairment stage[J]. Brain, 2015(138): 1327-1338.

[7] Nussbaum, J.M., Seward, M.E., Bloom, G.S. Alzheimer disease a tale of two prions[J]. Prion, 2013(7): 14-19.

[8] Kelly, E.B. Alzheimer's disease: genes and disease[J]. New York: Chelsea House, 2008.

判断力、思维能力、推理能力和认知能力①。此外,阿尔兹海默症还会改变患者的个性和行为,导致日常功能下降。阿尔兹海默症的病理生理变化和机制非常复杂②。遗传因素和环境因素都可能导致阿尔兹海默症的发病。迄今为止,阿尔兹海默症的两个主要组织学特征是tau蛋白聚集导致的淀粉样斑块聚集和细胞内神经原纤维缠结③。然而,对于阿尔兹海默症,目前还没有标准化的预防或治疗方法。最新的研究致力于早期识别、预防并延缓阿尔兹海默症的发生,同时探索其治疗方式④。分子生物学和遗传学的研究进展为阿尔兹海默症研究提供了新方法。相关证据表明,阿尔兹海默症和朊病毒感染病在细胞学和生物学特征上都极为相似⑤。

表2.3中的最后一个关键词为女性。这一关键词反映了健康老龄化的一个关键主题,即性别差异。男性和女性呈现出不同的衰老特征和进程⑥。图2.3中还有一些与分子生物学过程相关的关键词,如氧化应激、炎症和生物标志物。虽然在图中不够突出,但它们明显不同于其他关键词,展示了健康老龄化研究中的一个重要方面,即衰老机制。

(2)健康老龄化的研究趋势

突发词(burst keywords)是指在某段时间内出现频率显著增加的关键词⑦。对

---

① Coray, T. W. Ageing, neurodegeneration and brain rejuvenation[J]. Nature, 2016(539): 180-186.

② Fessel, J. Amyloid is essential but insufficient for Alzheimer causation: addition ofsubcellular cofactors is required for dementia[J]. Int J Geriatr Psychiatry, 2017(33): e14-e21.

③ Jucker, M., Walker, L. C. Amyloid-β pathology induced in humans[J]. Nature, 2015 (525): 193-194.

④ Dubois, B., Hampel, H., Feldman, H. H., et al. Preclinical Alzheimer's disease: definition, natural history, and diagnostic criteria[J]. Alzheimers Dement., 2016(12): 292-323.

⑤ Wang, Y., Jiang, T., Wang, X., et al. Association between insomnia and metabolic syndrome in a Chinese Han population: a cross-sectional study[J]. Sci Rep., 2017(7): 10893.

⑥ Peterson, L. J., Meng, H., Dobbs, D., Hyer, K. Gender differences in mobility device use among U.S. older adults[J]. Journals of Gerontology: Serices B, Gerontology Society of America, 2017, 72(5): 827-835.

⑦ Zhao, R., Wang, J. Visualizing the research on pervasive and ubiquitous com-puting[J]. Scientometrics, 2011(86): 593-612.

于健康老龄化研究,检测出的突发词见表 2.4。其中,"人类长寿""衰弱""认知训练""积极和健康老龄化""老年人""地中海饮食""代谢综合征"和"肌少症"这些关键词的出现频率在 2017 年急剧增加。代谢综合征、衰弱和地中海饮食是出现频率最高的三个词。

代谢综合征是一种慢性的、与衰老相关的疾病[1],被定义为一组相互关联的代谢异常,包括糖代谢、脂质代谢(高胆固醇血症和血脂异常)、血压升高和中心性肥胖[2]。代谢综合征发生率在全球范围内逐年增长,其患病率约为 30%[3]。它使动脉粥样硬化性心血管疾病的患病风险增加一倍,并使 2 型糖尿病的患病风险增加 5 倍[4]。代谢综合征被认为是老年人中一种越来越常见的疾病。

表 2.4　　　　　　　　　健康老龄化文献中的高频突发词

突发词	强度	开始年份	结束年份	突发词	强度	开始年份	结束年份
Hippocampal atrophy	2.67	2013	2014	Cognitive training	3.11	2014	2017
Osteoporosis	2.46	2013	2014	Pain	2.55	2014	2015
Sleep	3.16	2013	2015	Active and healthy ageing	2.55	2014	2017
Hypertension	3.32	2013	2014	In vitro	3.40	2014	2015
Calorie restriction	2.98	2014	2015	Older men	3.34	2015	2017
Human longevity	3.06	2014	2017	Mediterranean diet	3.34	2015	2017
Frailty	3.41	2014	2017	Metabolic syndrome	4.63	2015	2017
Gene expression	3.83	2014	2015	Sarcopenia	2.80	2015	2017

---

[1] Kennedy, B. K., Berger, S. L., Brunet, A., et al. Geroscience: linking aging to chronic disease[J]. Cell, 2014(159): 709-713.

[2] Ranasinghe, P., Mathangasinghe, Y., Jayawardena, R., et al. Prevalence and trends of metabolic syndrome among adults in the asia-pacific region: a systematic review[J]. BMC Public Health, 2017(17).

[3] Wang, Y., Jiang, T., Wang, X., et al. Association between insomnia and metabolic syndrome in a Chinese Han population: a cross-sectional study[J]. Sci Rep., 2017(7): 10893.

[4] Grundy, S. M., Cleeman, J. I., Daniels, S. R., et al. Diagnosis and management of the metabolic syndrome: an American Heart Association/National Heart, Lung, and Blood Institute scientific statement[J]. Circulation, 2005(112): 2735-2752.

三、结 果

衰弱是人口老龄化带来的最具挑战性的公共卫生问题之一①。65岁以上人群的患病率为10%，80岁以上人群的患病率为30%②。衰弱是指身体多个系统的功能衰退，伴随着机体应对压力的脆弱性增加③④。衰弱老年人发生不良事件的风险更高，如跌倒、抑郁、残疾和死亡⑤。肌少症是衰弱的一个主要组成部分，它被定义为与年龄相关的肌肉质量、力量和功能的损失⑥。衰弱为本书的核心概念，在后续章节予以详细介绍。

地中海饮食的特征包括：增加橄榄油、水果和坚果、蔬菜、非精制谷物和豆类的摄入量；经常食用鱼类；适度饮用葡萄酒；减少肉类、糖果、黄油和奶油的摄入⑦。这种饮食模式被证明可以促进健康和延长寿命，其可能的机制包括营养素可影响表观遗传信号通路，调控线粒体生长和抗氧化防御相关的转录因子⑧。此外，越来越多证据表明，传统的地中海饮食可预防代谢综合征⑨。

在表2.4中还可看到一个与其他关键词属性明显不同的非医学或生物学属性词，即"积极健康老龄化"。这个词反映的是老龄化相关政策⑩。个体的老化是

---

① Clegg, A. C., Young, J., Iliffe, S., et al. Frailty in elderly people[J]. Lancet, 2013 (381): 752-762.

② Fried, L. P., Tangen, C. M., Walston, J., et al. Frailty in older adults: evidence for a phenotype[J]. The Journey of Gerontology: Series A, 2001, 56(3): M146-M156.

③ Hoogendijk, E. O., Afilalo, J., Ensrud, K. E., Kowal, P., Onder, G., Fried, L. P. Frailty: implications for clinical practice and public health[J]. The Lancet, 2019, 394 (10206): 1365-1375.

④ Soysal, P., Stubbs, B., Lucato, P., et al. Inflammation and frailty in the elderly: a systematic review and meta-analysis[J]. Ageing Res Rev., 2016(31): 1-8.

⑤ Fried, L. P., Tangen, C. M., Walston, J., et al. Frailty in older adults: evidence for a phenotype[J]. The Journey of Gerontology: Series A, 2001, 56(3): M146-M156.

⑥ Singh, T., Newman, A. B. Inflammatory markers in population studies of aging[J]. Ageing Res Rev., 2011(10): 319-329.

⑦ Godos, J., Zappala, G., Bernardini, S., et al. Adherence to the Mediterranean diet is inversely associated with metabolic syndrome occurrence: a meta-analysis of ob- servational studies[J]. Int J Food Sci Nutr., 2017(6): 138-148.

⑧ Phillipson, O. T. Alpha-synuclein, epigenetics, mitochondria, metabolism, calcium traffic, and circadian dysfunction in Parkinson's disease[J]. Ageing Res Rev., 2017(40): 149-167.

⑨ Martinez-Gonzalez, M. A., Bes-Rastrollo, M. Dietary patterns, Mediterranean diet, and cardiovascular disease[J]. Curr Opin Lipidol., 2014(25): 20-26.

⑩ Kennedy, B. K., Berger, S. L., Brunet, A., et al. Geroscience: linking aging to chronic disease[J]. Cell, 2014(159): 709-713.

一个生物学过程,而人口的老化是一个社会问题,是社会发展到某一阶段出现的一种人口学特征,可带来特殊的经济、发展、民生、政策等一系列社会问题。随着人口老龄化加重,积极和健康的生活仍然是全世界的主要愿望之一①。这一愿望能否实现及实现的程度取决于适当的、灵活的和可持续的老龄化政策以及医学进步,这是人类福祉的有力先决条件②。

4. 健康老龄化的研究框架

由上述分析可知,健康老龄化研究关注的主要主题为神经心理状态、阿尔兹海默症、身体活动、衰弱、CR、地中海饮食和代谢综合征。进一步归纳,可从三个方面理解和归纳健康老龄化研究:衰老过程、衰老相关疾病和抗衰老干预。

(1) 衰老过程

研究衰老过程的一个主要目标是识别老化的诱因并解释衰老的特征。虽然现有证据在阐明衰老过程方面已经取得了很大的进展,但具体的衰老机制仍是未知的。现有的老化理论包括端粒磨损理论、基因程序性衰老、对抗多效性老化理论③和表观遗传时钟理论④。为了充分了解这一领域的研究现状,本部分通过文献计量学方法分析了衰老机制的文献。表2.5总结了其中的最高频率关键词。

表2.5　　　　　　　衰老机制文献中的高频关键词

频率	关键词	频率	关键词
357	Aging	44	*Caenorhabditis elegans*
150	Gene expression	27	Mice

① Zaidi, A., Gasior, K., Zolyomi, E., et al. Measuring active and healthy ageing in Europe [J]. J Eur Soc Policy, 2017(27): 138-157.

② Barreto, P. S. Ageing: research needs social science[J]. Nature, 2014(512): 253.

③ Williams, G. C. Pleiotropy, natural selection, and the evolution of senescence [J]. Evolution, 1957(11): 398-411.

④ Horvath, S., Raj, K. DNA methylation-based biomarkers and the epigenetic clock theory of ageing[J]. Nat Rev Genet., 2018(19): 371-384.

续表

频率	关键词	频率	关键词
150	Oxidative stress	25	Mitochondria
81	Alzheimer's disease	20	Inflammation
63	Calorie restriction	19	Skeletal muscle
52	Senescence	17	Smooth muscle cell

从表2.5可知，衰老机制的文献中主要研究主题为基因表达、氧化应激、阿尔兹海默症、CR、衰老、线粒体等。下面将这些高频关键词分类解读。

基因表达、DNA甲基化、DNA损伤都与基因组不稳定性和表观遗传的不稳定性有关，基因组和表观遗传的不稳定性是衰老的基本标志之一。在衰老过程中，基因组的稳定性不断受到各种外源性和内源性因素的影响，外源性因素包括物理、化学和生物因素等，内源性因素包括DNA复制错误、活性氧(ROS)和微生物产物等[1]。随着DNA修复系统效率的降低，受损的DNA逐渐积累并导致线粒体DNA(mtDNA)的完整性受损、端粒磨损、细胞功能失调、细胞衰老、肿瘤生长和干细胞功能受损。基因组的不稳定性可以改变表观遗传过程，表观遗传负责建立稳定的基因表达模式并通过DNA甲基化、非编码RNA、组蛋白修饰和转录来调节染色质结构[2]。基因改变可发生在非编码RNA或表观遗传调控因子(包括DNA和组蛋白修饰酶)中[3]。负责调控这些表观基因组修饰物的稳定性和翻转的泛素-蛋白酶体系统(UPS)在衰老过程中会衰退和恶化[4]。衰老过程中表观基因组修饰物酶活性的改变、DNA甲基化漂移和组蛋白丢失可导致转录失调、特异

---

① Lopez-Leon, M., Outeiro, T. F., Goya, R. G. Cell reprogramming: therapeutic potential and the promise of rejuvenation for the aging brain[J]. Ageing Res Rev., 2017(40): 168-181.

② Kubben, N., Misteli, T. Shared molecular and cellular mechanisms of premature ageing and ageing-associated diseases[J]. Nat Rev Mol Cell Biol., 2017(18): 595-609.

③ Lopez-Leon, M., Outeiro, T. F., Goya, R. G. Cell reprogramming: therapeutic po-tential and the promise of rejuvenation for the aging brain[J]. Ageing Res Rev., 2017(40): 168-181.

④ Ermolaeva, M., Neri, F., Ori, A., Rudolph, K. L. Cellular and epigenetic drivers of stem cell ageing[J]. Nat Rev Mol Cell Biol., 2018(19): 594-610.

位点异染色质的丢失和获得、端粒磨损、染色质紊乱、干细胞功能障碍和机体衰老①。值得注意的是，包括 sirtuins 在内的组蛋白去乙酰化酶也调节非组蛋白的乙酰化，涉及广泛的细胞活动，包括炎症、蛋白质稳态、线粒体功能、营养感知通路、细胞生长和代谢效率②。

氧化应激和自由基等关键词均与线粒体功能和完整性受损有关。在衰老过程中，线粒体功能下降，这是多种原因导致的，包括突变和受损 mtDNA 积累、ROS 生成的增加和一般细胞器的损伤③。线粒体功能和完整性受损可以通过线粒体生物合成和线粒体质量控制机制进行补偿，如线粒体自噬和线粒体未折叠蛋白反应④。这些质量控制系统的功能随着年龄的增长而下降，会导致衰老相关的线粒体功能障碍和缺陷，包括线粒体基质中未折叠蛋白的积累、丝裂蛋白失衡、过度 ROS 和氧化磷酸化（OXPHOS）扰动。由于低效的蛋白稳态通路、抗氧化剂减少和 PCG-1α 活性降低，受损线粒体的降解和 ROS 损伤的大分子的清除都受到损害，这些损害进一步导致受损 DNA、蛋白质和其他大分子的积累，还会导致慢性氧化应激、凋亡诱导，增加炎症反应⑤。ROS 积累诱导的核 DNA 损伤进一步促进细胞衰老和细胞凋亡。此外，糖酵解和 OXPHOS 之间的代谢失衡导致了干细胞功能紊乱和表观遗传辅助因子和调节因子水平的不足⑥。

另一个衰老的基本标志是蛋白质稳态的丧失。所有细胞都通过一系列蛋白质质量控制机制来维持其蛋白质稳态，以确保蛋白质合成、修复和水解的平衡⑦。

---

① Ermolaeva, M., Neri, F., Ori, A., Rudolph, K. L. Cellular and epigenetic drivers of stem cell ageing[J]. Nat Rev Mol Cell Biol., 2018(19): 594-610.

② Kubben, N., Misteli, T. Shared molecular and cellular mechanisms of premature ageing and ageing-associated diseases[J]. Nat Rev Mol Cell Biol., 2017(18): 595-609.

③ Shpilka, T., Haynes, C. M. The mitochondrial UPR: mechanisms, physiological functions and implications in ageing[J]. Nat Rev Mol Cell Biol., 2017(19): 109-120.

④ Kauppila, T. E. S., Kauppila, J. H. K., Larsson, N.-G. Mammalian mitochondria and aging: an update[J]. Cell Metab., 2017(25): 57-71.

⑤ Kubben, N., Misteli, T. Shared molecular and cellular mechanisms of premature ageing and ageing-associated diseases[J]. Nat Rev Mol Cell Biol., 2017(18): 595-609.

⑥ Chang, H. C., Guarente, L. SIRT1 and other sirtuins in metabolism[J]. Trends Endocrinol Metab., 2014(25): 138-145.

⑦ Lopez-Leon, M., Outeiro, T. F., Goya, R. G. Cell reprogramming: therapeutic potential and the promise of rejuvenation for the aging brain[J]. Ageing Res Rev., 2017(40): 168-181.

这些蛋白质质量控制能力随着年龄的增长而下降，包括自噬-溶酶体系统和UPS。综上，受损线粒体的积累和错误折叠蛋白的积累驱动表观遗传过程发生变化，并展示出衰老相关的病理表现①。

CR与营养感知信号通路相关。这些途径包括用于葡萄糖感知的IIS通路、用于感知高氨基酸浓度的mTOR、用于感知低能量状态的sirtuin和AMPK②。这些途径的失调会直接导致衰老的发生。过量的营养素会激活IIS通路，导致下游mTOR通路的激活，增加蛋白质合成和其他合成代谢过程③。过度的、通过IIS或mTOR通路介导的营养活动和合成代谢活动是衰老进程加速的原因之一④。Sirtuin和AMPK的作用方式正好相反。组蛋白去乙酰化酶SIRT1刺激PCG-1α和过氧化物酶增殖体激活受体α⑤，从而增加细胞能量水平，促进应激条件下的细胞存活。SIRT1通过抑制mTOR和激活AMPK来延长寿命，而AMPK进一步抑制mTOR并促进脂质分解代谢和糖异生⑥。然而，在衰老过程中，增加的DNA损伤会降低SIRT1和AMPK的活性。不仅如此，这些通路还参与了表观遗传调节、自噬、线粒体生物合成、免疫抑制、衰老相关分泌表型（SASP）以及细胞的生长和增殖。

表2.5中的衰老是指细胞衰老，这是一种不可逆的增殖停滞状态⑦。随着年龄的增长，细胞置换系统衰退，各类细胞应激因素出现，包括基因组和蛋白质组完整性的丧失、癌变和ROS等，这些因素导致衰老细胞的数量逐渐累积⑧。此

---

① Ermolaeva, M., Neri, F., Ori, A., Rudolph, K. L. Cellular and epigenetic drivers of stem cell ageing[J]. Nat Rev Mol Cell Biol., 2018(19): 594-610.

② Lopez-Leon, M., Outeiro, T. F., Goya, R. G. Cell reprogramming: therapeutic po-tential and the promise of rejuvenation for the aging brain[J]. Ageing Res Rev., 2017(40): 168-181.

③ Kubben, N., Misteli, T. Shared molecular and cellular mechanisms of premature ageing and ageing-associated diseases[J]. Nat Rev Mol Cell Biol., 2017(18): 595-609.

④ Lopez-Leon, M., Outeiro, T. F., Goya, R. G. Cell reprogramming: therapeutic po-tential and the promise of rejuvenation for the aging brain[J]. Ageing Res Rev., 2017(40): 168-181.

⑤ Chang, H. C., Guarente, L. SIRT1 and other sirtuins in metabolism[J]. Trends Endocrinol Metab., 2014(25): 138-145.

⑥ Kubben, N., Misteli, T. Shared molecular and cellular mechanisms of premature ageing and ageing-associated diseases[J]. Nat Rev Mol Cell Biol., 2017(18): 595-609.

⑦ Salvioli, S., Monti, D., Lanzarini, C., et al. Immune system, cell senescence, aging and longevity—inflamm-aging reappraised[J]. Curr Pharm Des., 2013(19): 1675-1679.

⑧ van Deursen, J. M. The role of senescent cells in ageing[J]. Nature, 2014(509): 439-446.

外，衰老细胞的清除率降低①。衰老细胞在组织中的积累通过驱动SASP而变得有害②。SASP是指炎性细胞因子、趋化因子、生长因子和蛋白酶③。SASP的长期激活可以改变组织的结构和功能，如干细胞的可塑性、衰老细胞和免疫应答细胞之间的细胞间通信。

多细胞生物的整个生命周期中，干细胞在组织的维持和再生中发挥着重要作用。这些细胞存在于体内的干细胞niches中，具有高度的自我更新和多向分化的潜能④。随着年龄增长，干细胞功能也会下降，这是衰老的一系列基本特征导致的，包括细胞内损伤（如DNA损伤、ROS、SASP）和胞外因素的改变（如系统循环因素、干细胞niches等）。干细胞局部和系统环境的改变可导致表观遗传漂移，从而导致肝细胞分化过程的改变。这些改变的克隆体可成为主导细胞，并逐渐取代正常细胞。表观遗传漂移的干细胞、干细胞功能改变和干细胞耗竭损害了组织修复能力和稳态维持能力，这些也会导致衰老相关的器官功能障碍和疾病⑤。

炎症是衰老过程中细胞间通信的一个显著的变化。衰老过程不仅涉及细胞本身的结构和功能变化，还涉及细胞间通信（血源性的系统因素）水平的变化⑥，包括内分泌、神经激素、与慢性炎症相关的神经元信号（如炎性细胞因子，循环microRNA），慢性过度表达的应激相关蛋白和其他的器官间通信模式⑦。炎性衰老是指一种慢性的、无菌的、轻度的炎症。由于病原体、细胞碎片、错误折叠的和氧化的蛋白质以及营养素和肠道微生物群，这种持续的炎性衰老状态随着年龄

---

① Ovadya, Y., Krizhanovsky, V. Strategies targeting cellular senescence[J]. J Clin Invest., 2018.

② van Deursen, J. M. The role of senescent cells in ageing[J]. Nature, 2014(509): 439-446.

③ Childs, B. G., Gluscevic, M., Baker, D. J., et al. Senescent cells: an emerging target for diseases of ageing[J]. Nat Rev Drug Discov., 2017(16): 718-735.

④ Lopez-Leon, M., Outeiro, T. F., Goya, R. G. Cell reprogramming: therapeutic potential and the promise of rejuvenation for the aging brain[J]. Ageing Res Rev., 2017(40): 168-181.

⑤ Ermolaeva, M., Neri, F., Ori, A., Rudolph, K. L. Cellular and epigenetic drivers of stem cell ageing[J]. Nat Rev Mol Cell Biol., 2018(19): 594-610.

⑥ Lopez-Leon, M., Outeiro, T. F., Goya, R. G. Cell reprogramming: therapeutic potential and the promise of rejuvenation for the aging brain[J]. Ageing Res Rev., 2017(40): 168-181.

⑦ Partridge, L., Deelen, J., Slagboom, P. E. Facing up to the global challenges of ageing[J]. Nature, 2018(561): 45-56.

的增长而积累,并可以影响几乎所有器官,成为系统水平上衰老的表型①。炎症作用增加了血液循环和组织微环境中的促炎因子。它还导致免疫系统无法清除感染因子、受感染的细胞、衰老的细胞和处于恶变边缘的细胞。此外,炎症刺激可以通过改变表观遗传调节因子直接影响干细胞②。相关研究还显示,肠道微生物群在炎性衰老中发挥重要作用,可影响全身代谢,调节昼夜节律,影响器官和系统水平的通信③。

总之,基因组不稳定、端粒磨损、表观遗传改变、线粒体功能障碍、蛋白质稳态丧失、营养感知失调、细胞衰老、干细胞衰竭和细胞间通信的改变,构成了衰老的基本分子和细胞标志④。这9个特征是衰老的反映和表现,也可加速衰老进程,但它们并不是衰老的原因。这9个特征高度相互关联,形成了一个衰老相关的分子细胞网络⑤。某一个衰老特征可诱发或加重其他衰老特征,最终导致细胞内稳态的崩溃,进而导致疾病的发生⑥。未来衰老机制的研究倾向于深入了解和揭示衰老特征之间的联系和规律。对人类衰老的研究可充分利用电子健康记录、生物样本库、临床和纵向队列研究中详细的遗传和表型数据⑦。随着实验方法的快速发展,新的模型和技术可促进动物和人类衰老的平行细胞生物学研究。

(2)衰老相关疾病

衰老过程中分子和细胞损伤会逐渐积累,导致机体稳态失调,从而引发衰老

---

① Franceschi, C., Garagnani, P., Parini, P., Giuliani, C., Santoro, A. Inflammaging: a new immune-metabolic viewpoint for age-related diseases[J]. Nat Rev Endocrinol, 2018(14): 576-590.

② Ermolaeva, M., Neri, F., Ori, A., Rudolph, K. L. Cellular and epigenetic drivers of stem cell ageing[J]. Nat Rev Mol Cell Biol., 2018(19): 594-610.

③ Franceschi, C., Garagnani, P., Parini, P., Giuliani, C., Santoro, A. Inflammaging: a new immune-metabolic viewpoint for age-related diseases[J]. Nat Rev Endocrinol, 2018(14): 576-590.

④ Partridge, L., Deelen, J., Slagboom, P. E. Facing up to the global challenges of ageing[J]. Nature, 2018(561): 45-56.

⑤ Franceschi, C., Garagnani, P., Parini, P., Giuliani, C., Santoro, A. Inflammaging: a new immune-metabolic viewpoint for age-related diseases[J]. Nat Rev Endocrinol, 2018(14): 576-590.

⑥ Kubben, N., Misteli, T. Shared molecular and cellular mechanisms of premature ageing and ageing-associated diseases[J]. Nat Rev Mol Cell Biol., 2017(18): 595-609.

⑦ Kennedy, B. K., Berger, S. L., Brunet, A., et al. Geroscience: linking aging to chronic disease[J]. Cell, 2014(159): 709-713.

相关疾病。一些人虽然年老但仍然健康，另一些人则会随着年龄增长而表现出一系列衰老相关疾病，虽然这些疾病的临床表现和发展速度因人而异，但它们在器官水平表现出的细胞衰老特征是类似的①。现有证据认为，抗衰老干预措施的作用具有组织特异性②。不同的器官或组织具有不同的衰老特点。因此，不同水平（分子、细胞、器官、系统）上的衰老特征的集合和相互渗透，衰老特征的可知性和随机性，使得衰老过程极其复杂，是一个多向分形的过程，从而导致多种类型的衰老相关疾病。

因此，应从系统层面上理解衰老的过程和生物调控。而衰老相关疾病为系统地掌握衰老机制提供了重要的切入点。衰老相关疾病与正常衰老的差异分析，有助于识别出衰老相关疾病的危险因素和病理过程。健康的衰老或正常衰老将为众多衰老相关疾病的研究提供综合平台。衰老是多种慢性疾病的共同危险因素，通过理解衰老与疾病病理变化的关系，未来有望开发出某种对抗衰老过程本身的药物，可同时缓解多种慢性疾病，延长人类寿命③。老年科学（Geroscience）的主要思想为延缓衰老背后的基本生物过程，这比预防或治疗某一种衰老相关疾病更为有效。同时，越来越多的证据显示，一个组织的衰老可以调节和加速其他组织的衰老④，这表明衰老器官之间通过某些细胞或循环因子相互作用。识别这些器官间的相互作用是十分复杂的⑤，这些研究的结果有助于识别衰老的生物标志物，从而精确地预测机体或某一器官的功能，监测干预措施后的健康改善情况⑥。研究不同器官衰老的共同病原特征为衰老机制研究提供了新的视角。此外，对某种衰老相关疾病的研究可确定一个新的靶点，该靶点或许有助于直接延缓衰老过程本身。

---

① Horvath, S., Raj, K. DNA methylation-based biomarkers and the epigenetic clock theory of ageing[J]. Nat Rev Genet., 2018(19): 371-384.

② Mullard, A. Anti-ageing pipeline starts to mature[J]. Nat Rev Drug Discov., 2018(17): 609-612.

③ Kennedy, B. K., Berger, S. L., Brunet, A., et al. Geroscience: linking aging to chronic disease[J]. Cell, 2014(159): 709-713.

④ Yin, J., Gao, G., Liu, X., et al. Genetic variation in glia-neuron signalling modulates ageing rate[J]. Nature, 2017(551): 198-203.

⑤ Franceschi, C., Garagnani, P., Parini, P., Giuliani, C., Santoro, A. Inflammaging: a new immune-metabolic viewpoint for age-related diseases[J]. Nat Rev Endocrinol., 2018(14): 576-590.

⑥ Horvath, S., Raj, K. DNA methylation-based biomarkers and the epigenetic clock theory of ageing[J]. Nat Rev Genet., 2018(19): 371-384.

三、结　果

根据上述研究结果，阿尔兹海默症、衰弱和代谢综合征是研究最为深入的衰老相关疾病。"大脑""帕金森病""骨骼肌""平滑肌细胞"和"心血管疾病"是衰老机制的相关研究中高频出现的属于器官水平的关键词。

大脑老化会导致神经退行性疾病，如阿尔兹海默症和帕金森病。大脑老化的特征是小胶质细胞的细胞毒性激活、慢性炎症、线粒体功能障碍、蛋白质稳态失调和细胞衰老。小胶质细胞在大脑老化中起着核心作用，它们不仅在大脑清除系统中发挥关键作用，还与星形胶质细胞、神经元和其他脑细胞密切关系[1]。除了脑细胞自身的变化外，大脑也会受到局部微环境和系统环境的影响。越来越多的研究发现，通信因子在调节大脑老化中起着重要作用[2]。一项新的研究发现，神经肽介导的胶质-神经元信号通路的自然变异可调节秀丽隐杆线虫的衰老速率[3]。

肌肉老化被认为是导致许多衰老相关疾病的原因之一，包括肌少症、恶病质[4]、高血压、动脉硬化和动脉粥样硬化[5]。肌肉是人体中最丰富的组织。它由肌肉干细胞（卫星细胞）、骨骼肌细胞和平滑肌细胞组成。骨骼肌老化的特征是肌肉重量、肌肉质量和收缩性的丧失[6]。肌少症，即肌肉质量和力量的意外丧失，是正常衰老过程中出现的现象[7]。骨骼肌老化与恶病质有关，恶病质主要表现为肌肉的丧失，还具有一些典型的与癌症和慢性心力衰竭等慢性疾病的症状类似的临床表现。目前的证据表明，与衰老相关的肌肉萎缩主要归因于Ⅱ型肌纤维

---

[1] von Bernhardi, R., Eugenín-von Bernhardi, L., Eugenín, J. Microglial cell dysre- gulation in brain aging and neurodegeneration[J]. Front Aging Neurosci., 2015(7)：124.

[2] Wyss-Coray, T. Ageing, neurodegeneration and brain rejuvenation[J]. Nature, 2016(539)：180-186.

[3] Yin, J., Gao, G., Liu, X., et al. Genetic variation in glia-neuron signalling modulates ageing rate[J]. Nature, 2017(551)：198-203.

[4] Tsuda, M., Fukushima, A., Matsumoto, J., et al. Protein acetylation in skeletal muscle mitochondria is involved in impaired fatty acid oxidation and exercise in tolerance in heart failure[J]. J Cachexia Sarcopenia Muscle, 2018, 9(5)：844-859.

[5] Lacolley, P., Regnault, V., Avolio, A. P. Smooth muscle cell and arterial aging：basic and clinical aspects[J]. Cardiovasc Res., 2018(114)：513-528.

[6] von Haehling, S., Morley, J. E., Anker, S. D. An overview of sarcopenia：facts and numbers on prevalence and clinical impact[J]. J. Cachexia. Sarcopenia Muscle, 2010(1)：129-133.

[7] Batsis, J. A., Villareal, D. T. Sarcopenic obesity in older adults：aetiology, epide-miology and treatment strategies[J]. Nat Rev Endocrinol., 2018(14)：513-537.

萎缩，而不是大量的肌纤维损失①。骨骼肌还被认为是一种内分泌器官，因为它可以释放大量肌因子，这些肌因子是介导肌肉、肝脏、脂肪组织、大脑和其他器官之间复杂通信的一部分②。

平滑肌老化与血管老化相关③。血管平滑肌细胞（VSMCs）是血管壁基质细胞。在大动脉中，VSMCs合成和分泌细胞外基质（ECM）蛋白，维持动脉弹性。在小的肌肉动脉和小动脉中，VSMCs负责血管张力和肌原性反应。与衰老相关的VSMCs改变包括慢性炎症、去分化、可塑性丧失、衰老和ECM刚度增加④。由于VSMCs持续暴露于循环系统中的机械刺激和生化成分，因此所有这些与衰老相关的VSMCs改变都可以触发它们与血小板、免疫细胞和干细胞间的相互作用。血管平滑肌细胞在衰老过程中起着关键作用，包括血管老化、动脉管壁硬化、高血压、动脉粥样硬化发展和钙化⑤。

综上所述，对衰老相关疾病的研究聚焦于大脑老化、肌肉老化和血管老化。其中，由于大脑的复杂性、神经成像技术的发展以及认知能力下降的严重后果，大脑老化是一个数量不断增长的热门研究领域。此外，动物模型在理解人类神经心理表现方面存在局限性⑥。肌肉老化也因其在器官通信中的肌因子分泌功能、其与肌少症和血管老化的密切关系而受到越来越多的关注。综上，大脑和肌肉是健康老龄化研究热点关注的器官，在机体衰老过程中发挥着重要作用。

阿尔兹海默症、衰弱和代谢综合征是最常被研究的衰老相关疾病。阿尔兹海

---

① Nilwik, R., Snijders, T., Leenders, M., et al. The decline in skeletal muscle mass with aging is mainly attributed to a reduction in type II muscle fiber size[J]. Exp Gerontol, 2013(48): 492-498.

② Eckardt, K., Gorgens, S. W., Raschke, S., Eckel, J. Myokines in insulin resistance and type 2 diabetes[J]. Diabetologia, 2014(57): 1087-1099.

③ McCurley, A., Pires, P. W., Bender, S. B., et al. Direct regulation of blood pressure by smooth muscle cell mineralocorticoid receptors[J]. Nat Med., 2012(18): 1429-1433.

④ Lacolley, P., Regnault, V., Avolio, A. P. Smooth muscle cell and arterial aging: basic and clinical aspects[J]. Cardiovasc Res., 2018(114): 513-528.

⑤ Kim, S. K., McCurley, A. T., DuPont, J. J., et al. Smooth muscle cell-miner- alocorticoid receptor as a mediator of cardiovascular stiffness with aging novelty and significance[J]. Hypertension, 2018(71): 609-621.

⑥ lias, L. J., Saucier, D. M. Neuropsychology: clinical and experimental foundations[M]. New York: Pearson Education Inc., 2013.

默症和衰弱都会导致老年人的照护依赖和残疾。随着人口老龄化持续发展，这两种疾病也将大幅增长，给家庭和医疗系统造成极大压力[1]。由于目前还没有治疗方法，越来越多的研究关注这两种疾病。此外，人们对衰弱和认知功能衰退之间的联系越来越感兴趣。除了上述衰老相关疾病，还有一类疾病为人类早衰疾病，例如哈金森-吉尔福德早衰综合征和非典型沃纳综合征，这些疾病为理解一些基因在调控衰老中的作用提供了非常重要的途径。

（3）抗衰老干预

随着人们对衰老认识的深入和基因相关技术的发展，抗衰老干预的研发成为衰老研究的关键主题之一[2]。抗衰老医学是抗衰老干预研究领域的集中体现，近年来备受争议[3]。衰老过程及其调控网络的复杂性为抗衰老干预的研发提供了一个机会，即改善其中某个或某些衰老特征可能足以缓解衰老过程[4]。为了进一步描述抗衰老干预领域的研究现状，本部分对抗衰老干预文献进行了关键词共现分析和突发词检测。表2.6为出现频率最高的关键词，表2.7为最高频突发关键词。

表2.6 **抗衰老干预文献中的高频关键词**

频率	关键词	频率	关键词
494	aging	192	Antioxidant
452	oxidative stress	176	Longevity
317	Anti-aging	171	Expression
228	Life span	159	In vitro
192	Mice	143	Apoptosis

---

[1] Brasure, M., Desai, P., Davila, H., et al. Physical activity interventions in preventing cognitive decline and Alzheimer-type dementia: a systematic review[J]. Ann Intern Med., 2017(168): 30-38.

[2] Van Raamsdonk, J. M. Mechanisms underlying longevity: a genetic switch model of aging[J]. Exp Gerontol., 2018(1): 136-139.

[3] Vaiserman, A. M., Lushchak, O. V., Koliada, A. K. Anti-aging pharmacology: promises and pitfalls[J]. Ageing Res Rev., 2016(31): 9-35.

[4] Kubben, N., Misteli, T. Shared molecular and cellular mechanisms of premature ageing and ageing-associated diseases[J]. Nat Rev Mol Cell Biol., 2017(18): 595-609.

表2.7　　　　　　　　　抗衰老干预文献的高频突发词

突发词	强度	开始年份	结束年份	突发词	强度	开始年份	结束年份
Aging	33.86	1996	2009	Mouse model	6.84	2015	2016
Gene expression	10.81	1999	2008	Sirtuin	6.83	2011	2013
Dietary restriction	10.00	2002	2011	Flavonoid	6.26	2014	2016
Lipid peroxidation	8.42	2000	2012	Growth hormone	6.02	2008	2009
Longevity	8.36	2004	2009	Melatonin	5.77	1999	2005
Saccharomyces cerevisiae	8.04	2008	2010	Apoptosis	5.59	2003	2008
mTOR	7.63	2012	2014	Insulin	5.14	2008	2009
Alzheimer's disease	7.39	2004	2009	Rapamycin	4.80	2010	2015

表2.6中，抗衰老干预中最高频出现的关键词是衰老、氧化应激、抗衰老、寿命和小鼠。由表2.7可知，衰老、基因表达、饮食限制和脂质过氧化是最高频出现的突发关键词。通过关键词可大致了解抗衰老研究领域的一些突出主题，下文将这些关键词按照内容的相似性进行分类，并对各类别进行拓展阐述。

氧化剂、氧化应激、氧化损伤、脂质过氧化和褪黑素与抗衰老药理研究有关，主要是基于衰老理论中的氧化损伤理论。在这一理论中，活性氧(reactive oxygen species)与人类慢性疾病的发生发展有关，通过激活内源性抗氧化防御系统或补充外源性抗氧化剂可延长人类寿命。这一方向的最新证据表明，抗氧化剂在一定浓度范围内具有保护作用，超过这一浓度则会产生毒性[1]。许多合成的或天然膳食中的抗氧化剂，如褪黑素正是当前的研究热点，人们期望证实它们延长寿命的作用。线粒体靶向抗氧化剂的研发是该领域的一个非常具有潜能的方向[2]。

关键词中的CR、饮食限制、mTOR、sirtuin、胰岛素、白藜芦醇和雷帕霉素均与抗衰老干预中的CR模拟物及其信号通路相关。CR模拟物是当前抗衰老研

---

[1] Vaiserman, A.M., Lushchak, O.V., Koliada, A.K. Anti-aging pharmacology: promises and pitfalls[J]. Ageing Res Rev., 2016(31): 9-35.

[2] Mullard, A. Anti-ageing pipeline starts to mature[J]. Nat Rev Drug Discov., 2018(17): 609-612.

究的热点，并可能是当前最有希望的促进健康和延长寿命的干预措施①。目前，最有潜力的、可发挥 CR 效果的、具备药理性质的 CR 模拟物包括，作为 IIS 抑制剂的培维索孟、作为 mTOR 抑制剂的雷帕霉素、作为 AMPK 激活剂的二甲双胍以及作为 SIRT1 激活剂的白藜芦醇②。有证据表明，低剂量的 mTOR C1 抑制剂可降低老年人感染的发生率，并上调抗病毒免疫力③。目前，二甲双胍延长患者寿命和健康寿命的研究正在进行 III 期临床试验④。CR 模拟物的多种抗衰老功能已被大量的前期研究证明。尽管一些 CR 模拟物已经被美国食品和药物管理局批准使用⑤，但其机制尚未充分明确，需要进一步研究评估其作为抗衰老干预的安全性。

细胞衰老、炎症、凋亡和干细胞这些关键词均与 Senolytics 有关。Senolytics 可识别小分子并选择性地诱导衰老细胞死亡。这种通过特异性诱导衰老细胞凋亡从而靶向清除衰老细胞的化合物被统称为 Senolytics。衰老细胞的积累会加速衰老表型，清除衰老细胞被证明可延长健康寿命。来自动物模型的证据表明，Senolytics（如 navitoclax 和 piperlonumine）延长了健康寿命。最新的一项临床试验正试图明确 Senolytics 对骨关节炎和青光眼患者的治疗效果⑥。然而，要充分实现和发挥这些抗衰老药物的作用就必须克服各种技术挑战。首先，细胞衰老并不是百害而无一利的，它发挥着多种有益的生物学作用，包括抑制肿瘤。其次，不同类型的细胞具有不同的分子易感性，不同类型的衰老细胞依赖于不同的途径来维

---

① Vaiserman, A. M., Lushchak, O. V., Koliada, A. K. Anti-aging pharmacology: promises and pitfalls[J]. Ageing Res Rev., 2016(31): 9-35.

② Kubben, N., Misteli, T. Shared molecular and cellular mechanisms of premature ageing and ageing-associated diseases[J]. Nat Rev Mol Cell Biol., 2017(18): 595-609.

③ Mannick, J. B., Morris, M., Hockey, H. P., et al. TORC1 inhibition enhances immune function and reduces infections in the elderly[J]. Sci Transl Med., 2018(10).

④ Partridge, L., Deelen, J., Slagboom, P. E. Facing up to the global challenges of ageing[J]. Nature, 2018(561): 45-56.

⑤ Mannick, J. B., Morris, M., Hockey, H. P., et al. TORC1 inhibition enhances immune function and reduces infections in the elderly[J]. Sci Transl Med., 2018(10).

⑥ Partridge, L., Deelen, J., Slagboom, P. E. Facing up to the global challenges of ageing[J]. Nature, 2018(561): 45-56.

持活性①。最后，衰老细胞在治疗后持续存在的事实使得 Senolytics 治疗成为一个长期的过程，而且必须在临床应用中进行监测和管理②。

关键词中的 Klotho 基因表达和基因与上述各类关键词均不相同，这两个关键词反映的是衰老过程的遗传和表观遗传机制。尽管人类寿命的25%是由遗传因素决定的，但候选或全基因组关联研究只发现了数量有限的稳定的长寿基因位点③。现有研究已发现超过2000个基因的过表达或突变与衰老或长寿相关，这些证据表明，通过遗传手段调节人类寿命具有巨大潜力④。已有相当研究关注并证明，Klotho 基因参与调控自噬和线粒体功能，是非常有潜力的抗衰老药物靶点。由于其可逆的特性，表观遗传学干预代表着延长寿命和抗衰老的另一种方法。表观遗传相关药物和端粒酶激活剂成为越来越有潜力的药物干预靶点。在过去的几年中，已经开发了一系列表观遗传调控因子的靶向药物，这些药物可调控 DNA 甲基转移酶、组蛋白去乙酰化酶和乙酰转移酶以及非编码 microRNA 等。

关键词中的小鼠、大鼠、秀丽隐杆线虫和体外等明显不同于其他关键词分类，这些关键词反映了抗衰老干预文献的另一个方向。对小鼠、秀丽隐杆线虫和其他体外系统模型的研究表明，目前大部分抗衰老干预研究主要是在这些与人类生物和生理特征相距甚远的物种中观察和展开的⑤。这些实验室模式生物为理解衰老和进化的基本原理提供了重要的见解，但并不能全面地反映人类衰老的特征。除了上述干预措施外，抗衰老研究领域还出现了很多新技术和新视角。近年来，微生物靶向药物如粪便微生物群移植和益生菌(元)作为抗衰老干预方法被越来越多的研究关注⑥。此外，血液(如血细胞和相关因子)、组织和器官的替代

---

① Mullard, A. Anti-ageing pipeline starts to mature[J]. Nat Rev Drug Discov., 2018(17): 609-612.

② Childs, B. G., Gluscevic, M., Baker, D. J., et al. Senescent cells: an emerging target for diseases of ageing[J]. Nat Rev Drug Discov., 2017(16): 718-735.

③ van den Berg, N., Beekman, M., Smith, K. R., et al. Historical demography and longevity genetics: back to the future[J]. Ageing Res Rev., 2017(38): 28-39.

④ Tacutu, R., Thornton, D., Johnson, E., et al. Human ageing genomic resources: new and updated databases[J]. Nudeic Acids Res., 2018(46): D1083-D1090.

⑤ da Costa, J. P., Vitorino, R., Silva, G. M., et al. A synopsis on aging-theories, mechanisms and future prospects[J]. Ageing Res Rev., 2016(29): 90-112.

⑥ Vaiserman, A. M., Koliada, A. K., Marotta, F. Gut microbiota: a player in aging and a target for anti-aging intervention[J]. Ageing Res Rev., 2017(35): 36-45.

治疗为抗衰老干预提供了一个新方法，但远不够成熟①。此外，诱导多能干细胞（iPSC）技术打开了个性化和精准治疗时代，使得通过细胞重编程实现年轻化成为可能。最近的一系列证据表明，当来自老年个体的细胞被重新编程到 iPSC 阶段时，许多衰老的表观遗传标记就会被消除②。

综上所述，CR、身体活动和抗衰老药物是抗衰老干预的主要内容。CR 和身体活动被视为抗衰老干预的非药物范式。这些研究大多是使用动物模型完成的，在推广到人类之前，还需要进一步的研究以确保安全性和有效性。认知训练是一种非药物干预手段，在逆转、延迟和改善老年人认知障碍方面得到了越来越多的关注。在人口层面上可采取的另一项重要干预措施是促进积极和健康老龄化，这涉及制定与老龄化有关的政策。虽然健康老龄化通常与生活方式干预有关，但抗衰老药物具有巨大潜能，是一个快速发展的学科，也是生物老年学研究的重点③。目前的新试验和技术正在为抗衰老干预开辟广泛的视野，并将重塑人类健康老龄化的形式和内涵④。

此部分内容采用文献计量学方法分析健康老龄化文献，为全面理解健康老龄化研究提供了独特的、系统的视角，有助于了解健康老龄化研究的框架结构、最新研究思路和结果。但在解释研究结果时，必须注意到以下局限性：首先，笔者使用的检索词为"健康老化"及其同义词，这些术语很少出现在遗传学、分子生物学和生物信息学的研究中，因此研究结果会漏掉相关主题。不过，笔者增加了另外两个检索策略和文献计量学分析（即衰老机制和抗衰老干预措施），以期全面总结当前关于健康老龄化的研究。其次，笔者只使用了从 WOS 数据库导出的文献，因此，研究结果并不能代表所有的健康老龄化研究。未来的研究需要使用更全面的搜索策略来验证本研究，从而为健康老龄化研究提供更广泛的视角。

---

① Hebert, J. M., Vijg, J. Cell replacement to reverse brain aging: challenges, pitfalls, and opportunities[J]. Trends Neurosci., 2018(41): 267-279.

② Lopez-Leon, M., Outeiro, T. F., Goya, R. G. Cell reprogramming: therapeutic potential and the promise of rejuvenation for the aging brain[J]. Ageing Res Rev., 2017(40): 168-181.

③ Kennedy, B. K., Pennypacker, J. K. Drugs that modulate aging: the promising yet difficult path ahead[J]. Transl Res., 2014(163): 456-465.

④ Ovadya, Y., Krizhanovsky, V. Strategies targeting cellular senescence[J]. J Clin Invest., 2018, 128(4): 1247-1254.

四、结　　论

　　本部分研究采用文献计量学方法将健康老龄化研究文献基础进行可视化，对健康老龄化文献进行了定量和定性分析，介绍了健康老龄化的文献网络，突出了健康老龄化研究的趋势和前沿，并解读了健康老龄化研究的最新研究思路和结果。综上，大脑和肌肉的老化是健康老龄化研究的焦点。阿尔兹海默症和衰弱是衰老相关疾病领域的研究重点。CR、身体活动和抗衰药物是抗衰老干预研究的主要方向。健康老龄化的研究增加了人们对衰老过程的理解。健康老龄化研究呈现出多学科交叉的复杂文献网络，这也表明，对健康老龄化的理解需要一个系统和多元的视角，健康老龄化研究领域既需要局部方法技术，又需要整体思维和视角，从而摆脱各种困境，实现人类对衰老的探索和抗衰老技术的转换。

第三章 衰 弱

上一章为理解健康老龄化研究提供了一个全局视角。要精准、有效地管理老年人的健康和内在能力,首先应当准确地评估其老化程度和特点、功能水平和综合健康状况。现有研究通常使用一些反映衰老的生物标志物或生理指标来反映老年人的综合健康水平,例如,端粒长度[1]、细胞衰老[2]、DNA甲基化年龄[3]和衰弱等。这些生理指标和生物标记物可以比实际年龄更好地反映一个人的老化程度和速度,更好地预测晚期的机体功能和能力[4],比患病种数更能反映老年人的综合健康水平,与不良健康结局的关系更为紧密。通过上一章的分析结果可知,衰弱是健康老龄化研究中非常重要的一个热点主题。衰弱不仅发生率高,而且与肌肉衰老、认知衰老密切相关。然而,就像衰老的生物学机制尚未明确一样,人们对于衰弱的理解也尚不清晰。

一、定 义

衰弱(frailty)一词在老年研究领域出现得较早,1983年,衰弱被用于描述老

---

[1] Araujo Carvalho, A. C., Tavares Mendes, M. L., da Silva Reis, M. C., et al. Telomere length and frailty in older adults-A systematic review and meta-analysis[J]. Ageing Res Rev., 2019(54): 100914.

[2] Gadow, S. Frailty and strength: the dialectic in aging[J]. Gerontologist, 1983, 23(2): 144-147.

[3] Kim, S., Myers, L., Wyckoff, J., Cherry, K. E., Jazwinski, S. M. The frailty index outperforms DNA methylation age and its derivatives as an indicator of biological age[J]. Geoscience, 2017(39): 83-92.

[4] Baker, G. T., Sprott, R. L. Biomarkers of aging[J]. Exp Gerontol, 1988, 23(4-5): 223-239.

年人群中出现的一种脆弱的状态①,是对衰弱的感性认识。随着医学发展和老年人群增多,衰弱带来的临床问题越来越明显,人们对衰弱的研究也更加深入和系统。1990—2000 年,老年学家尝试从多种角度对衰弱进行描述和定义,并逐渐意识到衰弱应当被理解为一种独特的临床综合征,应有独立的定义以识别出衰弱人群,从而设计专门的干预方式改善这种衰弱状态②。这一时期的研究重点在于衰弱的定义和识别。2000—2010 年,随着衰弱测量方法的确定和发展,越来越多的衰弱研究在老年人群中实施,以探讨衰弱的发生率和发生原因,衰弱与不良健康结局的关系,衰弱对不同疾病患者病程和结局的影响,也有一些干预性研究用来评价某种措施在改善衰弱中的效果。从 2011 年至今,衰弱的研究数量陡增(见图 3.1),一方面,由于前期研究积累到一定程度,研究方法更加丰富多样,研究思路更开阔。另一方面,快速增加的老年人群使衰弱问题凸显,引起老年学者们更多关注。衰弱的发生率、衰弱与不良健康结局的关系已经在多个国家和种族的人群中得到了验证。目前,人们关注的重点逐渐前移,更多的研究致力于探索衰弱发生的高危因素,从分子和细胞水平探索衰弱的发生机制和生物标记物③、衰弱与衰老的关系、衰弱与其他老年综合征的关系等。

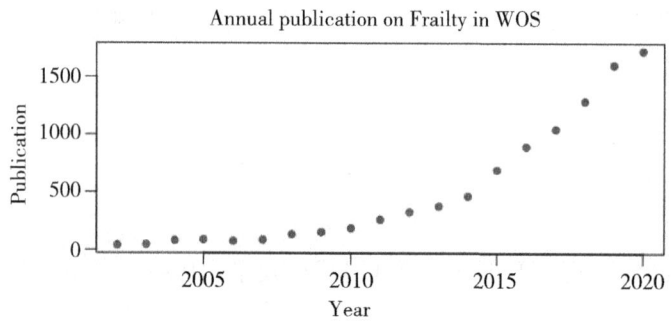

图 3.1　Web of Science 中历年衰弱相关文献的数量

---

①　Gadow, S. Frailty and strength: the dialectic in aging[J]. Gerontologist, 1983, 23(2): 144-147.

②　Campbell, A. J., Buchner, D. M. Unstable disability and the fluctuations of frailty[J]. Age and Ageing, 1997(26): 315-318.

③　Cardoso, A. L., Fernandes, A., Aguilar-Pimentel, J. A., et al. Towards frailty biomarkers: Candidates from genes and pathways regulated in aging and age-related diseases[J]. Ageing Research Reviews, 2018(47): 214-277.

一、定　义

衰弱是一种与老化相关的、复杂的临床状态。衰弱是指身体多个系统的功能衰退，伴随着机体应对压力的脆弱性增加[1]。也有学者将其定义为：身体多个器官系统生理储备的减退，伴随着机体应对压力的脆弱性增加；当应激性事件发生（例如急性疾病）的时候，衰弱的个体会很快出现功能水平(functional ability)的恶化[2]。国际老年学和老年医学学会对衰弱的定义为，减退的力量和异常的生理功能所导致的个体依赖性、脆弱性和死亡率增加[3]。类似的，有学者认为，衰弱是个体对内源性或外源性压力极度脆弱的一种状态，使个体暴露于更高的、发生不良健康结局的风险中；它通常产生于与年龄相关的生理系统退行性改变和慢性疾病的交互作用之中，最终导致了减弱的功能水平储备(functional reserve capacities)[4]。有学者从稳态机制方面进行定义：衰弱是由多个系统稳态机制失调引起的，以减少的生理储备和增加的脆弱性为特征，由生命历程中逐渐累积的细胞损伤所造成[5]；衰弱体现的是多个生理系统和内稳态机制随年龄逐渐累积的退行性改变，最终导致对压力更大的脆弱性[6]。也有学者认为，衰弱是衰老过程中分子和细胞的累积损伤导致的生理储备减少而引起的，而当生理储备衰退达到一定水平时，衰弱就变得明显[7]。我国老年学家将衰弱定义为：老年人生理储备下降导致机体

---

[1] Hoogendijk, E. O., Afilalo, J., Ensrud, K. E., Kowal, P., Onder, G., Fried, L. P. Frailty: implications for clinical practice and public health[J]. The Lancet, 2019, 394(10206): 1365-1375.

[2] Clegg, A., Young, J., Iliffe, S., Rikkert, M. G. M. O., Rockwood, K. Frailty in elderly people[J]. The Lancet, 2013(381): 752-762.

[3] Dent, E., Lien, C., Lim, W. S., Wong, W. C., Wong, C. H., Ng, T. P., Flicker, L. The Asia-Pacific Clinical Practice Guidelines for the Management of Frailty[J]. J Am Med Dir Assoc., 2017, 18(7): 564-575.

[4] Cesari, M., Prince, M., Thiyagarajan, J. A., De Carvalho, I. A., Bernabei, R., Chan, P., Vellas, B. Frailty: An Emerging Public Health Priority[J]. J Am Med Dir Assoc., 2016, 17(3): 188-192.

[5] Araujo Carvalho, A. C., Tavares Mendes, M. L., da Silva Reis, M. C., Santos, V. S., Tanajura, D. M., Martins-Filho, P. R. S. Telomere length and frailty in older adults-A systematic review and meta-analysis[J]. Ageing Res Rev., 2019(54): 100914.

[6] 中华医学会老年医学分会, 郝秋奎, 李峻, 董碧蓉, 李小鹰. 老年患者衰弱评估与干预中国专家共识[J]. 中华老年医学杂志, 2017, 36(3): 251-256.

[7] Gu, Y., Wu, W., Bai, J., Chen, X., Chen, X., Yu, L., Tan, X. Association between the number of teeth and frailty among Chinese older adults: a nationwide cross-sectional study[J]. BMJ Open, 2019, 9(10): e029929.

易损性增加、抗应激能力减退的非特异性状态。衰弱老年人经历外界较小刺激即可导致一系列临床负性事件的发生①。

虽然在如何准确定义衰弱上一直存在争议，但学术界和临床实践中普遍认可的衰弱的特征包括：第一，衰弱是多个维度的，涉及多系统病理、生理变化，包括神经肌肉、代谢及免疫系统等②；生理和心理社会因素均在其发展过程中发挥着作用。有研究将环境维度添加到衰弱的评估中③。第二，虽然衰弱确实随着年龄的增加而发展，但衰弱是正常老化过程的一个极端后果。第三，衰弱是动态的，即个体衰弱程度可以在一定区间转换和浮动。第四，衰弱在一定程度上是可以预防的，在衰弱程度达到一个前死亡阶段之前，衰弱是可以被逆转的④。

1. 衰弱与老年综合征

在老年相关疾病中，常见的以衰弱为主的疾病往往难以解决。因为这些疾病跨越了多个学科与器官，不局限于某个单一医学范围，具有综合性、整体性的特点，所以这类疾病的治疗思路与传统疾病不一样，老年医学专家将这些老年病统称为老年综合征，包括衰弱、睡眠障碍、头晕、晕厥、压疮、失禁等⑤。

2. 衰弱与肌少症

肌量是预测长寿的关键指标之一。肌少症是一类以进行性和广泛性骨骼肌肌力减弱和肌量减少为特征，以肌细胞的萎缩和减少、间质纤维和脂肪组织增多为

---

① 中华医学会老年医学分会，郝秋奎，李峻，董碧蓉，李小鹰. 老年患者衰弱评估与干预中国专家共识[J]. 中华老年医学杂志, 2017, 36(3): 251-256.

② 中华医学会老年医学分会，郝秋奎，李峻，董碧蓉，李小鹰. 老年患者衰弱评估与干预中国专家共识[J]. 中华老年医学杂志, 2017, 36(3): 251-256.

③ De Roeck, E. E., Dury, S., De Witte, N., De Donder, L., Bjerke, M., De Deyn, P. P., Dierckx, E. CFAI-Plus: Adding cognitive frailty as a new domain to the comprehensive frailty assessment instrument[J]. International Journal of Geriatric Psychiatry, 2018, 33(7): 941-947.

④ Hoogendijk, E. O., Afilalo, J., Ensrud, K. E., Kowal, P., Onder, G., Fried, L. P. Frailty: implications for clinical practice and public health[J]. The Lancet, 2019, 394(10206): 1365-1375.

⑤ Jeffrey B. Halter, Joseph G. Ouslander, Mary E. Tinetti, Stephanie Studenski, Kevin P. High, Sanjay Asthana. 哈兹德老年医学[M]. 李小鹰，王建业，译. 北京：人民军医出版社，2015.

主要病理表现的综合征。肌少症患者的骨骼肌质量和功能均下降，是衰弱的重要表型之一。

骨骼肌细胞萎缩是肌少症的主要病理改变之一。老年人群骨骼肌细胞大小及数量均发生衰减，特别是快肌细胞（Ⅱ型肌细胞），这导致老年人群快速运动能力下降。骨骼肌间质纤维组织增多是肌少症的另一主要病理改变，是老年人群骨骼肌功能减退的重要原因①。

衰弱和衰老过程伴随的神经肌肉功能的衰退和失调是肌少症发生发展的主要机制，包括神经-肌肉接头阻滞及运动神经元缺失、肌肉蛋白合成和降解相关的通路障碍②。研究表明，随着年龄的增大，肌纤维渐进性去神经支配和神经再支配，α运动神经元不断丢失，导致肌肉的协调运作能力和力量持续下降。同时，在老年期，快糖酵解纤维数目明显减少，导致肌源性干细胞数量减少，募集能力下降。此外，衰弱导致的老年人内分泌变化也会改变肌肉含量。随着胰岛素、雌激素、睾酮、生长因子、维生素D、甲状旁腺等激素的逐渐减少，人体内肌肉含量也随之不断降低。

衰老过程中，慢性疾病的出现导致老年人体内血浆炎性细胞因子升高，慢性炎症状态在使老年人衰弱现象更易出现的同时，也导致分解代谢刺激的增加，同时，随着老年人线粒体功能的减退和营养的低摄入，其骨骼肌细胞蛋白质的合成、三磷酸腺苷的合成速率大大降低，肌肉含量自然随之减少③。

二、意　义

1. 衰弱与衰老

衰弱与衰老密不可分。衰老过程就是生命历程中分子和细胞水平损伤累积的

---

① 商国凯. 骨骼肌间质纤维脂肪沉积在肌少症中的作用及其干预机制研究[D]. 济南：山东大学，2021.

② 何盼，刘月涛，杜冠华，秦雪梅. 肌少症研究进展[J]. 神经药理学报，2020，10（1）：47-53.

③ Howard M. Fillit, Kenneth Rockwood, John Young. Brocklehurst 老年医学与老年学[M]. 白小涓，李小鹰，译. 北京：科学出版社，2020.

过程，这些损伤来自一系列由复杂的维稳和修复网络所调控的机制，这些机制又受到基因、环境和表观遗传机制的影响。老化的过程一定会伴随生理功能的逐渐衰退，但是，对于衰弱的患者，这种衰退加速了并且衰弱机体的稳态机制也开始衰退。机体很多器官系统具有多余的储备和强大的代偿能力用以代偿年龄相关和疾病相关的改变。衰老与衰弱的界限是什么？即细胞损伤的数量和程度累积到什么水平会造成器官和系统生理状态的受损？也就是说，是否存在一个阈值？一旦与年龄相关的损伤和衰退的累积超过了这个阈值，人体衰弱的状态就会在多个生理系统中显现出来[1]。从以上角度分析，衰弱从一定程度上反映了机体的生理年龄，与实际年龄相比，衰弱与老化的速度和程度更为一致。并且，衰弱可进行测量和客观评估，它可用更精准和个性化的参数来反映机体的生理年龄。因此，有学者认为衰弱可以代替实际年龄而用于临床决策[2]。也有老年学家用衰弱来描述老年人群的健康差异[3]。虽然人们普遍随着年龄的增长而出现健康问题，但年龄相同的不同个体的健康差异却非常大[4]，即不同个体老化速度和范围的差异非常大。综上所述，无论何种环境和年龄，个体的衰弱程度都可靠地反映了个体的综合健康水平，能够区分不同个体的健康差异。衰弱、老化和失能的关系见图3.2。

衰弱对于实现健康老龄化有重要意义。健康老龄化强调提高和维护老年人的内在能力。但目前仍然没有测量内在能力的标准方法，现有研究常通过一个人所不能独自完成的日常生活来反映其内在能力水平[5]。若衰弱反映了机体的老化水

---

[1] Clegg, A., Young, J., Iliffe, S., Rikkert, M. G. M. O., Rockwood, K. Frailty in elderly people[J]. The Lancet, 2013(381): 752-762.

[2] Clegg, A., Bates, C., Young, J., Ryan, R., Nichols, L., Ann Teale, E., Marshall, T. Development and validation of an electronic frailty index using routine primary care electronic health record data[J]. Age Ageing, 2016, 45(3): 353-360.

[3] Pansarasa, O., Pistono, C., Davin, A., Bordoni, M., Mimmi, M. C., Guaita, A., Cereda, C. Altered immune system in frailty: Genetics and diet may influence inflammation[J]. Ageing Res Rev., 2019(54): 100935.

[4] Clegg, A., Young, J., Iliffe, S., Rikkert, M. G. M. O., Rockwood, K. Frailty in elderly people[J]. The Lancet, 2013(381): 752-762.

[5] Stephens, C., Allen, J., Keating, N., Szabo, A., Alpass, F. Neighborhood environments and intrinsic capacity interact to affect the health-related quality of life of older people in New Zealand [J]. Maturitas, 2020(139): 1-5.

平和生理年龄，那么内在能力反映的则是机体的健康水平和实际能力。机体内在能力的下降即为衰弱程度的增加。但是内在能力的实际测量方法、内在能力与衰弱的关系尚未在人群中得到验证①。衰弱的提出为人们应对老化过程提供了新的思路，实现健康老龄化的关键在于应对老年人群的衰弱。越来越多的研究意识到，衰弱在老年人群中是一个主要的健康和公共卫生问题②。

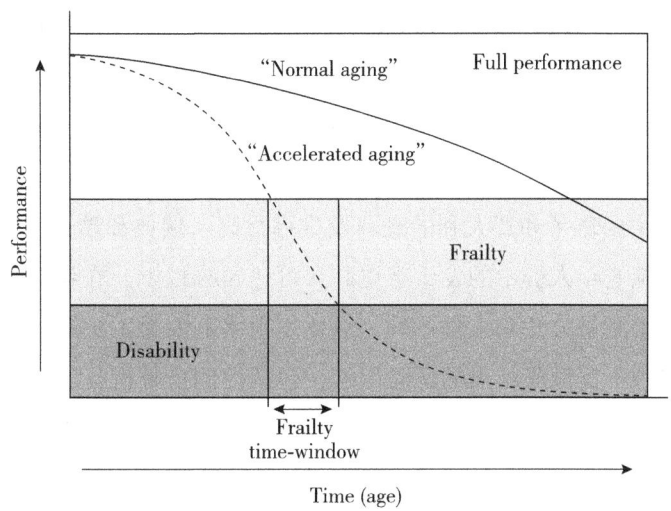

图 3.2　衰弱、老化和失能的关系③

2. 衰弱对老年人的影响

不管用何种工具，在何种人群和场所，衰弱对于不良健康结局的预测作用都得到了很好的验证。全球人口的快速老龄化使衰弱成为老年人群最显著的问题之

---

① Hoogendijk, E. O., Afilalo, J., Ensrud, K. E., Kowal, P., Onder, G., Fried, L. P. Frailty: implications for clinical practice and public health[J]. The Lancet, 2019, 394(10206): 1365-1375.

② Dent, E., Lien, C., Lim, W. S., Wong, W. C., Wong, C. H., Ng, T. P.,... Flicker, L. The Asia-Pacific Clinical Practice Guidelines for the Management of Frailty[J]. J Am Med Dir Assoc., 2017, 18(7): 564-575.

③ Singh, M., Stewart, R., White, H. Importance of frailty in patients with cardiovascular disease[J]. Eur Heart J., 2014, 35(26): 1726-1731.

一，给全球各国的医疗卫生系统带来巨大的压力，成为21世纪最大的公共卫生挑战之一，国际上已十分关注老年人群的衰弱现象①。

由于衰弱的测量方法多样，现有研究中老年人群衰弱的发生率差异很大，范围为4.0%~59.1%，平均10.7%的社区老年人有衰弱，41.6%的老年人处于衰弱前期状态②。衰弱在85岁以上老年人群中的发生率为25%~50%③。一项针对亚太地区老年人衰弱的研究显示，老年人群衰弱的发生率为3.5%~27%，在一些社会经济欠发达的地区，衰弱的发生率可达50%，而且实际衰弱率应该更高④。在一项位于墨西哥的研究中，使用Fried衰弱表型和Rockwood衰弱指数测量得到的老年人群衰弱的发生率分别为24.9%和27.5%⑤。在一项针对欧洲10个国家的研究中，衰弱在65岁以上老年人群中的发生率为17%，前衰弱状态的发生率为42.3%，其中西班牙和意大利的衰弱发生率最高，瑞典和瑞士的最低⑥。衰弱在医院和养老院老年人群中的发生率更高，可达50%以上。在我国，衰弱的相关研究有限，由于测量方法和人群不同，衰弱发生率范围为4.9%~83.4%⑦。

衰弱是多种不良健康结局的危险因素，包括摔倒、骨折、急诊、入院、入住

---

① Dent, E., Martin, F. C., Bergman, H., Woo, J., Romero-Ortuno, R., Walston, J. D. Management of frailty: opportunities, challenges, and future directions[J]. The Lancet, 2019, 394(10206): 1376-1386.

② Collard, R. M., Boter, H., Schoevers, R. A., Oude Voshaar, R. C. Prevalence of Frailty in Community-Dwelling Older Persons: A Systematic Review[J]. Journal of the American Geriatrics Society, 2012, 60(8): 1487-1492.

③ Clegg, A., Young, J., Iliffe, S., Rikkert, M. G. M. O., Rockwood, K. Frailty in elderly people[J]. The Lancet, 2013(381): 752-762.

④ Dent, E., Lien, C., Lim, W. S., Wong, W. C., Wong, C. H., Ng, T. P., Flicker, L. The Asia-Pacific Clinical Practice Guidelines for the management of frailty[J]. J Am Med Dir Assoc., 2017, 18(7): 564-575.

⑤ Garcia-Pena, C., Avila-Funes, J. A., Dent, E., Gutierrez-Robledo, L., Perez-Zepeda, M. Frailty prevalence and associated factors in the Mexican health and aging study: a comparison of the frailty index and the phenotype[J]. Exp Gerontol, 2016(79): 55-60.

⑥ Santos-Eggimann, B., Cuenoud, P., Spagnoli, J., Junod, J. Prevalence of frailty in middle-aged and older community-dwelling Europeans living in 10 countries[J]. J Gerontol A Biol Sci Med Sci., 2009.

⑦ 中华医学会老年医学分会，郝秋奎，李峻，董碧蓉，李小鹰. 老年患者衰弱评估与干预中国专家共识[J]. 中华老年医学杂志，2017, 36(3): 251-256.

养老院、残疾、痴呆、抑郁、低生活质量和死亡①。更高的衰弱程度与更高的死亡率,再入院率和更长的住院时间有关②。衰弱不仅使个人生活质量下降、感到孤独③,也会为家庭、照顾者、卫生系统和社会保障系统带来负担④。衰弱会增加医疗卫生支出⑤,所有的老年人都有发生衰弱的可能⑥。

衰弱不仅是多种不良健康结局的独立危险因素,还与多种疾病的发生和发展相互作用,影响疾病治疗和转归。糖尿病患者的衰老速度会加快,会在更早的年龄出现衰弱。糖尿病会加速骨骼肌功能的下降和肌少症的发生。糖尿病引起骨骼肌功能下降的机制包括:糖尿病会导致周围神经病变和运动终板减少,从而导致肌肉功能丧失;糖尿病与血管紧张素 II 水平增高有关,后者可以激活半胱氨酸蛋白酶,从而裂解肌动蛋白,导致肌肉衰竭;糖尿病患者患周围血管疾病的风险较高,可导致腿部肌肉的血流量减少,从而导致力量减弱、运动能力下降⑦。此外,衰弱也会对糖尿病产生影响:衰弱患者体内表现出更高的炎性水平⑧,炎性介质的增加可导致衰弱老年人葡萄糖不耐受和糖尿病的发生。衰弱人群中糖尿病的患病率为25%,而非衰弱人群中糖尿病的患病率为12%。衰弱还会增加糖尿病

---

① Kojima, G., Taniguchi, Y., Iliffe, S., Jivraj, S., Walters, K. Transitions between frailty states among community-dwelling older people: A systematic review and meta-analysis[J]. Ageing Res Rev., 2019(50): 81-88.

② Hewitt, J., Carter, B., McCarthy, K., Pearce, L., Law, J., Wilson, F. V., Myint, P. K. Frailty predicts mortality in all emergency surgical admissions regardless of age. An observational study [J]. Age Ageing, 2019, 48(3): 388-394.

③ Hoogendijk, E. O., Afilalo, J., Ensrud, K. E., Kowal, P., Onder, G., Fried, L. P. Frailty: implications for clinical practice and public health[J]. The Lancet, 2019, 394(10206): 1365-1375.

④ Editorial. Bringing frailty into all realms of medicine[J]. The Lancet, 2019, 394(10206).

⑤ Kojima, G. Increased healthcare costs associated with frailty among community-dwelling older people: A systematic review and meta-analysis[J]. Arch Gerontol Geriatr., 2019(84): 103898.

⑥ Clegg, A., Young, J., Iliffe, S., Rikkert, M. G. M. O., Rockwood, K. Frailty in elderly people[J]. The Lancet, 2013(381): 752-762.

⑦ Chen, L. K., Chen, Y. M., Lin, M. H., Peng, L. N., Hwang, S. J. Care of elderly patients with diabetes mellitus: a focus on frailty[J]. Ageing Res Rev., 2010, 9(Suppl 1): S18-22.

⑧ Soysal, P., Stubbs, B., Lucato, P., Luchini, C., Solmi, M., Peluso, R., Veronese, N. Inflammation and frailty in the elderly: a systematic review and meta-analysis[J]. Ageing Research Reviews, 2016(31): 1-8.

患者死亡和发生心血管事件的风险①。综上所述，衰弱会增加老年人群患糖尿病的风险，并会增加糖尿病患者出现不良健康结局的风险。在糖尿病患者中识别衰弱非常重要，针对同时存在衰弱和糖尿病的患者，应当实施全面的、多学科的治疗计划②。

衰弱的老年人有着更低的内在能力和生理储备，一旦发生例如心肌梗死这样的急性压力，更容易出现内稳态的破坏。心血管疾病是发生衰弱的高危因素，心脏疾病患者发生衰弱的概率是非心脏疾病患者的3倍。年龄大于65岁的心脏介入术后患者中，20%的患者表现出衰弱；衰弱在经皮主动脉瓣置换术后的患者和心衰的患者中更为常见③。在控制了动脉粥样硬化这一混杂因素后，衰弱与心血管疾病仍然存在显著的相关性。反过来，衰弱也会使老年人发生心血管疾病的风险增加35%，并增加心血管疾病患者发生不良健康结局的风险④。现有研究认为，衰弱导致心血管疾病发生的可能机制包括衰弱老年人体内更高的氧化应激水平，明显的DNA损伤和缩短的端粒长度。此外，衰弱患者的炎性因子水平更高，还通常有内分泌系统的失调，例如胰岛素抵抗⑤。这些都直接或间接地增加了心血管事件的发生风险。

衰弱还与慢性肾功能疾病密切相关。现有研究发现，肾小球滤过率越低，发生衰弱的风险越高。患有慢性肾功能疾病的患者有更高的炎性标志物水平，可以造成体重和力量下降。衰弱与慢性肾功能疾病相互作用的可能机制包括：炎症、氧化应激、贫血和营养不良。此外，糖尿病和高血压是造成慢性肾脏疾病的首要

---

① Chao, C.T., Wang, J., Chien, K.L. Both pre-frailty and frailty increase healthcare utilization and adverse health outcomes in patients with type 2 diabetes mellitus[J]. Cardiovasc Diabetol, 2018, 17(1): 130.

② Cobo, A., Vázquez, L.A., Reviriego, J., Rodríguez-Mañas, L. Impact of frailty in older patients with diabetes mellitus: an overview[J]. Endocrinología y Nutrición (English Edition), 2016, 63(6): 291-303.

③ Singh, M., Stewart, R., White, H. Importance of frailty in patients with cardiovascular disease[J]. Eur Heart J., 2014, 35(26): 1726-1731.

④ 裴丽, 田昕玉, 窦昊颖, 王雅男, 黄海超. 老年衰弱与慢性病的研究进展[J]. 中国老年学杂志, 2020(40): 4471-4473.

⑤ Veronese, N., Sigeirsdottir, K., Eiriksdottir, G., Marques, E.A., Chalhoub, D., Phillips, C.L., Harris, T.B. Frailty and risk of cardiovascular diseases in older persons: the age, gene/environment susceptibility-reykjavik study[J]. Rejuvenation Res., 2017, 20(6): 517-524.

二、意　义

原因，两者也都与衰弱的发生密切相关，因此，这两种疾病或共病的状态也使得慢性肾衰竭和衰弱存在显著的相互作用关系[1]。

衰弱也被认为是骨质疏松性骨折发生的高危因素，衰弱越严重，骨质疏松性骨折的发生率越高[2]。衰弱还会增加老年人患轻度认知障碍的风险，会加快老年人认知衰退的速度。衰弱与痴呆的相关性已经得到了较多研究的验证[3]。

衰弱与癌症的关系也十分密切。由于癌症本身和癌症所需治疗都是强劲的刺激因素，会严重损害机体的生理储备，因此，衰弱在癌症患者中的发生率非常高，现有研究中，超过一半的癌症患者存在衰弱的表现。而衰弱患者出现术后并发症、化疗不耐受、疾病进展和死亡的风险明显增加。在多种恶性肿瘤患者的外科治疗中，例如：乳腺癌、胃癌、肝癌、胰腺癌、泌尿系统癌症等，衰弱会导致更低的术后短期和长期生存率。由此可见，衰弱不仅与慢性疾病的发生发展密切相关，还影响着外科手术患者的结局和手术方式。不仅在肿瘤科，衰弱在非肿瘤手术中也得到越来越多的重视，与其他的手术后风险评估工具相比，对衰弱的评估能更好地预测术后结局。现有研究已经证实，衰弱在血管外科、整形外科、妇科、胸外科、普通外科、腹部、器官移植手术，甚至是腹部微创手术中均可以很可靠地预测术后不良反应、手术转归和死亡率[4]。综上所述，衰弱与多种慢性疾病如糖尿病、心血管疾病、慢性肾脏疾病、骨质疏松、恶性肿瘤等密切相关，常同时发生，并相互影响[5]。此外，衰弱还是影响外科手术实践的重要因素之一。临床上，不论是内科保守治疗还是外科手术治疗，衰弱都会增加患者出现不良健康结局的风险，还会放大其他危险因素的作用。因此，衰弱不仅是老年医学领域

---

[1] Lee, S., Lee, S., Harada, K., Bae, S., Makizako, H., Doi, T., Shimada, H. Relationship between chronic kidney disease with diabetes or hypertension and frailty in community-dwelling Japanese older adults[J]. Geriatr Gerontol Int., 2017, 17(10): 1527-1533.

[2] Li, G., Thabane, L., Papaioannou, A., Ioannidis, G., Levine, M. A., Adachi, J. D. An overview of osteoporosis and frailty in the elderly[J]. BMC Musculoskelet Disord., 2017, 18(1): 46.

[3] Clegg, A., Young, J., Iliffe, S., Rikkert, M. G. M. O., Rockwood, K. Frailty in elderly people[J]. The Lancet, 2013(381): 752-762.

[4] Ethun, C. G., Bilen, M. A., Jani, A. B., Maithel, S. K., Ogan, K., Master, V. A. Frailty and cancer: Implications for oncology surgery, medical oncology, and radiation oncology[J]. CA Cancer J Clin., 2017, 67(5): 362-377.

[5] 裴丽, 田昕玉, 窦昊颖, 等. 老年衰弱与慢性病的研究进展[J]. 中国老年学杂志, 2020(40): 4471-4473.

的概念,所有相关学科都应该关注衰弱,在评估和制订医疗计划时要考虑患者的衰弱状况①,从而提高健康干预的整体效率。

3. 衰弱的研究现状及发展趋势

(1) 衰弱的测量方法

虽然人们对衰弱的研究越来越多,但如同衰弱的定义,关于如何最准确地测量衰弱一直存在争议。现有的研究已经使用过约70种不同的方法测量衰弱。由于人们测量衰弱的目的和背景不同②,且衰弱发生的病理生理学机制、衰弱与其他老年综合征和老化过程本身的区别和联系也尚处于探索阶段,因此,衰弱的研究越来越多,但测量方法却不尽相同。很多测量方法在概念定义的层面上已有差异,实际的临床操作和评估条目也不一样。但所有的测量都有共同的认识,那就是衰弱与不良健康结局之间存在关系和衰弱意味着受损的身体功能。理想的衰弱测量方法应当具有以下特点:是多个维度的;区别于失能;区别于多病共存;动态测量的;对不良健康结局有预测意义;可操作的。此外,衰弱的测量还要具备一定的信度、效度和区分度,即测量得到的结果必须是准确的、可靠的、灵敏的,能够反映衰弱随着时间的微小变化。

目前,研究中使用最多、最受认可的衰弱测量方法有两种:Fried 衰弱表型③和 Rockwood 衰弱指数④,这两种测量方法在大量的研究以及不同的人群和场所中得到了很好的验证。其他被引用较多的测量方法还包括:Gill 衰弱测量、衰弱/活力评估、临床衰弱量表、简明衰弱测量工具、脆弱老年人调查表(VES-13)、FRAIL 量表和 Winograd 筛查工具等。这些量表被应用于临床患者、社区或

---

① Editorial. Bringing frailty into all realms of medicine[J]. The Lancet, 2019, 394(10206).

② Buta, B. J., Walston, J. D., Godino, J. G., Park, M., Kalyani, R. R., Xue, Q. L., Varadhan, R. Frailty assessment instruments: systematic characterization of the uses and contexts of highly-cited instruments[J]. Ageing Res Rev., 2016(26): 53-61.

③ Fried, L. P., Tangent, C. M., Walston, J., Newman, A. B., Hirsch, C., Gottdiener, J., Tracy, R. Frailty in older adults: evidence for a phenotype[J]. Journal of Gerontology: Medical Sciences, 2001, 56A(3): M146-M156.

④ Mitnitski, A. B., Mogilner, A. J., Rockwood, K. Accumulation of Deficits as a Proxy Measure of Aging[J]. The Scientific World, 2001(1): 323-336.

养老院老年人、观察性研究和干预性研究中,研究的样本量从15人到6万人不等。研究者会根据研究的背景、目的和可操作性来选择合适的量表。Fried衰弱表型最常应用于流行病学和临床研究以及干预性研究中;Rockwood衰弱指数常被用于大型流行病学或临床研究,通常收集了大量的测量信息。Gill衰弱测量和FRAIL量表仅被用于社区的老年队列中,而临床衰弱量表、简明衰弱测量工具、脆弱老年人调查表和Winograd筛查工具仅在医院或临床中使用;衰弱/活力评估被用于长期照护机构①。但大部分测量工具的信效度、跨文化的适应性和灵敏度尚不明确②。

2001年美国学者Fried使用一个心脏队列研究提炼出了衰弱的五个表型,当机体表现出其中的三个及以上表型时,即可以定义为衰弱。这五个表型为:非主观意愿的体重减轻(过去1年体重减轻超过10磅),自觉疲乏,虚弱(手部握力下降),走路缓慢和身体活动水平较低。在这个研究中,被Fried衰弱表型定义的衰弱是老年人发生不良健康结局(跌倒、活动能力下降、住院和死亡)的独立预测因子。衰弱表型的提出体现了老年学家对于衰弱的理解,也验证了衰弱表型与不良健康结局的稳定关系,因此Fried衰弱表型为测量衰弱提供了一个可靠的操作性方法③。

同样也是2001年,Rockwood和Mitnitski提出了衰弱指数的概念,将衰弱定义为基于年龄相关的缺陷(症状、体征、功能障碍和实验室异常值)的累积比例④。在这个模型中,衰弱是一个连续的得分,累加了体征、症状、残疾和疾病后计算出各项指标缺陷数占总指标数的比例。它旨在反映个体病态的严重程度和接近死亡的危险。该模型作者认为衰弱指数是一个可以反映整体老化特征的指标,是综合了机体各个生理状态的结果,而不是指某一个生理功能的不足。

---

① Buta, B. J., Walston, J. D., Godino, J. G., Park, M., Kalyani, R. R., Xue, Q. L., Varadhan, R. Frailty assessment instruments: systematic characterization of the uses and contexts of highly-cited instruments[J]. Ageing Res Rev., 2016(26): 53-61.

② Hoogendijk, E. O., Afilalo, J., Ensrud, K. E., Kowal, P., Onder, G., Fried, L. P. Frailty: implications for clinical practice and public health[J]. The Lancet, 2019, 394(10206): 1365-1375.

③ Fried, L. P., Tangent, C. M., Walston, J., Newman, A. B., Hirsch, C., Gottdiener, J., Tracy, R. Frailty in older adults: evidence for a phenotype[J]. Journal of Gerontology: Medical Sciences, 2001, 56A(3): M146-M156.

④ Mitnitski, A. B., Mogilner, A. J., Rockwood, K. Accumulation of deficits as a proxy measure of aging[J]. The Scientific World, 2001(1): 323-336.

Rockwood 认为，衰弱指数可用来测量老化水平。该指标充分反映了衰弱的多维性，包含认知维度的测量，也能够稳定地预测不良健康结局①，但由于测量方法的复杂和耗时，一般较多用于大型流行病学调查和研究中。

(2) 衰弱的发生机制

衰弱的相关研究数量增长很快，2018 年 PubMed Medline 将衰弱收录为其检索主题词②。现有衰弱研究的方向主要包括以下几个方面：①衰弱的发生机制，包括阐述衰弱与老化的关系，确定衰弱的生物标记物。该方向的发展致力于从基因、分子、细胞等微观层面阐述衰弱的发生和发展，有助于最终确定衰弱的定义和标准测量方法；②衰弱的发展规律，包括衰弱在人群中的变化轨迹，衰弱状态改变的触发因素，社会环境因素以及其与基因的交互作用对衰弱发生发展的影响；③衰弱的干预方法，包括饮食和运动干预等，衰弱干预措施的制定有助于形成系统的衰弱老年人群管理指南，从而有效地指导社区和临床衰弱老年人的健康照护实践。

衰弱发生机制的研究。早在 2006 年，学术界已将机制研究定位为衰弱研究中非常核心和基础的一部分，并指出应当使用整合的、系统的生物学方法研究其发生机制，包括：基因分子水平的研究和细胞动物模型的建立③。2008 年，研究者通过靶向敲除小鼠白介素-10 基因，建立了小鼠衰弱模型，并发现，随着年龄的增长，衰弱小鼠比对照组小鼠的骨骼肌力量下降得更快，并表现出更高的炎性水平和死亡率，这与人群中衰弱的表现一致④。由于其机制的复杂性和多系统

---

① Googgins, W. B., Woo, J., Sham, A., Ho, S. C. Frailty index as a measure of biological age in a Chinese population[J]. Journal of Gerontology: Medical Sciences, 2005, 60A(8): 1046-1051.

② Hoogendijk, E. O., Afilalo, J., Ensrud, K. E., Kowal, P., Onder, G., Fried, L. P. Frailty: implications for clinical practice and public health[J]. The Lancet, 2019, 394(10206): 1365-1375.

③ Walston, J., Hadley, E. C., Ferrucci, L., Guralnik, J. M., Newman, A. B., Studenski, S. A., Fried, L. P. Research agenda for frailty in older adults: toward a better understanding of physiology and etiology: summary from the American Geriatrics Society/National Institute on Aging Research Conference on Frailty in Older Adults[J]. J Am Geriatr Soc., 2006, 54(6): 991-1001.

④ Walston, J., Fedarko, N., Yang, H., Leng, S., Beamer, B., Espinoza, S., Lipton, A. The physical and biological characterization of a frail mouse model[J]. Journal of Gerontology: Medical Sciences, 2008, 63A(4): 391-398.

二、意 义

性，目前衰弱发生的病理生理机制尚不完全明确，但已发现了多个影响衰弱的高危因素，并探索了各因素之间的相互作用和复杂通路①，包括慢性系统性炎症在衰弱发生过程中的核心作用②；与衰弱密切相关的细胞凋亡和转录调控通路以及基因位点等③。有研究从"老化特征"通路中筛选出了与衰弱相关的生物标记物组，包括：C-X-C 基序趋化因子配体 10（CXCL10）、白介素-6、C-X3-C 基序趋化因子配体 1（CX3CL1）、钙网蛋白和血管紧张素原等，但这些生物标记物组尚未在动物模型中广泛验证，也尚未在人群中验证④。

衰弱在人群水平的研究是衰弱相关研究中非常重要的一部分。基于人群的研究是衰弱机制研究的重要验证方法。此外，在探索认知衰弱、社会环境因素对衰弱的影响和衰弱的生活方式干预方面，人群水平的研究必不可少。在人群水平的衰弱研究上，衰弱与残疾的关系尚不明确，衰弱是否应当被看作残疾或失能前的状态还有争议；衰弱的亚型，如社会衰弱、营养衰弱和认知衰弱越来越受到重视，但是相关证据有限⑤；衰弱在不同健康照顾场所，例如：医院和社区以及在不同国家的测量方法和测量时机尚未达成一致⑥。掌握衰弱在人群中的变化轨迹和影响因素是十分重要的，可以为衰弱的预防和干预措施的制定提供依据。特别是纵向研究，可以明确衰弱随年龄变化的规律，并探讨各影响因素对衰弱变化的

---

① Wilson, D., Jackson, T., Sapey, E., Lord, J. M. Frailty and sarcopenia: the potential role of an aged immune system[J]. Ageing Research Reviews, 2017(36): 1-10.

② Soysal, P., Stubbs, B., Lucato, P., Luchini, C., Solmi, M., Peluso, R., Veronese, N. Inflammation and frailty in the elderly: a systematic review and meta-analysis[J]. Ageing Research Reviews, 2016(31): 1-8.

③ Ho, Y. Y., Matteini, A. M., Beamer, B., Fried, L., Xue, Q. L., Arking, D. E., Walston, J. Exploring biologically relevant pathways in frailty[J]. J Gerontol A Biol Sci Med Sci, 2011, 66(9): 975-979.

④ Cardoso, A. L., Fernandes, A., Aguilar-Pimentel, J. A., de Angelis, M. H., Guedes, J. R., Brito, M. A., Trendelenburg, A. U. Towards frailty biomarkers: Candidates from genes and pathways regulated in aging and age-related diseases[J]. Ageing Research Reviews, 2018(47): 214-277.

⑤ Hoogendijk, E. O., Afilalo, J., Ensrud, K. E., Kowal, P., Onder, G., Fried, L. P. Frailty: implications for clinical practice and public health[J]. The Lancet, 2019, 394(10206): 1365-1375.

⑥ Dent, E., Martin, F. C., Bergman, H., Woo, J., Romero-Ortuno, R., Walston, J. D. Management of frailty: opportunities, challenges, and future directions[J]. The Lancet, 2019, 394(10206): 1376-1386.

动态影响，但该研究领域尚处于早期阶段①，后续研究重点不仅包括衰弱在老年人群中的异质性，还包括衰弱在老年群体中的平均变化轨迹，这可能有赖于更高级的统计模型。瑞典的一项研究表明衰弱在不同出生队列的变化轨迹类似，而美国、英国等的研究则表明较新的出生队列比同龄的较早出生队列更为衰弱。到目前为止，研究发现，影响衰弱的社会人口学因素包括年龄、环境、多重用药、孤独和营养不良②，但这些研究大部分集中于发达国家。来自中低收入国家的研究可提供更为全面的证据，例如，社会经济和环境因素、医疗资源的可及性和服务质量等对衰弱的影响。此外，未来研究还应致力于明确衰弱各维度出现的先后顺序。现有研究一致认为衰弱是可逆的，大量研究致力于制定改善或延缓衰弱的措施，这些干预性研究主要集中在社区，具体措施包括，身体活动干预项目，例如抗阻力和有氧运动、平衡力和协调能力训练。③

系统综述表明，这些措施可提高步速、肌肉量、活动能力和身体表现，但证据水平较低。未来研究应当致力于明确何种运动类型、组合、频率和持续时间是最佳的运动方案，并用更为严谨的方法提高证据水平。有一部分衰弱的干预研究在临床展开，包括在老年科使用老年综合评估可以提高老年人的健康结局，但在其他科室，例如手术室、急诊科和肿瘤科的证据较为单薄④。此外，现有的大部分有关糖尿病⑤、冠心病等慢性疾病的干预性研究通常将患有衰弱、并发症或功能障碍的患者排除在外，因此，将这些证据推广到临床实际中老年病人群体时就存在问题。未来应有更多相关科室开展更深入、系统和严谨的衰弱干预研究，为

---

① Hoogendijk, E.O., Afilalo, J., Ensrud, K.E., Kowal, P., Onder, G., Fried, L.P. Frailty: implications for clinical practice and public health[J]. The Lancet, 2019, 394(10206): 1365-1375.

② Dent, E., Lien, C., Lim, W.S., et al. The Asia-Pacific clinical practice guidelines for the management of frailty[J]. J Am Med Dir Assoc., 2017, 18(7): 564-575.

③ Hoogendijk, E.O., Afilalo, J., Ensrud, K.E., Kowal, P., Onder, G., Fried, L.P. Frailty: implications for clinical practice and public health[J]. The Lancet, 2019, 394(10206): 1365-1375.

④ Dent, E., Martin, F.C., Bergman, H., Woo, J., Romero-Ortuno, R., Walston, J.D. Management of frailty: opportunities, challenges, and future directions[J]. The Lancet, 2019, 394(10206): 1376-1386.

⑤ Chen, L.K., Chen, Y.M., Lin, M.H., Peng, L.N., Hwang, S.J. Care of elderly patients with diabetes mellitus: a focus on frailty[J]. Ageing Res Rev., 2010, 9(Suppl 1): S18-22.

临床上管理衰弱老年人提供最佳证据。在卫生系统和相关政策方面，应侧重于衰弱的预防，在社区的中老年人群中开展适宜的、长期的预防项目。此外，针对衰弱老年人干预项目的一个重要目标是减少入院率，并开展相关的成本效益分析，但目前针对衰弱卫生政策的研究十分缺乏①。综上所述，关于衰弱干预的证据较为薄弱。根据目前学术界对衰弱的共识和相关指南，包括世界卫生组织的I-COPE(Integrated Caring for Older People)指南，英国老年学会和亚太地区衰弱管理指南，身体活动和足够的蛋白质摄入是管理衰弱的首要措施，即使是最衰弱的老年人也可以从任何可耐受的身体活动中获益，补充蛋白质特别是富含亮氨酸的必需氨基酸混合物可以增加肌含量②。地中海饮食和口腔健康对衰弱的影响将是未来的研究趋势，药物治疗是未来的研究重点。

综上所述，衰弱相关的研究增长十分迅速，主要分为衰弱的机制、衰弱的轨迹和衰弱的干预研究，各个方向都急需纵向研究提供强有力的证据以加深人们对衰弱的理解和管理，从而实现健康老龄化。其中，在衰弱人群的研究方面，非常需要开展跨文化的大规模队列研究。

---

① Dent, E., Martin, F. C., Bergman, H., Woo, J., Romero-Ortuno, R., Walston, J. D. Management of frailty: opportunities, challenges, and future directions[J]. The Lancet, 2019, 394(10206): 1376-1386.

② 中华医学会老年医学分会, 郝秋奎, 李峻, 董碧蓉, 李小鹰. 老年患者衰弱评估与干预中国专家共识[J]. 中华老年医学杂志, 2017, 36(3): 251-256.

第四章 中国老年人的衰弱现状

上一章详细介绍了衰弱的概念和最新研究进展。全球范围内,关于衰弱的纵向研究较少,而我国目前也鲜有针对老年人衰弱的大规模研究。本书第四章至第七章的目的即为利用全国水平的老年人队列研究系统地分析我国老年人的衰弱状况,包括我国老年人衰弱状况及分布、衰弱的影响因素及预测模型的构建、衰弱老年人的生存时间及影响因素、衰弱预后模型的构建、衰弱的变化轨迹。

一、中国老年健康影响因素跟踪调查（Chinese Longitudinal Healthy Longevity Survey，CLHLS）简介

分析我国老年人衰弱状况使用的数据为CLHLS,它是由北京大学健康老龄与发展研究中心组织的追踪调查,是我国最早、持续时间最长的老年人调查,是世界上规模最大的高龄老年人研究。调查范围覆盖全国23个省自治区、直辖市,占全国人口的85%。调查按随机抽样原则,选择大约一半的市/县作为调研点进行调查,对高龄老年人、男性老年人、城镇老年人采用非等比抽样的方法以保证样本量充足[1],调查内容包括个人特征、家庭关系、经济来源和经济状况、健康和生活质量自评、认知功能、性格心理特征、日常活动能力、生活方式、饮食、生活照料、疾病治疗和医疗费承担等共180多项指标。已过世老年人的家属问卷调查内容包括老年人具体死亡时间、死因、死亡前生存状态等。该调查项目在1998年进行基线调查后分别于2000年、2002年、2005年、2008—2009年、

---

[1] 位秀平. 中国老年人社会参与和健康的关系及影响因子研究[D]. 上海：华东师范大学, 2015.

一、中国老年健康影响因素跟踪调查（Chinese Longitudinal Healthy Longevity Survey，CLHLS）简介

2011—2012年、2014年和2018—2019年进行了跟踪调查。1998年和2000年仅访问了80岁以上的高龄老人。从2002年开始，除了80岁及以上高龄老人的随访和增补外，新增了65~79岁老年人子样本。2005年、2008年的跟踪调查中，对死亡和失访的老年人按同性别、同年龄的原则就近递补样本。2008年及以后的调查，除了全国范围的调查外，又新增了广东三水、广西永福等7个长寿乡进行健康老龄化典型地区调查，增加调查了百岁老人的60岁以上的子女。2011年和2014年除长寿地区健康老龄化典型调查外的全国其他调查点跟踪调查中，没有新增替补受访者，仅访问上次调查被访且仍然存活的老年人以及上次调查被访后已去世老年人的亲属。2012年和2014年在8个长寿乡（增加了江苏如东）进行长寿地区健康老龄化典型调查，并对死亡和失访样本进行了替补。已有相当数量的研究基于CLHLS数据完成，并证实了其数据质量的可靠。

CLHLS项目在调查方案的设计、抽样、现场调查、数据录入和数据评价方面均采取了严谨的质量把控措施。为能够调查足够的高龄老人，调查采用多阶段不等比例目标随机抽样。按照自愿参加研究的百岁老人就近匹配纳入65~99岁老人。在随访调查中，对死亡和失访的老年人按照同性别、同年龄的原则就近递补样本，以保证调查的连续性。调查使用的问卷遵循严谨、简明、易于理解的原则，尽量避免复杂、理解混淆和错误填写。调查项目组对每一个问题做了详尽的定义和解释，并制作了用于指导测量细节的视频和调查员手册。为保证高质量的数据收集过程，在入户调查前，所有的访问员和督导员都要进行标准化的培训[①]，并建立了严格的数据评价和监管机制。在调查过程中，身体功能、心律和访问员评价的健康状况由访问员测量和填写。其他问题例如患病情况、心理状况，由老年人自己完成，当老年人由于听力、视力和记忆力问题无法回答时则由老人的家属和照顾者回答和填写。每次调查结束后，访问员仔细检查所有填写记录，在必要时重新提问，并签名。督导员负责仔细审查每个调查表，不合格的予以退回。数据采集使用的是纸版问卷，用Epi2000软件录入问卷，软件在设计时充分考虑了所有的逻辑关系，一旦数据录入出现逻辑错误，软件会随即提示，如若不是输入错误，则由数据输入人员报告给访问员主管，后者会直接找到对应的

---

① Gu, D. General data quality assessment of the CLHLS in healthy longevity in China: demographic, socioeconomic, and psychological dimensions[M]. Dordrecht: Springer, 2008: 39-59.

访问员以解决该项错误。每份问卷由两个不同的人输入并对比输入结果。调查组会针对每一批数据进行纵向检查，及时发现并处理逻辑问题，对每一批数据进行全面的评估并制作相应的评估报告[①]。

CLHLS得到国家自然科学基金、美国国立卫生研究院和联合国人口基金的联合资助。所有参与对象都遵循知情同意原则和自愿原则，调查严格保护研究对象隐私。本研究作者通过正式申请和签署数据使用协议获得授权使用原始数据，并保证数据只用于科学研究分析，不得未经允许转让他人，不得用于获取任何权利、所有权或利益，也不将此数据用于任何商业目的。

本书开展的研究主要关注老年人群的衰弱状况，由于1998年和2000年的调查内容不足以计算衰弱指数，并且只关注高龄老人，因此，研究使用的是从2002年到2018年的数据，时间跨度为16年，共6次调查。所有用于分析的数据均已删除了每次调查时年龄为60岁以下的样本。整理各队列数据后得到从2002年到2018年的整个样本量为47611人，每个队列开始时的样本量和后续随访调查的生存情况以及每次调查新增的样本详情见表4.1。

表4.1　CLHLS各队列在每次随访时新增及失访的老年人数量

队列	新增样本量	2005年尚存样本	2008年尚存样本	2011年尚存样本	2014年尚存样本	2018年尚存样本
2002年	16064	8179	4191	2513	1681	790
2005年	7459	—	3281	1679	1110	540
2008年	9365	—	—	4233	2454	1110
2011年	1344	—	—	—	812	436
2014年	1104	—	—	—	—	547
2018年	12275	—	—	—	—	—
总样本	47611	15638	16840	9749	7168	15854

---

① Zeng, Y., Gu, D. Reliability of age reporting among the Chinese oldest-old in the CLHLS datasets in healthy longevity in China: demographic, socioeconomic, and psychological dimensions [M]. Dordrecht: Springer, 2008: 61-78.

二、研究背景及目的

我国是世界上人口最多、老龄人口最多的国家，也是老化速度最快的国家。然而我国关于衰弱的研究十分有限，尚未深入开展①。衰弱群体在医院、社区都未得到足够的重视。从个人管理到健康政策，都不同程度地忽略了衰弱现象和衰弱所带来的影响。虽然国外有研究分析了衰弱在社区和临床老年人群中的发生率，但并不知晓我国老年人中衰弱的发生率。每个国家和社会都有其独特的发展背景和发展历程，在这个过程中环境因素会持续地、累积地、直接或间接地影响个体和群体的健康水平。这些环境因素包括社会环境：经济水平、文化、卫生条件和医疗水平等；自然环境：地理、气候、空气质量等。老年人的健康状况是生命历程中环境因素对健康日积月累的影响结果，因此，不同国家、地区和社会环境中的老年人健康状况应有不同的特点。

目前，尚没有研究系统报道我国老年人的衰弱水平，也不知道我国老年人衰弱水平的变化特点，也缺乏最新的、动态的衰弱地理分布图②。此外，国内对于衰弱的研究集中于衰弱的评估、衰弱与其他疾病的关系、衰弱的影响因素、衰弱的干预等，但研究大部分以某一地区的老年人为对象，而且样本量有限，不能反映我国大部分地区老年人的衰弱水平。

因此，为了填补我国衰弱研究的空白，全面了解我国老年人衰弱的发生发展规律，本章将全面描述我国老年人衰弱的时间演化规律、空间演化规律并分析社会人口学因素对衰弱的影响，为衰弱的病因学分析和发病趋势预测奠定基础。

三、研究对象及方法

1. 样本量

本部分使用 2002—2018 年的 6 次横截面数据，描述不同时间点我国老年人

---

① 中华医学会老年医学分会, 郝秋奎, 李峻, 董碧蓉, 李小鹰. 老年患者衰弱评估与干预中国专家共识[J]. 中华老年医学杂志, 2017, 36(3): 251-256.

② Wu, C., Smit, E., Xue, Q. L., Odden, M. C. Prevalence and correlates of frailty among community-dwelling Chinese older adults: the China health and retirement longitudinal study[J]. J Gerontol A Biol Sci Med Sci., 2017, 73(1): 102-108.

衰弱水平,从 2002—2018 年的样本量分别为 16064 人、15638 人、16840 人、9749 人、7168 人和 15854 人。

首先使用总样本描述我国不同地区老年人衰弱水平,样本量为 47611 人。其次,进一步分析 2002—2018 年期间,不同时间点我国不同地区老年人的衰弱水平,此部分使用的是 2002—2018 年的 6 次横截面数据。在分析各社会人口学因素对我国老年人衰弱的影响时,使用的是总样本。

2. 资料的收集

本部分研究的目标是分析衰弱水平及其影响因素。纳入的分析变量包括:一般人口学变量和计算衰弱指数的变量。

3. 资料分析方法

(1) 目标变量衰弱指数的计算

研究采用 Rockwood 衰弱指数(Frailty Index,FI)计算衰弱水平,也称为缺陷累积的评估方法。FI 指个体在某一时间点的不健康测量指标占所有测量指标的比例[1]。这些健康测量指标包括躯体、认知、心理及实验室检测等多个维度的健康变量,数量应至少有 30 个[2]。对于 CLHLS 数据,FI 被证明是一个稳定的、可靠的衰弱测量指标,能够独立稳健地预测中国老年人的不良健康结局[3]。根据前期研究,CLHLS 的 FI 计算一共纳入 39 个健康指标,这些指标主要来自 9 个维度,包括:认知功能、慢性疾病、日常生活活动能力、工具辅助的日常生活活动能力、躯体功能、自评健康、视力状况、听力状况、心理状况和其他(包括:心律、访问员评价的健康状况、在过去两年内遭受严重疾病的次数),具体见表 4.2。

---

[1] 中华医学会老年医学分会,郝秋奎,李峻,董碧蓉,李小鹰. 老年患者衰弱评估与干预中国专家共识[J]. 中华老年医学杂志,2017,36(3):251-256.

[2] Hoogendijk, E. O., Afilalo, J., Ensrud, K. E., Kowal, P., Onder, G., Fried, L. P. Frailty: implications for clinical practice and public health[J]. The Lancet, 2019, 394(10206): 1365-1375.

[3] Dupre, M. E., Gu, D., Warner, D. F., Yi, Z. Frailty and type of death among older adults in China: prospective cohort study[J]. BMJ, 2009(338): b1175.

每个变量的分值为0或1,当研究对象在该变量上表现出健康缺陷时,计为1分,否则计为0分。其中,变量"过去两年中患过几次重病"的分值为0、1和2,当研究对象没有患重病时计为0分,患1次重病时计为1分,患2次及以上重病时计为2分。因此,计算FI的分母为40分,即所有39个变量的最大得分为40分①。FI的分子是所有有缺陷的变量的分值之和。FI计算的是比值,有研究根据FI的值将个体分为健康(0~0.10)、衰弱前期(0.10~0.21)、衰弱(0.22~0.44)和严重衰弱(>0.21),将0.21作为判断衰弱的分界点。最新的研究认为,FI判断衰弱的分界点在0.25②。本研究将FI判断衰弱的值设置为0.25。

表4.2 使用CLHLS数据计算FI所需要的维度、变量和赋值

维度	内容	计为缺陷的条件	分值
认知	中文版的简易智能状态检查量表(MMSE),一共24个题目	≤23	1
慢性疾病	高血压、糖尿病、肺结核、心脏病、中风/脑血管疾病、支气管炎/哮喘、癌症、关节炎、压疮、胃/十二指肠溃疡、帕金森病	有该种疾病	11
日常生活活动能力	吃饭、洗漱、穿衣、如厕、室内活动、控制大小便、到邻居家、外出买东西、做饭、洗衣服、连续走1千米路、提起5千克物品、连续蹲下站起3次、乘坐交通工具出行	不能独立完成	14
躯体功能	手触颈根、手触后腰、手臂上举、坐在椅子上能独立站起、捡起地上的书	不能独立完成	5
自评健康	自觉健康状况	一般以下	1
	过去一年健康状况是否改变	没变以下	1
视力状况	能否看清视力表	不能	1
听力状况	是否能听清楚提问	需要助听器及以下	1
心理状况	感到紧张、害怕/孤独/没有价值	经常及更频繁	1

---

① Dupre, M. E., Gu, D., Warner, D. F., Yi, Z. Frailty and type of death among older adults in China: prospective cohort study[J]. BMJ, 2009(338): b1175.
② Theou, O., Tan, E. C. K., Bell, J. S., Emery, T., Robson, L., Morley, J. E., Visvanathan, R. Frailty levels in residential aged care facilities measured using the frailty index and FRAIL-NH scale[J]. J Am Geriatr Soc., 2016(64): e207-e212.

续表

维度	内容	计为缺陷的条件	分值
其他	心律	不齐	1
	访问员评价的健康状况	身体虚弱及以下	1
	过去两年中患过几次重病	1 次	1
		2 次及以上	2
共计			39/40

(2) 缺失值的处理

数据缺失在纵向数据中非常常见，通常是大型研究中难以避免的问题。一般情况下，处理缺失数据的方法有两种：删除含有缺失数据的实例(包括个案/样本/对象和变量)和用合理的值代替缺失值，即删除法和替换法[1]。其中，删除法包括个案剔除法和加权个案剔除法，替换法包括逻辑填补法和统计插补法等。逻辑填补法是指根据变量间的数学或逻辑关系来填补或恢复缺失值[2]，统计插补法是指通过统计学方法推算一个值进行填补，包括均值替换法、热卡填补法和多重填补法[3]。任何一种处理方法都不能保证完全还原了真实数据，只能通过适当的处理方法使数据分析更接近真实情况，以便统计分析可以顺利完成。

一个完整的缺失值处理方法通常包含以下几个步骤：识别缺失的数据，检查导致数据缺失的原因，使用删除法或替换法处理缺失值。本部分数据分析中，涉及的变量较多，除年龄、性别等没有缺失值外，其他变量均存在不同程度的缺失值，若仅仅采用删除法删除有缺失信息的个案，会造成样本信息的大量丢失。为了充分保留数据信息，使数据分析更接近真实情况，本部分研究首先描述了变量缺失模式，其次综合使用了逻辑填补法、统计插补法和删除法进行数据预处理。

以 2002 年的数据为例，分析计算 FI 所需的 39 个变量的缺失情况。首先，

---

[1] 孙振球，徐勇勇. 医学统计学[M]. 4 版. 北京：人民卫生出版社，2016.
[2] Kabacoff, R. I. R in Action-Data Analysis and Graphics with R[M]. 北京：人民邮电出版社，2016.
[3] 孙振球，徐勇勇. 医学统计学[M]. 4 版. 北京：人民卫生出版社，2016.

分析认知功能变量。认知功能作为计算FI的一个指标，需要通过MMSE(Mini-Mental Status Examination)的24个原始变量计算得来①。根据分析发现，MMSE变量缺失的情况有两种，一种是缺失，另一种是"不能回答"。进一步分析发现，MMSE变量为"不能回答"的大部分原因是听力和(或)视力损伤、瘫痪、严重认知障碍、由于疾病无法回答等。为与真实认知功能保持一致，本研究将由于各种情况"不能回答"MMSE问题所造成的缺失理解为"回答错误"，并进行逻辑填补。逻辑填补完毕后分析MMSE的24个变量缺失情况，见图4.1，缺失个案见表4.3。由图4.1和表4.3可知，变量缺失的个数占变量总个数的2.03%，随后，对于变量缺失不超过3个的个案采用线性插补法插补缺失的MMSE变量②，然后根据24个MMSE变量计算认知变量的得分，作为计算FI的变量之一。对于24个MMSE变量缺失超过3个的个案，记为认知变量缺失。

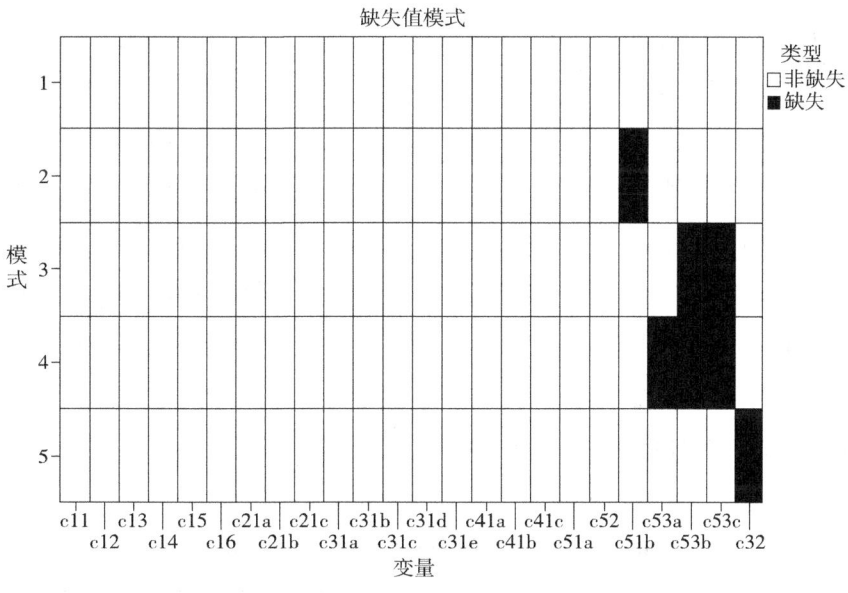

图 4.1　2002 年横断面调查中 MMSE 变量缺失模式

---

① 张莉，崔臻晖. 休闲活动对我国老年人认知功能的影响[J]. 心理科学，2017，40(2)：380-387.

② Gu, D., Dupre, M. E., Sautter, J., Zhu, H., Liu, Y., Yi, Z. Frailty and mortality among Chinese at advanced ages[J]. J Gerontol B Psychol Sci Soc Sci., 2009, 64(2)：279-289.

表 4.3　　2002 年横断面调查中 MMSE 变量缺失的个案分布

变量缺失情况	个案数
不缺失变量	13455
缺失变量	2609
缺失 1 个变量	2601
缺失 2 个变量	1
缺失 3 个变量	7
共计	16064

其次，分析除认知变量以外的其他 38 个 FI 变量，缺失主要集中于 b 和 g 变量，缺失变量的个数占总变量数的 0.7%。由于 FI 的计算应至少有 30 个变量，因此将 FI 变量缺失超过 9 个的个案标记为 FI 缺失。对于变量缺失不超过 9 个的个案，计算 FI 时，分子和分母都采用实际值，即缺失的变量在个案 FI 的分子和分母中都不计算。每个个案缺失变量的情况见表 4.4，有 16 个研究对象的 FI 变量缺失超过 9 个，因此，将这 16 个研究对象的 FI 值标记为缺失。在后续分析中，FI 缺失的个案将从分析中排除。至此，2002—2018 年纵向数据集中 2002 年的数据预处理完毕。随后采用同样的方法处理该纵向数据集中 2005—2018 年的数据，从而完成整个纵向数据集的预处理。最后，按照上述方法对 2005 年纵向数据集、2008 年纵向数据集、2011 年纵向数据集、2014 年纵向数据集和 2018 年纵向数据集进行预处理。

表 4.4　　2002 年横断面调查中 FI 变量缺失的个案分布

变量缺失情况	个案数
不缺失变量	14429
缺失变量	1635
缺失 1 个变量	289
缺失 2~5 个变量	1310

续表

变量缺失情况	个案数
缺失 6~9 个变量	20
缺失 10 个及以上	16
共计	16064

(3) 描述性分析

年龄、FI 等计量资料采用均数±标准差, 性别、民族、衰弱与否等计数资料采用频数或百分比表示。描述性分析主要描述研究对象的 FI 均值、衰弱率以及社会人口学信息等基本情况。

(4) 时间序列分析

采用时间序列法分析衰弱率在不同时间的差异, 并预测其发展趋势; 对性别和年龄进行分层, 然后采用时间序列法预测不同性别和年龄组老年人衰弱率变化的时间趋势。时间序列资料是一组按时间顺序记录下来的随机事件观察值, 是一个数列, 特点是相邻时间点的观察值之间具有明显的相关性, 因此不能用以独立随机观察为假定条件的统计方法进行分析。一个时间序列资料通常可分解为确定性部分和随机部分 (又称为白噪声), 确定性部分包括: 趋势部分、循环或周期部分和季节变动部分。时间序列分析基于不同时间点的自相关性对数据进行分析和预测, 常用的模型包括: 自回归模型、移动平均模型、自回归移动平均模型和差分整合移动平均自回归模型 (Autoregressive Integrated Moving Average Model, ARIMA)。

(5) 空间可视化分析*

采用空间信息技术将衰弱的地理位置信息和分布特征进行空间可视化, 为后

---

* 本书未收录可视化分析结果, 感兴趣的读者可向作者索取。

续病因学研究提供线索①。由于 CLHLS 在抽样时对高龄老人进行了超比例抽样②，因此在利用横断面数据计算变量的均值或分布时应使用权数，以比较某一时点不同地区人口状况。

(6) 单因素 Logistic 回归分析

Logistic 回归在医学统计学中的应用十分广泛，单因素 Logistic 回归用于分析自变量和因变量之间的关系，其中因变量必须为分类变量，自变量可以是标度变量、名义变量和有序变量。本研究中，单因素 Logistic 回归主要用于分析多个社会人口学变量与衰弱的关系。

统计分析采用 SPSS 26.0 和 R 4.0 软件进行。统计学检验水准为 $\alpha = 0.05$。所有统计结果均以双侧 $P<0.05$ 表示差异有统计学意义。

四、结　　果

1. 研究对象的基本信息

首先，各队列老年人在各调查时点的信息见表 4.5。由表 4.5 可知，2002 年队列加入的老年人有 16064 人，在 2005 年随访时只获取了 8179 位老年人的信息，其余为失访或死亡；在 2008 年随访时只获取了 4191 位老年人的信息，其余为失访或死亡；在 2011 年，2014 年，2018 年成功随访的数量为 2513 人、1681 人和 790 人，其余为失访或死亡。

2005 年横断面调查的老年人有 15638 位，这其中包括 2002 年队列的老年人，因此，2005 年新纳入的老年人数量为 7459 人；2005 年横断面调查的 15638 位老年人在 2008 年随访时只获取了 7472 位老年人的信息，其余为失访或死亡。

2008 年横断面调查的老年人有 16840 位，这其中包括 2002 年队列和 2005 年

---

① 刘昆, 李新楼, 邵中军. 空间流行病学在疾病预防控制工作中发挥着重要作用[J]. 中华流行病学杂志, 2018, 39(9): 1143-1145.

② Zeng, Y. Introduction to the Chinese longitudinal healthy longevity survey (CLHLS) [M]. Dordrecht: Springer, 2008.

队列的老年人，因此，2008年新纳入的老年人数量为9368人；2008年横断面调查的16840位老年人在2011年随访时只获取了8418位老年人的信息，其余为失访或死亡。

2011年、2014年、2018年横断面调查的老年人分别为9749人、7168人和15854人，其中2011年和2014年新增的老年人数最少。

表4.5　　　　CLHLS各队列老年人在随访中的失访或死亡情况

队列	起点	2005年	2008年	2011年	2014年	2018年
2002年	16064	8179	4191	2513	1681	790
2005年	—	15638	7472	4192	2791	133
2008年	—	—	16840	8418	5245	2440
2011年	—	—	—	9749	6057	2876
2014年	—	—	—	—	7168	3423
2018年	—	—	—	—	—	15854

在明确各队列和各横断面的样本组成后，再分别对每年调查的横断面数据、每年新增样本的数据和总样本老年人的基本信息进行系统描述，具体见表4.6。

由表4.6可知，每年的横断面总样本和新增样本中，女性均多于男性，占比在54%~59.7%；占比最小的年龄组为大于110岁的老年人，其次为60~69岁的老年人，比较稳定的为80~89岁和90~99岁的老年人，占比为20%左右。由总样本可知，绝大多数老年人为汉族(93.6%)，出生地为农村(84.6%)，没有接受过教育(60.2%，27.3%的老年人接受了1~6年不等的教育)，职业为农林渔牧业(62.6%，13.6%的老年人从人工人或服务业)。总样本中，65.5%的老年人的婚姻状况为丧偶，其次为结婚并与伴侣居住(31.1%)；超过一半的老年人居住在农村(54.4%)，其余居住在城市(22.7%)和城镇(22.9%)；大部分老年人与家人居住(81.9%)，其余独自居住(14.5%)和住在养老机构(3.4%)；23.1%的老年人家庭人均年收入为1.0万~8.0万元，由于经济发展和通货膨胀等原因，2002年与2018年的同一收入数据反映的经济水平并不相同，但在主观经济水平上，80.9%的老年人认为不缺钱花。

第四章 中国老年人的衰弱现状

表4.6 研究对象的基本信息

指标	2002年横断面(n=16064)	2005年横断面(n=15638)	2005年新增(n=7459)	2008年横断面(n=16840)	2008年新增(n=9365)	2011年横断面(n=9749)	2011年新增(n=1344)	2014年横断面(n=7168)	2014年新增(n=1104)	2018年横断面(n=15854)	2018年新增(n=12275)	总样本(n=47611)
性别												
男	6845(42.6)	6688(42.8)	3011(40.3)	7159(42.5)	3803(40.6)	4385(45.0)	583(43.4)	3297(46.0)	472(42.8)	6912(43.6)	5181(42.2)	19895(41.8)
女	9219(57.4)	8950(57.2)	4448(59.7)	9681(57.5)	5562(59.4)	5364(55.0)	761(56.6)	3871(54.0)	632(57.2)	8942(56.4)	7094(57.8)	27716(58.2)
年龄(岁)												
60—69	1652(10.3)	1697(10.9)	1165(15.6)	1679(10.0)	1166(12.5)	722(7.4)	186(13.7)	287(4.0)	81(7.4)	1613(10.2)	1514(12.3)	5764(12.1)
70—79	3237(20.1)	3283(20.9)	752(10.1)	2884(17.1)	543(5.9)	2497(25.6)	214(15.9)	2143(29.9)	176(15.9)	3822(24.1)	2798(22.8)	7720(16.2)
80—89	4239(26.4)	3909(25.0)	1487(20.0)	4278(25.4)	2292(24.3)	2640(27.1)	287(21.3)	2426(34.0)	307(27.7)	4004(25.3)	2607(21.2)	11219(23.6)
90—99	3747(23.3)	3952(25.3)	2233(30.0)	4621(27.4)	2780(29.7)	2433(23.0)	240(17.8)	1654(23.0)	325(29.5)	3538(22.3)	2751(22.4)	12076(25.4)
100—109	3142(19.6)	2764(17.7)	1806(24.1)	3342(19.8)	2576(27.5)	1421(14.6)	415(30.8)	823(11.4)	214(19.4)	2814(17.7)	2575(21.0)	10728(22.5)
≥110	47(0.3)	33(0.2)	16(0.2)	36(0.2)	8(0.0)	36(0.4)	2(0.1)	54(0.7)	1(0.1)	63(0.4)	30(0.2)	104(0.2)
民族												
汉	15164(94.4)	14674(93.8)	7037(94.3)	15817(93.9)	8840(94.4)	8389(86.0)	1198(89.1)	6123(85.4)	903(81.8)	12858(81.1)	11405(92.9)	44547(93.6)
其他	895(5.6)	964(6.2)	422(5.8)	1023(6.1)	525(5.4)	523(5.4)	76(5.7)	488(6.8)	134(12.1)	808(5.1)	698(5.7)	2750(5.8)
缺失	5(0.4)					837(8.6)	70(5.2)	557(7.8)	67(6.1)	2188(13.8)	172(1.4)	314(0.6)
出生地												
城市	2498(15.6)	2425(15.5)	1221(16.4)	2174(12.9)	1089(11.6)	970(9.9)	59(4.4)	699(9.8)	100(9.1)	2225(14.0)	2048(16.7)	7015(14.7)
农村	13501(84.0)	13182(84.3)	6231(83.5)	14646(87)	8268(88.3)	7950(81.5)	1251(93.1)	5933(82.8)	979(88.7)	11293(71.2)	10035(81.8)	40265(84.6)
缺失	65(0.0)	31(0.2)	7(0.1)	20(0.1)	8(0.0)	829(8.6)	34(2.5)	536(7.5)	25(2.3)	2336(14.7)	192(1.6)	331(0.7)
受教育年限(年)												
0	9880(61.5)	9525(60.9)	4824(64.6)	10517(62.5)	6256(66.8)	5648(57.9)	869(64.7)	4008(55.9)	706(63.9)	6807(42.9)	6114(49.8)	28649(60.2)
1—6	4511(28.1)	4448(28.5)	1903(25.5)	4624(27.5)	2281(24.3)	2965(30.4)	326(24.4)	2259(31.5)	259(23.4)	4215(26.6)	3698(30.1)	12978(27.3)

续表

指标	2002年横断面(n=16064)	2005年横断面(n=15638)	2005年新增(n=7459)	2008年横断面(n=16840)	2008年新增(n=9365)	2011年横断面(n=9749)	2011年新增(n=1344)	2014年横断面(n=7168)	2014年新增(n=1104)	2018年横断面(n=15854)	2018年新增(n=12275)	总样本(n=47611)
>6	1568(9.8)	1603(10.2)	706(9.4)	1649(9.8)	803(8.6)	1095(11.2)	126(9.4)	831(11.5)	83(7.6)	2527(15.9)	2307(18.8)	5593(11.7)
缺失	105(0.6)	62(0.4)	26(0.4)	50(0.2)	25(0.3)	41(0.4)	23(1.7)	70(1.0)	56(5.1)	2305(14.5)	156(1.3)	391(0.8)
60岁以前的主要职业												
专业技术员	779(4.8)	736(4.7)	294(3.9)	675(4.0)	305(3.3)	382(3.9)	31(2.3)	269(3.8)	22(2.0)	890(5.6)	806(6.6)	2237(4.7)
政府/机构	599(3.7)	580(3.7)	210(2.8)	499(3.0)	192(2.1)	282(2.9)	15(1.1)	207(2.9)	13(1.2)	536(3.4)	493(4.0)	1522(3.2)
工业/服务	2447(15.2)	2327(14.9)	1096(14.7)	2106(12.5)	984(10.5)	1086(11.1)	61(4.5)	752(10.5)	81(7.3)	1948(12.3)	1793(14.6)	6462(13.6)
自雇人士	261(1.6)	310(2.0)	179(2.4)	322(1.9)	168(1.8)	156(1.6)	19(1.4)	126(1.8)	18(1.6)	258(1.6)	224(1.8)	869(1.8)
农渔林畜牧	9274(57.7)	9466(60.5)	4606(61.7)	11318(67.2)	6671(71.2)	6081(62.4)	1073(79.8)	4535(63.3)	822(74.5)	8292(52.3)	7374(60.1)	29820(62.6)
家务	2184(13.6)	1670(10.7)	763(10.2)	1399(8.3)	783(8.4)	574(5.9)	70(5.2)	413(5.8)	40(3.6)	961(6.1)	857(7.0)	4697(9.9)
军事人员	111(0.7)	100(0.6)	47(0.6)	114(0.7)	59(0.6)	64(0.7)	5(0.4)	46(0.6)	12(1.1)	123(0.8)	112(0.9)	346(0.7)
待业	68(0.4)	96(0.6)	71(1.0)	117(0.7)	77(0.8)	50(0.5)	7(0.5)	49(0.7)	5(0.5)	222(1.4)	203(1.7)	431(0.9)
其他	261(1.6)	313(2.0)	187(2.5)	268(1.6)	124(1.3)	144(1.5)	16(1.2)	114(1.6)	12(1.1)	248(1.6)	219(1.8)	819(1.7)
缺失	80(0.5)	40(0.3)	6(0.1)	22(0.1)	2(0.0)	930(9.5)	47(3.5)	657(9.2)	79(7.2)	2376(15.0)	194(1.6)	408(0.9)
婚姻												
已婚	4742(29.5)	4789(30.6)	2020(27.1)	5146(30.6)	2532(27.0)	3516(36.1)	470(35.0)	2678(37.4)	327(30.1)	6125(38.6)	4705(38.3)	14796(31.1)
分居	296(1.8)	292(1.9)	118(1.6)	283(1.7)	142(1.5)	166(1.7)	18(1.3)	107(1.5)	17(1.5)	276(1.7)	210(1.7)	801(1.7)
离婚	94(0.6)	62(0.4)	19(0.3)	47(0.3)	29(0.3)	22(0.2)	3(0.2)	27(0.4)	2(0.2)	52(0.3)	38(0.3)	185(0.4)
丧偶	10731(66.8)	10355(66.2)	5232(70.1)	11210(66.6)	6576(70.2)	5846(60.0)	831(61.8)	4079(56.9)	732(66.3)	9004(56.8)	7094(57.8)	31196(65.5)
未婚	201(1.3)	140(0.9)	70(0.9)	154(0.9)	86(0.9)	101(1.0)	16(1.2)	71(1.0)	10(0.9)	139(0.9)	97(0.8)	480(1.0)
缺失						95(1.0)	6(0.4)	206(2.9)	16(1.4)	258(1.6)	131(1.1)	153(0.3)
居住地类别												
城市	3845(23.9)	3879(24.8)	2063(27.7)	3347(19.9)	1722(18.4)	1733(17.8)	61(4.5)	987(13.8)	26(2.4)	3541(22.3)	3081(25.1)	10798(22.7)

续表

指标	2002年横断面(n=16064)	2005年横断面(n=15638)	2005年新增(n=7459)	2008年横断面(n=16840)	2008年新增(n=9365)	2011年横断面(n=9749)	2011年新增(n=1344)	2014年横断面(n=7168)	2014年新增(n=1104)	2018年横断面(n=15854)	2018年新增(n=12275)	总样本(n=47611)
城镇	3549(22.1)	3101(19.8)	1280(17.2)	3295(19.6)	1671(17.8)	2884(29.6)	118(8.8)	2214(30.9)	269(24.4)	5233(33.0)	4031(32.8)	10918(22.9)
农村	8670(54.0)	8658(55.4)	4116(55.2)	10198(60.6)	5972(63.8)	5132(52.6)	1165(86.7)	3967(55.3)	809(73.3)	7080(44.7)	5163(42.1)	25895(54.4)
居住情况												
与家人居住	13163(81.9)	13115(83.9)	6344(85.1)	13972(83.0)	7809(83.4)	7789(79.9)	1052(78.3)	5483(76.5)	783(70.9)	12487(78.8)	9821(80.0)	38972(81.9)
独自居住	2161(13.5)	2097(13.4)	993(13.3)	2560(15.2)	1407(15.0)	1626(16.7)	251(18.7)	1314(18.3)	218(19.7)	2477(15.6)	1854(15.1)	6884(14.5)
养老机构	740(4.6)	422(2.7)	121(1.6)	308(1.8)	149(1.6)	206(2.1)	21(1.6)	198(2.8)	95(8.6)	573(3.6)	498(4.1)	1624(3.4)
缺失		4(0.0)	1(0.0)			128(1.3)	20(1.5)	173(2.4)	8(0.7)	317(2.0)	102(0.8)	131(0.3)
家庭人均年收入(万元)												
≤0.1	4536(28.2)	2984(19.1)	1287(16.8)	823(4.9)	437(4.6)	514(4.9)	86(6.3)	292(4.0)	56(5.1)	820(5.2)	612(5.0)	7014(14.7)
0.1~0.3	5469(34.1)	4907(31.4)	2282(29.5)	2363(14.0)	1354(14.3)	1037(10.6)	178(13.0)	646(8.7)	105(9.6)	1093(6.9)	833(6.8)	10221(21.5)
0.3~0.8	3770(17.5)	4002(25.6)	2050(27.3)	3395(20.2)	1967(20.6)	1408(13.6)	217(16.2)	1032(13.8)	193(17.7)	1870(11.8)	1405(11.4)	9602(20.17)
0.8~1.0	991(6.1)	917(5.8)	479(6.2)	1688(10.0)	912(9.7)	809(8.2)	147(10.9)	545(7.2)	95(8.7)	1041(6.6)	824(6.7)	3448(7.2)
1.0~8.0	528(3.3)	1387(8.9)	691(8.5)	6965(41.4)	3726(38.5)	4577(45.7)	602(44.7)	3328(44.9)	455(41.5)	6452(40.7)	4985(40.6)	10987(23.1)
>8.0	0(0.0)	1419(9.1)	662(8.8)	1584(9.4)	957(10.0)	1097(11.2)	71(5.4)	995(13.7)	177(16.1)	3062(19.3)	2518(20.5)	4385(9.2)
缺失	770(4.8)	22(0.1)	8(0.1)	22(0.1)	12(0.1)	307(3.2)	43(3.2)	330(4.6)	23(2.1)	1516(9.6)	1098(8.9)	1954(4.1)
钱是否够用												
是	12939(80.5)	12078(77.2)	5862(78.5)	13016(77.3)	7217(77.1)	7690(78.9)	1152(85.7)	5738(80.1)	933(84.5)	13388(84.4)	10416(84.9)	38515(80.9)
否	3120(19.4)	3554(22.7)	1598(21.4)	3824(22.7)	2148(22.9)	1959(20.1)	183(13.6)	1252(17.5)	156(14.1)	2245(14.2)	1748(14.2)	8953(18.8)
缺失	5(0.0)	6(0.0)	3(0.0)			100(1.0)	9(0.7)	178(2.5)	15(1.4)	221(1.3)	111(0.8)	143(0.3)

2. 2002—2018年我国老年人衰弱水平及趋势分析

(1) 总体衰弱水平及趋势分析

2002—2018年我国老年人衰弱指数均值和衰弱率分别见表4.7和图4.2。

表4.7　　　　　　　**2002—2018年我国老年人的FI及衰弱率**

调查时间	FI	衰弱率
2002年(n=16054)	0.233±0.177	0.409
2005年(n=15633)	0.232±0.176	0.399
2008年(n=16837)	0.236±0.175	0.411
2011年(n=19385)	0.233±0.178	0.386
2014年(n=16657)	0.221±0.175	0.361
2018年(n=14352)	0.239±0.180	0.399

分别采用时间序列分析中的指数模型和ARIMA模型对我国老年人衰弱率进行预测，结果见图4.2。图中左侧为指数预测模型，圆点是2021年我国老年人衰弱率的点估计，为0.374，浅灰色和深灰色区域分别代表80%和95%的置信区间，分别为(0.351，0.397)和(0.339，0.409)。右侧为ARIMA预测模型对我国

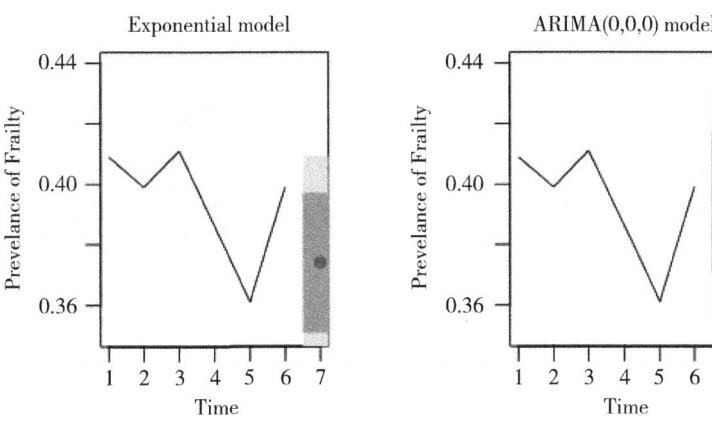

图4.2　2002—2018年我国老年人衰弱率的时序图

老年人衰弱率的预测,所得预测值为 0.394,80% 和 95% 的置信区间分别为 (0.370,0.418) 和 (0.358,0.430)。

(2) 不同性别老年人衰弱水平及趋势分析

由于不同性别和年龄组老年人的衰弱水平差异明显,因此,分别对不同性别和年龄组的老年人进行衰弱情况的预测。

在比较不同性别老年人的衰弱水平时,应当考虑各性别中老年人的年龄构成情况。采用总样本,先将各性别老年人的衰弱率进行标准化,将各性别老年人的年龄构成按照统一标准进行校正,计算出校正后的标准化衰弱率,再进行比较。采用男性和女性老年人之和作标准年龄构成,男性和女性老年人的年龄别衰弱率及预期衰弱人数见表 4.8。男性老年人标准化衰弱率为 $\frac{13952.805}{46354} \times 100\% = 0.301$;女性老年人标准化衰弱率为 $\frac{23623.191}{46354} \times 100\% = 0.510$。

表 4.8　　　　不同性别我国老年人的衰弱率比较 ($n=46354$)

年龄（岁）	标准年龄构成	男				女			
		调查人数	衰弱人数	原衰弱率	预期衰弱人数	调查人数	衰弱人数	原衰弱率	预期衰弱人数
60~69	5631	2933	104	0.035	199.667	2698	167	0.062	348.546
70~79	7484	3836	349	0.091	680.896	3648	469	0.129	962.170
80~89	10935	5412	1396	0.258	2820.632	5523	2021	0.366	4001.382
90~99	11804	5028	2434	0.484	5714.188	6776	4265	0.629	7429.761
≥100	10500	2186	1555	0.711	7469.122	8314	6817	0.820	8609.394
合计	46354	19395	5838	0.301	13952.805	26959	13739	0.510	23623.191

2002—2018 年不同性别老年人的衰弱率和趋势分别见表 4.9 和图 4.3。由表 4.9 可知,2002—2018 年男性老年人衰弱率为 0.182~0.201,女性为 0.255~0.269。图 4.3 左侧为男性的衰弱率时序图,所得预测值为 0.279,80% 和 95% 的置信区间分别为 (0.262,0.296) 和 (0.253,0.305);右侧为女性的衰弱率时序

图,所得预测值为 0.470,80% 和 95% 的置信区间分别为(0.262,0.296)和(0.253,0.305)。

表4.9　　**2002—2018 年我国老年人的 FI 及衰弱率(分性别)**

性别	时间	样本量	FI	衰弱率
男	2002 年	6841	0.188±0.163	0.293
	2005 年	6686	0.190±0.162	0.291
	2008 年	7157	0.191±0.163	0.297
	2011 年	4248	0.191±0.167	0.277
	2014 年	3050	0.182±0.165	0.261
	2018 年	6309	0.201±0.168	0.301
女	2002 年	9213	0.266±0.179	0.495
	2005 年	8947	0.263±0.180	0.479
	2008 年	9680	0.269±0.177	0.496
	2011 年	5137	0.267±0.180	0.476
	2014 年	3607	0.255±0.176	0.445
	2018 年	8043	0.269±0.184	0.475

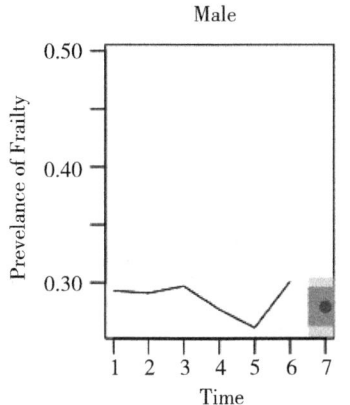 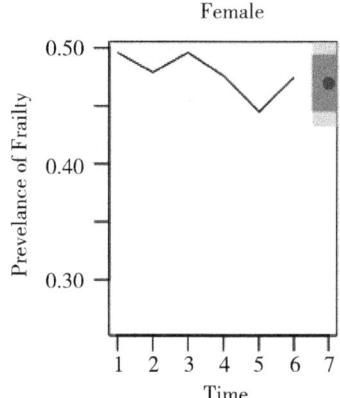

图 4.3　2002—2018 年我国老年人衰弱率的时序图(分性别)

(3)不同年龄老年人衰弱水平及趋势分析

分析 2002—2018 年不同年龄组老年人的衰弱率,具体见图 4.4、表 4.10 和表 4.11。由结果可知,老年人衰弱水平随着年龄的增长而增加。

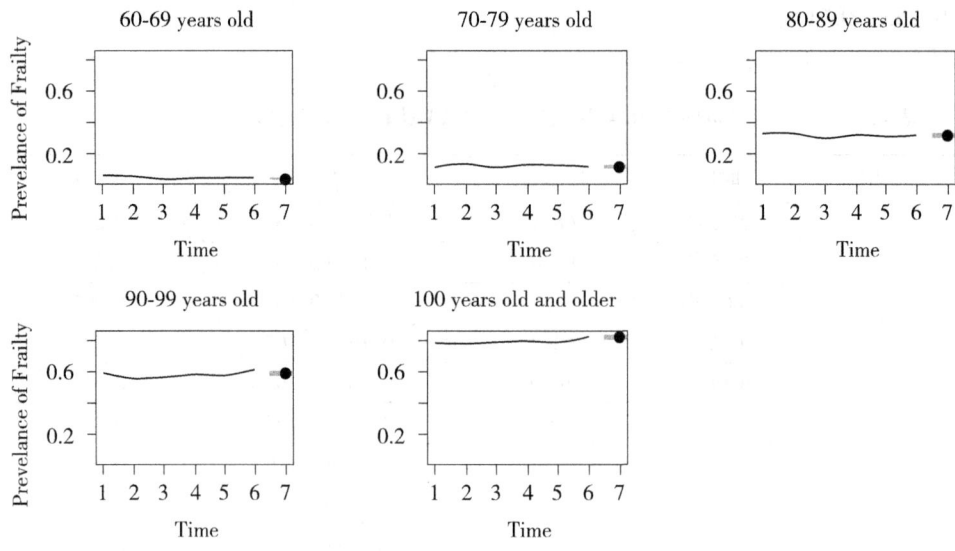

图 4.4　2002—2018 年我国老年人衰弱率的时序图(分年龄)

表 4.10　**2002—2018 年我国老年人的 FI 及衰弱率(分年龄)**

时间	年龄组	样本量	FI	衰弱率
2002 年	60~69	1652	0.091±0.002	0.059
	70~79	3237	0.123±0.002	0.116
	80~89	4235	0.208±0.002	0.329
	90~99	3745	0.300±0.003	0.586
	≥100	3185	0.374±0.003	0.786
2005 年	60~69	1697	0.099±0.002	0.056
	70~79	3281	0.135±0.002	0.140
	80~89	3907	0.211±0.003	0.332
	90~99	3951	0.290±0.003	0.554
	≥100	2797	0.375±0.003	0.782
2008 年	60~69	1679	0.085±0.002	0.036
	70~79	2883	0.126±0.002	0.111
	80~89	4277	0.196±0.002	0.294
	90~99	4620	0.290±0.002	0.564
	≥100	3378	0.380±0.003	0.795

续表

时间	年龄组	样本量	FI	衰弱率
2011年	60~69	704	0.092±0.003	0.044
	70~79	2440	0.135±0.003	0.131
	80~89	2545	0.214±0.003	0.323
	90~99	2326	0.304±0.004	0.580
	≥100	1370	0.391±0.004	0.801
2014年	60~69	268	0.075±0.005	0.041
	70~79	2009	0.135±0.003	0.124
	80~89	2049	0.204±0.004	0.306
	90~99	1523	0.300±0.004	0.577
	≥100	808	0.382±0.006	0.786
2018年	60~69	1484	0.100±0.002	0.050
	70~79	3503	0.135±0.002	0.119
	80~89	3617	0.212±0.003	0.320
	90~99	3212	0.314±0.003	0.614
	≥100	2536	0.406±0.003	0.828

表 4.11 我国各年龄组老年人衰弱率的预测值

年龄(岁)	预测值	80%CI		95%CI	
		下限	上限	下限	上限
60~69	0.038	0.029	0.047	0.024	0.052
70~79	0.120	0.105	0.135	0.097	0.143
80~89	0.318	0.297	0.338	0.286	0.349
90~99	0.586	0.560	0.612	0.547	0.625
≥100	0.822	0.801	0.842	0.790	0.853

3. 我国不同地区老年人的衰弱水平和变化趋势

2002—2018年,一共有47611位老年人被纳入研究,来自我国23个省、自治区、直辖市,各地区老年人的FI和衰弱率见表4.12。由结果可见,我国各地区老年人的衰弱率由大到小依次为:上海市、北京市、安徽省、山西省和辽宁省,衰弱率最低的 5 个地区依次为:海南省、广西壮族自治区、湖南省、浙江省和四川省。

表 4.12 我国各地区老年人的 FI 及衰弱率($n=46354$)

地区	样本量	FI	衰弱率
北京市	1244	0.278±0.005	0.517
天津市	419	0.269±0.009	0.480
河北省	411	0.252±0.009	0.455
山西省	392	0.271±0.010	0.490
辽宁省	1614	0.263±0.005	0.486
吉林省	916	0.244±0.006	0.440
黑龙江省	860	0.271±0.007	0.478
上海市	1854	0.300±0.005	0.519
江苏省	5412	0.241±0.002	0.421
浙江省	2862	0.217±0.003	0.371
安徽省	2121	0.261±0.004	0.495
福建省	1142	0.250±0.005	0.440
江西省	945	0.234±0.006	0.410
山东省	4419	0.248±0.003	0.448
河南省	2980	0.253±0.003	0.463
湖北省	1960	0.232±0.004	0.409
湖南省	2168	0.222±0.004	0.369
广东省	2553	0.262±0.004	0.453
广西壮族自治区	5042	0.198±0.002	0.324
海南省	811	0.211±0.006	0.308
重庆市	1565	0.246±0.004	0.433
四川省	4164	0.226±0.003	0.388
陕西省	500	0.242±0.008	0.426

由上一步分析发现,不同性别和年龄组老年人的衰弱水平差异非常大,在分析衰弱的空间分布时,应考虑各地区样本的性别和年龄构成,从而最大限度地减少各地区衰弱率的估计误差。因此,本部分分析按照数据库中的权重对每次横断

面调查中各地区老年人的衰弱率进行了加权。

2002—2018年的6次横断面调查中,各地区老年人的衰弱率见表4.13。计算每年的衰弱率时,使用当年每个样本的权重加权后再计算衰弱率,得出的值普遍比未加权的值小,这是因为研究对象中女性多于男性且高龄老人偏多。2002年我国老年人衰弱率最高的地区为湖北省,最低的地区为广西壮族自治区。2005年我国老年人衰弱率最高的地区为安徽省,最低的地区为四川省。2008年我国老年人衰弱率最高的地区为河北省,最低的地区为浙江省。2011年我国老年人衰弱率最高的地区为天津市,最低的地区为福建省。2014年我国老年人衰弱率最高的地区为江西省,最低的地区为海南省。2018年我国老年人衰弱率最高的地区为上海市,最低的地区为海南省。

表4.13　2002—2018年我国各地区老年人的衰弱率(加权后)

地区	时间	样本量	不衰弱	衰弱	衰弱率
北京市	2002	317	243.510	30.345	0.125
	2005	332	291.356	53.393	0.155
	2008	301	272.873	54.293	0.166
	2011	153	94.733	24.023	0.202
	2014	84	48.509	6.313	0.115
	2018	605	465.885	74.611	0.138
天津市	2002	195	144.548	30.900	0.214
	2005	194	170.259	26.929	0.137
	2008	126	139.814	28.181	0.168
	2011	52	32.956	14.719	0.309
	2014	29	12.085	4.641	0.277
	2018	80	62.396	15.645	0.200
河北省	2002	170	156.156	14.720	0.094
	2005	181	151.876	27.708	0.154
	2008	155	152.215	37.225	0.196
	2011	71	66.975	8.989	0.118
	2014	44	26.998	3.520	0.115
	2018	112	95.637	14.021	0.128

续表

地区	时间	样本量	不衰弱	衰弱	衰弱率
山西省	2002	174	165.262	32.649	0.198
	2005	176	175.410	26.944	0.133
	2008	156	189.345	27.724	0.128
	2011	75	74.142	25.029	0.252
	2014	45	27.691	10.650	0.278
	2018	102	73.827	18.976	0.204
江西省	2002	299	285.148	36.837	0.129
	2005	313	291.912	27.024	0.085
	2008	279	298.914	54.246	0.154
	2011	156	134.720	30.464	0.184
	2014	106	48.968	29.289	0.374
	2018	415	337.002	44.967	0.118
山东省	2002	736	631.803	103.931	0.164
	2005	682	646.033	114.244	0.150
	2008	2086	790.747	137.683	0.148
	2011	1345	2170.937	234.108	0.097
	2014	1097	1409.549	282.222	0.167
	2018	1648	1555.785	172.430	0.100
河南省	2002	619	507.570	64.572	0.127
	2005	686	507.034	84.393	0.143
	2008	1193	643.284	120.280	0.158
	2011	949	347.512	89.899	0.206
	2014	693	517.502	86.071	0.143
	2018	1099	909.203	164.944	0.154
湖北省	2002	635	509.913	111.486	0.219
	2005	538	495.012	61.824	0.111
	2008	715	631.521	51.196	0.075
	2011	437	377.738	46.971	0.111
	2014	385	402.839	46.679	0.104
	2018	609	543.283	83.433	0.133

续表

地区	时间	样本量	不衰弱	衰弱	衰弱率
辽宁省	2002	696	576.207	120.703	0.209
	2005	675	683.262	149.768	0.180
	2008	601	615.910	125.236	0.169
	2011	301	231.516	51.890	0.183
	2014	134	68.113	34.357	0.335
	2018	324	270.863	53.721	0.166
吉林省	2002	428	406.534	55.596	0.137
	2005	429	397.059	99.181	0.200
	2008	328	407.659	59.860	0.128
	2011	158	121.202	42.146	0.258
	2014	91	64.340	13.683	0.175
	2018	142	133.880	23.268	0.148
黑龙江省	2002	359	337.435	57.729	0.171
	2005	370	397.850	64.503	0.140
	2008	328	376.476	51.938	0.121
	2011	122	92.279	45.015	0.328
	2014	71	49.434	16.866	0.254
	2018	178	142.766	24.820	0.148
上海市	2002	624	498.645	51.950	0.104
	2005	642	568.462	97.231	0.146
	2008	522	495.129	94.123	0.160
	2011	145	103.670	17.569	0.145
	2014	54	21.577	4.977	0.187
	2018	628	497.094	158.525	0.242
江苏省	2002	2037	1838.587	197.209	0.107
	2005	1821	1812.387	195.936	0.098
	2008	1325	1511.043	168.342	0.100
	2011	916	766.480	105.380	0.121
	2014	741	520.246	98.063	0.159
	2018	1908	1704.294	200.306	0.105

续表

地区	时间	样本量	不衰弱	衰弱	衰弱率
浙江省	2002	1547	1310.892	170.584	0.130
	2005	1287	1186.277	184.184	0.134
	2008	1059	1291.656	63.612	0.047
	2011	590	505.460	81.311	0.139
	2014	378	221.962	38.924	0.149
	2018	555	423.592	63.072	0.130
安徽省	2002	774	589.373	102.452	0.174
	2005	784	549.341	138.181	0.201
	2008	787	624.953	121.416	0.163
	2011	340	234.088	62.696	0.211
	2014	199	106.586	26.749	0.201
	2018	542	470.099	99.414	0.175
湖南省	2002	653	662.363	112.121	0.169
	2005	639	622.213	119.686	0.161
	2008	872	757.994	93.907	0.110
	2011	432	303.410	87.868	0.225
	2014	405	281.947	50.807	0.153
	2018	754	691.391	80.077	0.104
广东省	2002	758	629.248	124.594	0.198
	2005	723	588.988	105.294	0.152
	2008	901	594.018	83.135	0.123
	2011	483	256.299	48.962	0.160
	2014	328	212.102	59.045	0.218
	2018	771	643.190	120.412	0.158
广西壮族自治区	2002	1919	1844.300	154.652	0.084
	2005	1966	1811.872	170.543	0.086
	2008	2057	2120.509	241.248	0.102
	2011	1115	905.456	161.908	0.152
	2014	793	646.028	79.419	0.109
	2018	1588	1399.072	133.017	0.087

续表

地区	时间	样本量	不衰弱	衰弱	衰弱率
重庆市	2002	513	487.578	59.188	0.121
	2005	547	464.543	71.413	0.133
	2008	633	563.094	53.717	0.087
	2011	297	233.150	36.838	0.136
	2014	184	95.574	17.589	0.155
	2018	487	422.691	52.986	0.111
四川省	2002	1527	1359.400	147.499	0.109
	2005	1685	1588.538	104.334	0.062
	2008	1521	1235.872	150.254	0.108
	2011	712	435.919	94.925	0.179
	2014	417	195.108	41.506	0.175
	2018	1169	993.412	125.032	0.112
陕西省	2002	265	277.421	43.664	0.157
	2005	219	263.236	41.627	0.137
	2008	169	245.684	33.821	0.121
	2011	109	87.775	23.696	0.213
	2014	74	34.149	10.122	0.229
	2018	148	86.079	16.983	0.165
福建省	2002	543	464.851	46.337	0.100
	2005	461	407.657	50.200	0.110
	2008	326	272.523	39.081	0.125
	2011	91	91.175	8.469	0.085
	2014	66	35.889	5.748	0.138
	2018	202	165.552	23.239	0.123
海南省	2008	397	73.993	8.448	0.102
	2011	355	69.594	8.142	0.105
	2014	272	162.313	12.681	0.072
	2018	327	325.296	25.466	0.073

4. 社会人口学因素对我国老年人衰弱状况的影响

本部分分析对象为总样本，删除衰弱指数缺失的样本后，剩余样本为46354

人。采用单因素Logistic回归分析各社会人口学等因素对衰弱的影响,结果见表4.14。不同性别、年龄组、民族、出生地、受教育年限、60岁前主要职业、婚姻、居住地类别、居住情况、经济状况老年人的衰弱率显著不同。

表4.14　社会人口学因素对我国老年人衰弱影响的单因素Logistic回归

指标		总人数	FI	不衰弱	衰弱	χ^2	P
性别	男	19395(41.8)	0.194±0.164	13557(50.6)	5838(29.8)	2012.27	0.000
	女	26959(58.2)	0.275±0.180	13220(49.4)	13739(70.2)		
年龄(岁)	60~69	5631(12.1)	0.091±0.001	5360(20.0)	271(11.4)	13850.99	0.000
	70~79	7484(16.1)	0.125±0.001	6666(24.9)	818(14.2)		
	80~89	10935(23.6)	0.204±0.001	7518(28.1)	3417(17.5)		
	90~99	11804(25.5)	0.294±0.002	5105(19.1)	6699(34.2)		
	≥100	10500(22.7)	0.384±0.002	2128(17.9)	8372(42.8)		
民族	汉	43408(94.2)	0.2429±0.179	24878(93.5)	18530(95.2)	58.33	0.000
	其他	2674(15.8)	0.2089±0.165	1734(16.5)	940(14.8)		
出生地	城市	6789(14.7)	0.2412±0.185	4011(15.1)	2778(14.3)	5.07	0.024
	农村	39277(85.3)	0.2404±0.177	22631(84.9)	16646(85.7)		
受教育年限(年)	0	27907(60.5)	0.2775±0.001	13425(50.3)	14482(74.3)	2736.44	0.000
	1~6	12656(27.4)	0.1884±0.001	9032(33.9)	3624(18.6)		
	>6	5595(12.1)	0.1766±0.002	4216(15.8)	1379(17.1)		
60岁前主要职业	专业技术员	2175(14.7)	0.194±0.004	1527(15.7)	648(13.3)	1218.31	0.000
	政府/机构	1483(13.2)	0.189±0.004	1077(14.0)	406(12.1)		
	工业/服务	6286(13.6)	0.221±0.002	4057(15.2)	2229(11.5)		
	自雇人士	844(11.8)	0.221±0.006	522(12.0)	322(11.7)		
	农渔林畜牧	29080(63.1)	0.239±0.001	16828(63.2)	12252(63.0)		
	家务	4582(19.9)	0.317±0.003	1761(16.6)	2821(14.5)		
	军事人员	334(10.7)	0.244±0.009	188(10.7)	146(10.8)		
	待业	406(10.9)	0.339±0.010	133(10.5)	273(11.4)		
	其他	798(11.7)	0.224±0.006	491(11.8)	307(11.6)		

续表

指标		总人数	FI	不衰弱	衰弱	χ^2	P
婚姻	已婚	14428(31.2)	0.148±0.001	11885(44.5)	2543(13.0)	5583.57	0.000
	分居	764(11.7)	0.170±0.006	581(12.2)	183(10.9)		
	离婚	178(10.4)	0.211±0.013	116(10.4)	62(10.3)		
	丧偶	30397(65.7)	0.287±0.001	13822(51.8)	16575(84.9)		
	未婚	467(11.0)	0.214±0.008	304(11.1)	163(10.8)		
居住地类别	城市	10530(22.7)	0.265±0.002	5573(20.8)	4957(25.3)	131.26	0.000
	城镇	10521(22.7)	0.233±0.002	6253(23.4)	4268(21.8)		
	农村	25303(54.6)	0.234±0.001	14951(55.8)	10352(52.9)		
居住情况	与家人居住	38057(82.3)	0.244±0.001	21637(81.0)	16420(84.1)	515.34	0.000
	独自居住	6694(14.5)	0.204±0.002	4513(16.9)	2181(11.2)		
	养老机构	1500(13.2)	0.330±0.005	566(12.1)	934(14.8)		
家庭人均年收入(万元)	<0.1	6886(16.3)	0.245±0.002	3854(15.8)	3032(17.1)	50.61	0.000
	0.1~0.3	10007(23.8)	0.227±0.002	6082(24.9)	3925(22.2)		
	0.3~0.8	9286(22.0)	0.241±0.002	5318(21.8)	3968(22.4)		
	0.8~1.0	3284(17.8)	0.234±0.003	1934(17.9)	1350(17.6)		
	1.0~8.0	10137(24.1)	0.247±0.002	5780(23.6)	4357(24.6)		
	>8.0	2522(16.0)	0.252±0.004	1472(16.0)	1050(15.9)		
钱是否够用	是	37510(81.1)	0.232±0.174	22345(83.6)	15165(77.7)	260.76	0.000
	否	8739(18.9)	0.278±0.188	4378(16.4)	4361(22.3)		

为进一步分析多个社会人口学因素如何共同影响老年人的衰弱水平,进行多因素分析。将单因素分析中有统计学意义的变量全部纳入多因素 Logistic 回归中,结果见表4.15。相比于单因素分析,出生地变得不再有统计学意义;受教育时间超过6年的老年人与没有受过教育的老年人的衰弱水平没有差异;60岁以前主要职业为专业技术员的老年人与政府/机构、工业/服务、自雇人士、农渔林畜牧和家务的老年人的衰弱水平没有差异。

表4.15 社会人口学因素对我国老年人衰弱影响的多因素 Logistic 回归

协变量	参数估计	标准误	Wals	OR值	P
性别(参照：男)					
女	0.381	0.030	159.680	1.464	0.000
年龄(岁)(参照：60~69)					
70~79	-3.938	0.075	2766.841	0.019	0.000
80~89	-3.131	0.051	3705.748	0.044	0.000
90~99	-1.894	0.036	2722.624	0.150	0.000
≥100	-0.908	0.034	723.599	0.403	0.000
民族(参照：汉族)					
其他	-0.461	0.054	73.368	0.631	0.000
出生地(参照：城市)					
农村	0.003	0.040	0.005	1.003	0.942
教育(年)(参照：0)					
1~6	0.276	0.055	24.991	1.318	0.000
>6	0.050	0.053	0.871	1.051	0.351
60岁前主要职业(参照：专业技术员)					
政府/机构	0.142	0.115	1.525	1.153	0.217
工业/服务	0.162	0.121	1.800	1.176	0.180
自雇人士	0.166	0.101	2.669	1.180	0.102
农渔林畜牧	-0.123	0.132	0.879	0.884	0.348
家务	0.051	0.098	0.269	1.052	0.604
军事人员	0.296	0.104	8.055	1.344	0.005
待业	0.592	0.169	12.255	1.807	0.000
其他	0.750	0.172	18.936	2.117	0.000
婚姻(参照：已婚并与伴侣居住)					
分居	-0.382	0.135	7.973	0.683	0.005
离婚	-0.109	0.167	0.423	0.897	0.516
丧偶	0.130	0.240	0.294	1.139	0.588
未婚	0.048	0.133	0.128	1.049	0.720

续表

协变量	参数估计	标准误	Wals	OR 值	P
居住地类别(参照：城市)					
城镇	0.392	0.039	101.276	1.481	0.000
农村	0.025	0.032	0.639	1.026	0.424
居住情况(参照：与家人居住)					
独自居住	-0.420	0.073	32.860	0.657	0.00
养老机构	-1.140	0.078	212.904	0.320	0.00
家庭人均年收入(万元)(参照：≤0.1)					
0.1~0.3	-0.005	0.063	0.005	0.995	0.942
0.3~0.8	-0.225	0.060	13.843	0.799	0.000
0.8~1.0	-0.092	0.059	2.401	0.912	0.121
1.0~8.0	-0.175	0.069	6.442	0.839	0.011
>8.0	-0.118	0.059	4.067	0.889	0.044
钱是否够用(参照：是)					
否	0.572	0.032	311.009	1.771	0.000

五、结　　论

本章系统描述了 2002—2018 年我国老年人的衰弱水平在不同时间点和地区上的分布，并初步分析了社会人口学因素对我国老年人衰弱率的影响。

我国老年人整体的衰弱情况。从研究结果可知，2002—2018 年我国老年人 FI 的平均值在 0.221~0.239 之间波动，在 2014 年时达到最低值，这可能是由于相比于其他年份的横断面调查，2014 年横断面调查中的女性老年人占比最低，100~109 岁年龄组老年人占比最低，已知女性和高龄老年人的衰弱率高于其他组；在 2018 年时达到最高值，虽然 2018 年横断面调查中女性占比和高龄老人占比不是最高的，但男性 FI 大于其他年份，90 岁以上老年人的 FI 均大于其他年份同龄组的 FI 值。从衰弱率上分析，2002—2018 年，我国老年人的衰弱率在 0.361~0.411 之间波动，最高为 2008 年，最低为 2014 年。与 FI 相同的是，2014

年为最低值,不同的是 FI 最高值为 2018 年,而衰弱率最高值为 2008 年。这可能是由于 2008 年老年人的 FI 水平更为分散,衰弱率更高,但总体 FI 的值偏低,而 2018 年 FI 均值很高但达到衰弱等级比例不高。此处应注意,对各时间点老年人衰弱水平的差异并没有进行统计学推断,因为各年横断面调查样本既不相互独立,也不完全重叠。依据 6 次横断面调查的结果对我国老年人未来的衰弱率进行指数预测和 ARIMA 模型预测,得到的衰弱率分别为 0.374 和 0.394,高于 2014 年但低于其他各年的衰弱率。由于时间序列分析模型考虑到了每年数据之间不是相互独立的,因此,得出的值具有一定的参考意义。

不同性别和年龄的衰弱情况。分性别分析发现,我国男性老年人 FI 在 2002—2018 年间的平均水平在 0.182~0.201 波动;女性在 0.255~0.269 波动,男性明显低于女性。这与国外的研究是一致的,现有研究普遍发现,无论哪个地区和种族,女性比男性更为衰弱。此外,在本研究中女性更为衰弱的原因还包括,女性老年人的数量多于男性,尤其是高龄老人。在世界范围内,女性寿命比男性更长是普遍现象。结合本研究中女性比男性更衰弱的结论,可认为,女性虽然比男性更衰弱但却活得更长久。也可认为,男性以衰弱的状态生存的时间更短。根据不同年龄组的 FI 值可知,随着年龄的增加,FI 和衰弱率稳定增长。虽然现有证据表明老年人的健康状况与年龄并非绝对的线性相关,但从群体水平上分析,老年人的衰弱情况确实随着年龄的增长而加重,即人的老化过程,或快或慢,必然会随着时间的推移而进行,不会逆行。

不同地区的衰弱情况。对我国各地区老年人的衰弱状况分析可知,对于没有加权的总样本,衰弱率普遍较高,在不同地区间的跨度为 0.308~0.519,最低的为海南省,最高的为上海市。未加权数据表明,分析未考虑各地区老年人的性别和年龄等构成比的差异。随后,对各次横断面调查中各地区老年人的衰弱率进行加权后再分析,由结果可知,偏南方区域的老年人衰弱率更低,尤其是海南省和广西壮族自治区,偏北方的区域衰弱率更高。总体上,南方老年人的衰弱水平要低于北方地区,特别是海南省、广西壮族自治区、四川省、浙江省和福建省等地区,在每次调查中的衰弱水平都不高。天津市、山西省、黑龙江省和辽宁省,在每次调查中的衰弱水平都不低。但是也有部分地区不符合"南低北高"这一规律,例如,安徽省处于中间地带,在每次调查中的衰弱水平都不低。湖北省也处于中间地带，在2002年的衰弱率较高，但是在2008年衰弱率很低，仅次于浙江省。由此可推论，不同时间点、同一地区老年人的衰弱率差异较大。原因可能在于样本的选择。CLHLS中，每次调查的样本递补原则是不同的，例如：2002年和2005年的调查以高龄长寿老人为主，大部分老年人为80岁以上老人，且尚未纳入海南省，2011年和2014年的样本递补只在典型长寿地区进行。综上所述，无论是使用总体样本还是每次调查加权后的样本，均可以看出，我国南方地区老年人的衰弱状况要明显好于北方地区。此部分结果与现有的关于我国各地区人口期望寿命的研究是一致的。此处应注意，本部分为描述性分析，并不清楚各地区衰弱率是否具有空间相关性以及差异是否有统计学意义。本部分并未深入分析我国老年人衰弱水平在空间分布上出现差异的具体原因，未来研究期望对经济、环境和气候等因素影响衰弱发生发展的机制进行详细探讨。

各社会人口学因素与衰弱的相关性。首先，采用单因素Logistic回归分析总样本中各社会人口学因素与衰弱的相关性。由结果可知，研究纳入的所有社会人口学因素都与衰弱显著相关，女性衰弱率显著高于男性，衰弱率随着年龄的增加而稳定增长，汉族衰弱率显著高于其他民族，城市显著高于农村，受教育年限越低，衰弱率越高，政府/机构工作人员衰弱率最低，待业人员衰弱率最高，已婚并与伴侣居住衰弱率最低，丧偶衰弱率最高，居住在城镇的衰弱率最低，在城市的衰弱率最高，经济水平较好的老年人衰弱率低于经济水平差的老年人。随后，采用多因素Logistic回归综合分析各因素对衰弱的影响，发现在控制了其他社会人口学因素后，出生地不再显著影响老年人的衰弱水平。

在将本部分研究结果与国外进行比较时还应当注意，文中用于计算衰弱指数的指标数量为30~39个，其中慢性病占的分值为11分，日常生活活动能力占的分值为14分。这与其他研究采用的指标数量和比例有差异。现有研究计算Rockwood衰弱指数的方法和原则一样，但具体纳入的指标数量和比例不同，这也可能是衰弱率在不同研究中出现差异的原因，鲜有研究计算和报道Rockwood衰弱指数的信效度。由于衰弱指数的计算需要大量指标，而鲜有专门针对衰弱指数进行大型流行病学调查，因此，现有研究常从已知的数据中提取某些指标进行衰弱指数的计算。这也造成了衰弱指数计算不统一的现象。

综上，2002—2018年，我国老年人的衰弱率呈现波动性变化，不是单调递增也不是单调递减。最高为 2014 年，老年人的 FI 与衰弱率分别为 0.221 ± 0.175 和 0.361，最低为 2008 年，老年人的 FI 与衰弱率分别为 0.236 ± 0.175 和 0.411。由于 CLHLS 每次调查中选择新增样本的原则不一样，因此，对于此部分结果的推广应当谨慎。我国南方地区，尤其是海南省和广西壮族自治区的老年人衰弱率最低，北方地区包括东北三省、天津市和山西省等地区老年人的衰弱率偏高。此外，CLHLS 调查中的某些地区专门选取的是我国典型的长寿乡，并不能充分代表该地区的总体水平。社会人口和经济因素能显著影响我国老年人的衰弱水平。未来研究可致力于使用更精确的样本评价我国各地区老年人的衰弱水平。

第五章 衰弱预测模型的构建

由上一章分析结果可知，社会人口学因素与老年人衰弱水平密切相关。本部分将继续探讨可能对衰弱产生影响的因素，包括社会人口学因素、行为因素、生活方式因素等。基于这些影响因素，尝试构建我国老年人衰弱的预测模型，并对此模型进行评价，从而明确衰弱发生的潜在危险因素，为后续制定和实施衰弱干预措施提供参考。

一、研究背景及目的

按照传统病因学分类，可将影响衰弱发生发展的高危因素分为四类：遗传因素、机体病理因素、行为因素和心理因素。首先，遗传因素会对衰弱的发生发展产生十分重要又复杂多样的影响。如第二章中衰老机制部分所述，线粒体功能下降、氧化应激、胰岛素信号通路假说、细胞突变机制、慢性炎症反应等在衰老过程中起核心作用，这些衰老过程与基因表达过程密切相关。细胞衰老的端粒假说、与常见慢性退行性疾病相关的遗传突变等遗传因素也在衰老发生的过程中起着关键作用。这些影响衰老发生发展的因素也决定着衰弱发生的时机和速度。其次，各种慢性疾病的发生会影响衰弱。机体处于病理状态时，衰弱的发生风险和多样性增加。如长期慢性炎症状态使老年人衰弱的易感性增加。其次，行为因素。当机体有饮食习惯不良、营养摄入不均衡、缺乏运动或者吸烟、过度饮酒等不良生活习惯时，衰弱更容易发生。最后一个是心理因素。社会关系、社会隔离、居住情况、生活压力等都会影响老年人的心理状况，也会影响衰弱的发生和发展。[1]

---

[1] Jeffrey B. Halter, Joseph G. Ouslander, Mary E. Tinetti, Stephanie Studenski, Kevin P. High, Sanjay Asthana. 哈兹德老年医学[M]. 李小鹰，王建业，译. 北京：人民军医出版社，2015.

衰弱是人类衰老过程中发生的一种不良健康状况,但与衰老不同,如果实施适当的干预措施和预防措施,衰弱过程可以停止甚至逆转①。目前为止,人们对衰弱进行了大量的研究,已初步阐述了不同的高危因素是如何影响衰弱的发展的②。这些高危因素涉及包括性别、年龄、收入、婚姻状况和教育在内的社会人口因素;精神因素、生物医学因素、行为因素(包括吸烟、饮酒、运动、与家人的关系以及人际关系规模)也被证明与衰弱有关③。然而,很少有研究系统分析这些风险因素对衰弱发展的综合影响。目前尚不清楚社会人口、行为和社会支持等因素将如何共同影响衰弱的发展。此外,目前关于衰弱的研究大多是在发达国家进行的,国内很少有关于衰弱高危因素或预测模型的大规模研究。由于社会人口特征、行为和社会环境的差异,建立中国老年人衰弱风险预测模型将为理解衰弱提供有价值的证据。

本部分研究的目的即为识别来自多个维度的衰弱发生的高危因素,基于这些高危因素建立发生衰弱的风险预测模型,并使用列线图将其可视化。随后采用受试者工作曲线(Area Under Curve,AUC)、Hosmer-Lemeshow 检验和校正曲线下面积对预测模型预测的准确度和区分度进行评价。最终形成一个综合的、多维的衰弱风险预测模型,为预测个体发生衰弱的风险提供参考。

二、研究对象及方法

1. 样本

本部分研究采用 CLHLS2018 年的数据④。纳入的变量包括生活方式、心理状

---

① Hoogendijk EO, Afilalo J, Ensrud KE, Kowal P, Onder G, Fried LP. Frailty: implications for clinical practice and public health[J]. The Lancet, 2019, 394(10206): 1365-1375.

② Mello AD, Engstrom EM, Alves LC. Health-related and socio-demographic factors associated with frailty in the elderly: a systematic literature review[J]. Cad Saude Publica, 2014, 30(6): 1143.

③ Hoogendijk EO, van Hout HPJ, Heymans MW, van der Horst HE, Frijters DHM, Broese Van Groenou MI, et al. Explaining the association between educational level and frailty in older adults: results from a 13-year longitudinal study in the Netherlands[J]. Ann Epidemiol., 2014, 24(7): 538-544.

④ Dupre ME, Gu D, Warner DF, Yi Z. Frailty and type of death among older adults in China: prospective cohort study[J]. BMJ-Brit Med J., 2009: 338.

况、认知、行为、日常活动、个人背景、客观检查和疾病的信息[①]。本部分分析没有排除60岁以下的参与者,因此,共有14314名参与者被纳入分析。

2. 测量

该部分的结局变量为衰弱。同之前的数据分析,该部分使用 Rockwood 衰弱指数计算衰弱水平,包括39个指标,衰弱界定值为0.25[②]。

协变量包括社会人口因素、行为因素和社会支持因素。社会人口因素包括11个变量:性别、年龄、民族、居住地、受教育程度、婚姻状况、60岁以前的主要职业、主要经济来源、家庭收入、自评经济状况是否充足、自评经济水平。

行为因素(主要是饮食习惯)包括35个项目:居住情况、主食、每天主食量、食用油、饮食口味、饮用水、是否吸烟、是否饮酒、是否做运动、每天刷牙次数、是否吃新鲜水果/蔬菜/肉类/鱼/鸡蛋/豆类/奶及奶制品/腌菜/糖/大蒜/奶制品/坚果/蘑菇或藻类/维生素/药用植物/茶、服用营养补充剂的频率(蛋白质/钙/铁/锌/复合维生素/维生素 A 和 D/DHA/其他)、是否在过去24小时内服用过营养补充剂或药物。

社会支持因素包括25个项目:孩子的数量、你想交谈时的第一个对象、遇到困难时你寻求帮助的第一个对象、生病时的主要照顾者、是否能够获得足够的医疗服务、从家到最近的医院的距离、医疗费用的主要支付者、是否每年定期体检一次、是否有社保(退休金/公共养老保险/商业养老保险/公益医保/城镇职工医疗保险/城镇居民医疗保险/新农村合作医疗保险/商业医疗保险)、是否有可用的社区服务(个人护理/家访/心理咨询/日常购物/社会娱乐/法律援助/健康教育/邻里关系/其他)。

3. 统计方法

研究变量中,连续型变量采用平均值±标准差的方法进行统计描述,分类变

[①] Zeng Y, Feng Q S, Gu D N, Vaupel J W. Demographics, phenotypic health characteristics and genetic analysis of centenarians in China[J]. Mech Ageing Dev., 2017(165): 86-97.

[②] Hoogendijk E O, Afilalo J, Ensrud K E, Kowal P, Onder G, Fried L P. Frailty: implications for clinical practice and public health[J]. The Lancet, 2019, 394(10206): 1365-1375.

量采用频率和百分比进行统计描述。

首先，采用单因素和多元 Logistic 回归分析衰弱与协变量的关系。单因素分析中，所有有显著统计学意义的变量均被纳入多元 Logistic 回归，以建立衰弱风险预测模型。在进行多元 Logistic 回归之前，对所有纳入的协变量进行了多重共线性检测。其次，使用列线图将预测模型可视化。最后，评估预测模型的有效性。首先，采用受试者工作曲线（ROC）计算样本的预测概率以及模型的灵敏度和特异度，对模型区分度进行评价。然后，通过 Bootstrap 重复采样 1000 次来验证模型的校准曲线。采用校准曲线和 Hosmer-Lemeshow 检验测量预测概率与真实概率的一致性。

采用 SPSS21.0 和 R V.4.1.2 统计软件进行数据分析。统计检验水平设为 $\alpha=0.05$。以 $P<0.05$ 作为差异具有统计学意义的判定标准。

三、结　　果

1. 样本基本特征

本部分研究对象的基本信息见表 5.1，共纳入 14314 例参与者（衰弱率为 27.2%），FI 为 0.175 ± 0.173。

表 5.1　　2018 年横断面调查的参与者的基本特征（$n=14314$）

基本特征	总人数	非衰弱	衰弱	FI
性别				
男	6300（44.0）	5080（48.8）	1220（31.3）	0.139±0.154
女	8014（56.0）	5336（51.2）	2678（68.7）	0.203±0.182
年龄（岁）				
50~69	1494（10.5）	1453（13.9）	41（1.1）	0.062±0.077
70~99	10289（71.9）	8131（78.1）	2158（55.4）	0.151±0.154
≥100	2531（17.7）	832（8.0）	1699（43.6）	0.337±0.182
民族				
汉	11611（94.2）	8295（93.8）	3316（95.4）	0.181±0.175

续表

基本特征	总人数	非衰弱	衰弱	FI
其他	712（5.8）	553（6.3）	159（4.6）	0.153±0.162
居住地				
城市	7970（55.7）	5646（54.2）	2324（59.6）	0.185±0.180
农村	6344（44.3）	4770（45.8）	1574（40.4）	0.162±0.162
教育(年)				
0	6003（49.2）	3646（41.6）	2357（69.0）	0.226±0.185
1~6	3868（31.7）	3154（36.0）	714（20.9）	0.136±0.152
>6	2319（19.0）	1972（22.5）	347（10.2）	0.126±0.145
婚姻				
已婚并与伴侣居住	5651（39.9）	5051（48.9）	600（15.6）	0.104±0.122
分居	241（1.7）	196（1.9）	45（1.2）	0.128±0.151
离婚	45（0.3）	33（0.3）	12（0.3）	0.172±0.154
丧偶	8120（57.3）	4944（47.9）	3176（82.3）	0.226±0.186
未婚	122（0.9）	97（0.9）	25（0.6）	0.155±0.146
60岁前主要职业				
专业技术员	817（6.7）	634（7.3）	183（5.3）	0.156±0.166
政府/机构	498（4.1）	363（4.2）	135（3.9）	0.176±0.183
职员	1794（14.7）	1323（15.1）	471（13.7）	0.182±0.183
自雇人士	233（1.9）	171（2.0）	62（1.8）	0.168±0.163
农渔林畜牧	7478（61.4）	5418（62.0）	2060（60.1）	0.174±0.168
家务	824（6.8）	492（5.6）	332（9.7）	0.229±0.192
军事人员	111（0.9）	81（0.9）	30（0.9）	0.175±0.178
待业	196（1.6）	99（1.1）	97（2.8）	0.282±0.221
其他	222（1.8）	163（1.9）	59（1.7）	0.168±0.174
主要收入来源				
退休金	3546（22.3）	2697（28.3）	849（23.5）	0.167±0.174
亲戚	6995（53.3）	4677（49.1）	2318（64.1）	0.198±0.178
地方政府或社区	1399（8.8）	963（10.1）	436（12.1）	0.196±0.171
自行务工	1195（7.5）	1182（12.4）	13（0.4）	0.053±0.056

续表

基本特征	总人数	非衰弱	衰弱	FI
家庭人均年收入(万元)				
≤0.1	736 (5.6)	507 (5.3)	229 (6.4)	0.196±0.173
0.1~0.3	965 (7.4)	742 (7.8)	223 (6.3)	0.157±0.151
0.3~0.8	1707 (13.0)	1251 (13.1)	456 (12.8)	0.170±0.171
0.8~1.0	956 (7.3)	691 (7.2)	265 (7.4)	0.173±0.170
1.0~10.0	6259 (47.8)	4524 (47.4)	1735 (48.7)	0.175±0.177
>10.0	2474 (18.9)	1821 (19.1)	653 (18.3)	0.175±0.174
钱是否够用				
是	12240 (86.1)	9058 (87.5)	3182 (82.3)	0.168±0.169
不是	1982 (13.9)	1297 (12.5)	685 (17.7)	0.214±0.189
经济水平自评				
非常富有	371 (2.6)	280 (2.7)	91 (2.4)	0.160±0.172
富有	2418 (17.1)	1890 (18.3)	528 (13.8)	0.150±0.158
一般	9877 (69.7)	7232 (70.0)	2709 (69.0)	0.173±0.172
贫穷	1311 (9.3)	833 (8.1)	478 (12.5)	0.223±0.189
非常贫穷	191 (1.3)	99 (1.0)	92 (2.4)	0.270±0.199

2. 衰弱风险预测模型的构建

表5.2　　衰弱影响因素的单因素和多元 Logistic 回归分析

变量	OR (95%CI)	AOR (95%CI)	β
年龄(岁)(参照:50~69)			
70~99	9.41 (6.87,12.88)**	3.10 (2.22,4.34)**	1.110
≥100	72.37 (52.48,99.79)**	9.76 (6.86,13.90)**	2.248
民族(参照:汉)			
少数民族	0.70 (0.59,0.83)**	0.71 (0.57,0.87)*	−0.345
出生地(参照:城市)			
农村	0.90 (0.86,0.93)**	0.87 (0.78,0.97)*	−0.115

续表

变量	OR（95%CI）	AOR（95%CI）	β
教育(年)(参照:0)			
1~6	0.41（0.38,0.45）**	0.85（0.76,0.95）*	-0.194
>6	0.31（0.28,0.35）**	0.67（0.55,0.81）**	-0.460
婚姻(参照:已婚并与伴侣居住)			
分居	1.90（1.36,2.66）**	1.32（0.86,2.02）	
离婚	2.92（1.88,4.52）**	1.29（0.73,2.30）	
丧偶	5.34（4.86,5.88）**	1.31（1.07,1.60）*	0.271
未婚	2.15（1.37,3.36）*	0.90（0.48,1.67）	
60岁前主要职业(参照:专业技术员)			
政府/机构	1.24（0.96,1.59）	1.09（0.78,1.53）	
职员	1.20（0.99,1.46）*	0.69（0.53,0.91）*	-0.371
自雇人士	0.96（0.74,1.23）	0.60（0.37,0.95）*	-0.517
农渔林畜牧	1.31（1.11,1.56）*	0.52（0.39,0.70）**	-0.645
家务	2.02（1.64,2.49）**	0.70（0.50,0.99）*	-0.354
军事人员	1.15（0.78,1.68）	1.19（0.65,2.18）	
待业	3.20（2.33,4.39）**	0.72（0.45,1.14）	
其他	1.26（0.90,1.77）	0.58（0.35,0.93）*	-0.553
主要经济来源(参照:退休金)			
地方政府或社区	1.37（1.20,1.56）**	0.82（0.68,0.98）*	-0.202
亲戚	1.46（1.34,1.60）**	0.70（0.56,0.89）*	-0.352
自行务工	0.05（0.03,0.08）**	0.10（0.06,0.17）**	-2.268
钱是否够用(参照:是)			
否	1.50（1.36,1.66）**	1.45（1.24,1.69）**	0.370
经济水平自评(参照:非常富有)			
富有	0.86（0.67,1.11）	0.85（0.61,1.19）	
一般	1.14（0.90,1.45）	1.09（0.79,1.51）	
贫穷	1.77（1.36,2.29）**	1.76（1.23,2.54）*	0.567
非常贫穷	2.86（1.98,4.14）**	2.29（1.35,3.86）*	0.826

续表

变量	OR (95%CI)	AOR (95%CI)	β
居住情况(参照:与家人居住)			
独居	0.50 (0.44,0.56)**	0.38 (0.33,0.44)**	-0.975
养老院	3.29 (2.74,3.94)**	2.49 (1.93,3.22)**	0.914
主食(参照:米饭)			
食用玉米	1.42 (1.17,1.71)**	1.64 (1.26,2.14)**	0.495
小麦	1.37 (1.24,1.51)**	1.28 (1.10,1.49)*	0.249
半米半面粉	1.47 (1.34,1.62)**	1.44(1.26,1.65)**	0.366
其他	4.60 (3.22,6.57)**	1.68 (1.02,2.78)*	0.520
每天主食量(kg)(参照:<0.2)			
0.2~0.5	0.45 (0.41,0.48)**	0.68 (0.61,0.76)**	-0.384
>0.5	0.30 (0.25,0.36)**	0.59 (0.46,0.76)**	-0.526
食用油(参照:植物油)			
芝麻油	1.37 (0.90,2.07)	1.08 (0.61,1.92)	
猪油	0.75 (0.66,0.86)**	0.78 (0.66,0.93)*	-0.246
其他动物油	1.04 (0.60,1.81)	0.69 (0.33,1.44)	
饮食口味(参照:清淡)			
咸	0.79 (0.71,0.87)**	0.97 (0.85,1.10)	
甜	1.53 (1.31,1.790)**	1.04 (0.84,1.29)	
辣	0.40 (0.29,0.56)**	0.67 (0.45,0.98)*	-0.400
生冷	1.52 (0.60,3.87)	1.49(0.45,4.91)	
其他	1.29 (1.01,1.55)	1.08 (0.86,1.38)	
吃蔬菜的频率(参照:几乎每天)			
偶尔	1.52 (1.40,1.64)**	1.28 (1.15,1.43)**	0.246
很少或从不吃	5.74 (4.78,6.90)**	2.19 (1.71,2.80)**	0.784
吃鸡蛋的频率(参照:几乎每天)			
偶尔	0.73 (0.67,0.78)**	0.88 (0.78,0.99)*	-0.127
很少或从不吃	0.97(0.85,1.11)	1.05 (0.87,1.27)	

续表

变量	OR（95%CI）	AOR（95%CI）	β
吃大蒜的频率(参照:几乎每天)			
偶尔	1.33（1.20,1.48）**	1.03（0.90,1.19）	
很少或从不吃	2.48（2.21,2.78）**	1.20（1.03,1.41）*	0.184
吃奶制品的频率(参照:几乎每天)			
偶尔	0.66（0.60,0.72）**	0.72（0.63,0.82）**	−0.332
很少或从不吃	0.68（0.62,0.74）**	0.63（0.55,0.73）**	−0.455
吃坚果的频率(参照:几乎每天)			
偶尔	1.04（0.86,1.25）	1.11（0.86,1.44）	
很少或从不吃	2.45（2.04,2.94）**	1.56（1.20,2.01）*	0.442
喝茶的频率(参照:几乎每天)			
偶尔	1.43（1.20,1.71）**	1.16（0.93,1.46）	
很少或从不喝	2.42（2.14,2.72）**	1.32（1.12,1.54）*	0.274
饮用水类别(参照:井水)			
河水和湖水	1.00（0.68,1.48）	1.18（0.73,1.91）	
泉水	0.80（0.61,1.05）	1.00（0.71,1.41）	
池塘水	0.68（0.26,1.80）	0.80（0.26,2.45）	
自来水	1.23（1.12,1.36）**	1.22（1.07,1.40）*	0.200
是否现在吸烟(参照:是)			
否	3.05（2.66,3.49）**	1.80（1.51,2.15）**	0.590
是否现在喝酒(参照:是)			
否	2.87（2.51,3.29）**	1.60（1.34,1.91）**	0.470
是否现在锻炼身体(参照:是)			
否	5.93（5.28,6.65）**	4.53（3.95,5.20）**	1.511
每天刷牙的次数(参照:从不刷)			
偶尔	0.47（0.41,0.53）**	0.72（0.61,0.84）**	−0.329
一次	0.27（0.26,0.30）**	0.52（0.46,0.60）**	−0.645
两次	0.20（0.18,0.23）**	0.38（0.32,0.45）**	−0.977
三次及以上	0.30（0.25,0.36）**	0.51（0.40,0.65）**	−0.669
是否每年定期体检一次(参照:是)			

续表

变量	OR (95%CI)	AOR (95%CI)	β
否	3.21 (2.97,3.46)**	1.78 (1.61,1.97)**	0.574
你想交谈时的第一个对象(参照:配偶)			
子女、女婿、儿媳	5.99 (5.36,6.68)**	1.65 (1.25,2.16)**	0.498
其他	3.91 (3.25,4.70)**	1.48 (1.02,2.15)*	0.395
无人照料	6.15 (4.97,7.63)**	2.09 (1.42,3.10)**	0.739
生病时主要照顾者(参照:配偶)			
子女、女婿、儿媳	5.55 (4.93,6.25)**	1.16 (0.94,1.42)	
其他	10.37 (8.79,12.23)**	1.52 (1.15,1.99)*	0.415
无人照料	0.65 (0.37,1.12)	0.25 (0.13,0.47)**	−1.405
医疗费用的主要支付者(参照:城镇职工医疗保险/城镇居民医疗保险)			
合作医疗计划	0.82 (0.74,0.91)**	0.83 (0.68,1.02)	
私人医疗保险	0.90 (0.58,1.43)	0.74 (0.41,1.34)	
自费	0.49 (0.43,0.57)**	0.70 (0.57,0.86)*	−0.360
配偶	0.63 (0.44,0.89)*	1.21 (0.75,1.94)	
子女	1.80 (1.62,1.99)**	1.11 (0.91,1.34)	
无钱支付	1.90 (0.81,4.49)	0.61 (0.20,1.83)	
其他	1.98 (1.50,2.61)**	1.08 (0.74,1.59)	
获得足够的医疗服务(参照:是)			
否	2.16 (1.78,2.62)**	1.42 (1.09,1.87)*	0.353

注：*表示 $p<0.05$；**表示 $p<0.001$；AOR = Adjusted Odd Ratio。

单因素回归分析共纳入71个变量，15个变量(服用维生素/钙/维生素A和D/DHA/其他营养补充剂的频率、过去24小时内服用过营养补充剂或药物、从家到最近的医院的距离、有公共养老保险/公益医保/城镇职工医疗保险/城镇居民医疗保险/商业医疗保险、社区提供日常购物/社会娱乐/法律援助服务)与衰弱的发生并不显著相关($P>0.05$)，剩余的54个变量与参与者是否衰弱有显著的相关性。对这54个变量进行多重共线性分析，结果显示，各变量的容差均>0.178，膨胀系数均<5.609，表明这些变量没有共线性。在多因素Logistic回归中，只有30个变量与是否衰弱显著相关。最后，使用这30个变量构建衰弱的风险预测模型，并将该模型可视化为列线图(见表5.2)。

在最终的衰弱风险预测模型中,70~99 岁(OR = 3.10,95% CI(2.22,4.34))和 100 岁以上(OR=9.76,95%CI(6.86,13.90))的参与者比 50~69 岁的参与者有更高的衰弱风险。60 岁以前的职业为职员(OR = 0.69,95%CI(0.53,0.91))、自雇人士(OR = 0.60,95%CI(0.37,0.95))、农业、畜牧业、渔业工人(OR = 0.52,95%CI(0.39,0.70))和家务(OR = 0.70,95% CI(0.50,0.99))的参与者,其衰弱风险显著低于职业为专业人员和技术人员的参与者。经济水平自评为贫穷(OR = 1.76,95%CI(1.23,2.54))和非常贫穷(OR = 2.29,95% CI(1.35,3.86))的参与者比经济水平自评为非常富有的参与者表现出更高的衰弱风险。

食用玉米(OR = 1.64,95% CI(1.26,2.14))、小麦(OR = 1.28,95% CI(1.10,1.49))、半米半面粉(OR = 1.44,95% CI(1.26,1.65))和其他(OR = 1.68,95%CI(1.02,2.78))的参与者比将大米作为主食的参与者具有更高的衰弱风险。相比于不刷牙的参与者,偶尔刷牙(OR = 0.72,95%CI(0.61,0.84))、每天一次(OR = 0.52,95%CI(0.46,0.60))、每天两次(OR = 0.38,95% CI(0.32,0.45))和每天三次或更多次(OR = 0.51,95%CI(0.40,0.65))的参与者具有更低的衰弱风险。不经常锻炼的参与者(OR = 4.53,95%(CI 3.95,5.20))比经常锻炼的参与者具有更高的衰弱风险。

当参与者需要分享想法时,首先与孩子、女婿或儿媳交谈(OR = 1.65,95% CI(1.25,2.16))和不与任何人交谈(OR = 2.09,95%CI(1.42,3.10))表现出比首先与配偶交谈的参与者更高的衰弱风险。生病时没有照顾者的参与者(OR = 0.25,95%CI(0.13,0.47))相比于有配偶作为主要照顾者的参与者具有更低的衰弱风险。没有每年定期进行一次体检的参与者(OR = 1.78,95% CI(1.61,1.97))比每年定期进行体检的参与者具有更高的衰弱风险。

3. 衰弱风险预测模型的有效性

为了评估预测模型的效能,采用 ROC 分析(见图 5.1)和校准曲线(见图 5.2)评价模型的区分度和校准度。该预测模型的曲线下面积(AUC)为 0.881(95%CI(0.875,0.887)),与无效模型(机会线)相比,差异具有统计学意义($p<0.05$)。该模型的特异性、敏感性和乔丹指数分别为 0.831、0.773 和 0.604。此外,

Hosmer-Lemeshow 检验的 x^2 值为 6.260($p=0.618$),表明预测概率与真实概率一致,模型拟合度理想(见图 5.2)。

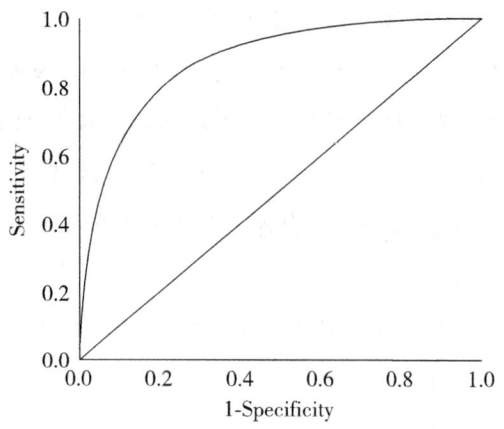

图 5.1 衰弱风险预测模型的 ROC 曲线

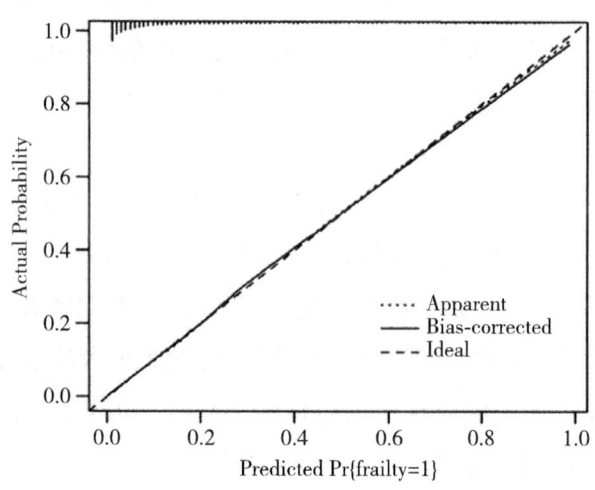

图 5.2 衰弱预测模型的校准曲线

四、结 论

该部分研究分析了社会人口、行为和社会支持因素与衰弱的相关性,并建立了衰弱的风险预测模型。研究结果表明，年龄、民族、居住地、受教育年限、主要职业、经济状况、婚姻状况等社会人口因素，生活条件、饮食模式、吸烟、饮酒、运动和刷牙等行为因素，亲密度、照顾者、医疗资源和体检等社会支持因素与衰弱显著相关。

本部分分析的研究对象衰弱率为 27.2%。现有衰弱率的相关研究中，老年人的衰弱率为 4.0%~27.3%[1]。根据本部分分析结果，女性的 FI 指数较男性高。这与现有的证据一致，即老年女性更衰弱[2]。但在多元 Logistic 回归中，性别与衰弱没有显著关系，这可能是由于"男性女性健康生存悖论"，女性虽然更衰弱（因为她们的健康状况较差）但生存时间更长（因为她们的死亡风险较低）[3]。与 60 岁以前职业为专业技术人员的参与者相比，从事职业为职员、自雇人士、农渔林畜牧和家务的参与者的衰弱风险较低[4]。脑力劳动者可能缺乏身体活动相关，从而导致不健康的结果[5]。主要经济来源为地方政府或社区/自行务工/亲戚的参与者，其衰弱风险低于主要经济来源为退休工资的参与者。退休工资为主要经济来源可能意味着退休前从事的职业属性为国有机构或军队。经济来源为自行务工的参与者一般具有良好的社会参与能力，通过参与工作可以增加社交网络的规模[6]，主要经济来源为地方政府、社区或亲人的参与者可能具有更好的社会支持和环境支持，良好的社会参与和社会支持对健康有积极的影响。在分析经济状

---

[1] Moreira V G, Lourenço R A. Prevalence and factors associated with frailty in an older population from the city of Rio de Janeiro, Brazil: the FIBRA-RJ Study[J]. Clinics (Sao Paulo), 2013, 68(7): 979-985.

[2] Collard R M, Boter H, Schoevers R A, Voshaar R. Prevalence of frailty in community-dwelling older persons: a systematic review[J]. J Am Geriatr Soc., 2012, 60(8): 1487-1492.

[3] Gordon E H, Peel N M, Samanta M, Theou O, Howlett S E, Hubbard R E. Sex differences in frailty: a systematic review and meta-analysis[J]. Exp Gerontol., 2017(89): 30-40.

[4] Iavicoli I, Leso V, Cesari M. The contribution of occupational factors on frailty[J]. Arch Gerontol Geriat., 2018(75): 51-58.

[5] Panahi S, Tremblay A. Sedentariness and Health: is sedentary behavior more than just physical inactivity? [J]. Frontiers in Public Health, 2018(6).

[6] Haapanen M J, von Bonsdorff M B, Perttila N M, Tormakangas T, von Bonsdorff M E, Strandberg A Y, et al. Retirement age and type as predictors of frailty: a retrospective cohort study of older businessmen[J]. BMJ Open, 2020, 10(12).

况对衰弱的影响时，参与者对经济状况的主观满意度可能比具体的收入数据更有价值[1]。相比于独居，与家庭成员一起生活的参与者更容易衰弱，住在养老院的参与者最为衰弱。在使用CLHLS的数据分析居住状况与老年人健康状况的关系时，常可发现独居与更高的健康水平相关。这可能是因为独居意味着更高水平的独立生活能力和更好的健康状况[2]，一般发生照护依赖的参与者无法独立生活而且生存时间更短。此外，独居并不意味着孤独和社会隔离，独居者也可具有稳定的社会参与和良好的社会支持。社会支持系统包括工具性支持、信息性支持、情绪性支持、评价性支持。社会支持体系、社会融合体系对于老年人减轻生活压力、获得情感支撑非常重要。大多数情况下，社会支持系统对于老年人来说是有益的，但社会网络成员间的互动不一定全是正面的，过多的社会支持会使老年人对他人产生强烈的依赖心理，减少体力活动的时间，造成体质的下降，逐步丧失自我生活或自我完成事件的能力和意愿，造成内在能力的下降，引起衰弱[3]。

根据研究结果可知，行为因素中，衰弱的主要危险因素是饮食习惯。以大米为主食的参与者与更低的衰弱风险相关。这个结果可通过饮食原因和地理原因来解释。在中国，以玉米和小麦为主食的北方地区的衰弱程度高于以大米为主食的南方地区[4]。吃猪油的参与者比吃植物油的参与者具有更低的衰弱风险。现有大部分研究结果和社会媒体主张减少饱和脂肪的摄入量以防止肥胖。但是，对于营养不良的衰弱老年人来说，这可能不合适。与口味清淡的参与者相比，口味偏辣的参与者发生衰弱的风险更低。现有研究发现，类花生酸具有抗炎和增强体力活

---

[1] Stephan A J, Strobl R, Holle R, Grill E. Wealth and occupation determine health deficit accumulation onset in Europe-results from the SHARE study[J]. Exp Gerontol, 2018(113): 74-79.

[2] Wong C H, Weiss D, Sourial N, Karunananthan S, Quail J M, Wolfson C, et al. Frailty and its association with disability and comorbidity in a community-dwelling sample of seniors in Montreal: a cross-sectional study[J]. Aging Clin Exp Res., 2010, 22(1): 54-62.

[3] Jeffrey B. Halter, Joseph G. Ouslander, Mary E. Tinetti, Stephanie Studenski, Kevin P. High, Sanjay Asthana. 哈兹德老年医学[M]. 李小鹰，王建业，译. 北京：人民军医出版社，2015.

[4] Xu W, Li Y, Wu C. Incidence of frailty among community-dwelling older adults: a nationally representative profile in China[J]. Bmc Geriatr., 2019, 19(1): 378.

动作用，有助于预防衰弱①。每天吃鸡蛋的参与者比偶尔吃鸡蛋的参与者有更高的衰弱风险，但比从不吃鸡蛋的参与者低。尚不明确为什么每天吃鸡蛋与衰弱的患病率较高有关。一些潜在影响因素可能包括烹饪方法或者其他营养素的摄入情况②。每天吃大蒜的参与者比从不吃大蒜的参与者有更低的衰弱风险。现有研究表明，大蒜具有抗骨质疏松作用，其重要成分大蒜素对生物体衰老具有保护作用③。每天喝牛奶的参与者具有更高的衰弱风险。这与现有的大部分证据不同，目前的研究表明，老年人应该摄入足够的高质量蛋白质，以防止衰弱。喝井水的参与者比喝自来水的参与者有更高的衰弱风险。吸烟和饮酒都与较低的衰弱风险有关。吸烟、饮酒和衰弱之间的关系是双向的，衰弱可能以某种方式避免吸烟和饮酒④，从而表现出衰弱的参与者中有更低的吸烟饮酒率。一些研究还发现，低至中度饮酒与衰弱程度降低有关⑤。

对于社会支持因素，亲密关系在衰弱中起着重要作用。有研究表明，个体的社会网络系统越庞大、与成员之间的联系越紧密时，其生存时间越长⑥。当参与者需要分享他们的想法时，那些首先与配偶交谈的参与者具有最低的衰弱率，其次是那些与他人交谈的参与者，没有人进行交流的参与者具有最高的衰弱风险。

---

① Yokoyama K, Yamada Y, Akamatsu Y, et al. Effects of capsinoids on daily physical activity, body composition and cold hypersensitivity in middle-aged and older adults: a randomized study[J]. Nutrients, 2020, 12(1): 212.

② Yamaguchi M, Yamada Y, Nanri H, Nozawa Y, Itoi A, Yoshimura E, et al. Association between the frequency of protein-rich food intakes and kihon-checklist frailty indices in older Japanese adults: the kyoto-kameoka study[J]. Nutrients, 2018, 10(1): 84.

③ Liu Y, You M, Shen J, Xu Y, Li L, Wang D, et al. Allicin reversed the process of frailty in aging male fischer 344 rats with osteoporosis[J]. The Journals of Gerontology: Series A, 2020, 75(5): 821-825.

④ Woo J, Zheng Z, Leung J, Chan P. Prevalence of frailty and contributory factors in three Chinese populations with different socioeconomic and healthcare characteristics[J]. Bmc Geriatr., 2015(15).

⑤ Trevisan C, Veronese N, Maggi S, Baggio G, Toffanello E D, Zambon S, et al. Factors Influencing Transitions Between Frailty States in Elderly Adults: the progetto veneto anziani longitudinal study[J]. J Am Geriatr Soc., 2017, 65(1): 179-184.

⑥ Jeffrey B. Halter, Joseph G. Ouslander, Mary E. Tinetti, Stephanie Studenski, Kevin P. High, Sanjay Asthana. 哈兹德老年医学[M]. 李小鹰，王建业，译. 北京：人民军医出版社，2015.

第五章 衰弱预测模型的构建

这意味着亲密关系和社会支持对于降低老年人的衰弱风险非常重要，配偶是最好的支持者。同样，当老年人生病时，由配偶照顾的人衰弱的风险最低。这表明配偶是老年人的最佳照顾者，并强调了配偶在提供非正式社会支持方面的关键作用①。

通过全国范围的横断面调查，本部分研究为中国老年人提出了一个衰弱预测模型。这是第一个综合了社会人口因素、行为因素和社会支持因素的衰弱风险预测模型。该模型不仅为预测个体衰弱风险提供参考，还为后续制定衰弱的干预措施提供依据。该部分研究的样本量较大，但由于其研究设计为横截面分析，因此，无法证明各高危因素和衰弱之间的因果关系。

---

① Bond J, Farrow G, Gregson B A, Bamford C, Buck D, McNamee P, et al. Informal caregiving for frail older people at home and in long-term care institutions: who are the key supporters? [J]. Health Soc Care Comm., 1999, 7(6): 434-444.

第六章 衰弱预后模型的构建

第四章分析了我国老年人的衰弱状况,第五章建立了我国老年人衰弱的预测模型。本部分将关注衰弱老年人这一群体,探索衰弱老年人的生存时间、各因素如何影响其生存曲线,并尝试构建衰弱老年人的生存预后模型,为预测衰弱老年人的生存时间并制定干预措施提供参考和依据。

一、研究背景及目的

现有研究表明,衰弱对老年人的健康期望寿命有非常重要的影响,随着生存时间的延长,现仍不明确,在不同的出生队列中衰弱将导致健康期望寿命多大程度上的减少[①]。目前关于衰弱老年人预后的研究大多为横断面研究,内容主要为衰弱可导致更高的医疗资源消耗、更高水平的死亡和养老院入住率、更长的住院时间等不良健康结局。关于衰弱老年人的纵向队列研究和衰弱老年人生存时间的研究非常有限。

同时,也鲜有研究分析何种因素会影响衰弱老年人的生存时间。现有证据集中于衰弱发生的相关因素,例如,性别、年龄等人口学因素、吸烟饮酒等生活方式与衰弱的相关性。但随着老龄化加速,真正需要关注和投入照护精力的正是这些健康水平较差的衰弱老年人。因此,一方面需要关注衰弱的预防,另一方面需要明确衰弱老年人群的健康特征、变化规律和变化轨迹,以更好地在个体和群体水平上应对大规模出现的衰弱老年人,为制定相应的干预措施提供科学依据。

---

① Hoogendijk, E. O., Afilalo, J., Ensrud, K. E., Kowal, P., Onder, G., Fried, L. P. Frailty: implications for clinical practice and public health [J]. The Lancet, 2019, 394 (10206): 1365-1375.

本部分研究将分析我国衰弱老年人的生存时间，探索影响衰弱老年人生存时间的社会人口学因素、生活方式因素、社会支持因素和社会参与因素。建立衰弱老年人的预后模型，构建其生存函数和风险函数。本部分研究为全面了解我国衰弱老年人的生存时间、死亡风险函数及其影响因素提供参考。

二、研究对象及方法

1. 研究对象

本部分研究采用的是 CLHLS 中有生存时间和生存状态信息的老年人，即 2002 年到 2014 年期间纳入的老年人随访数据。在生存分析中，观察起点是指第一次调查的时间，终点状态分为死亡、失访和存活。因此，2002 年队列的老年人进入生存分析的起点为 2002 年，在 2005 年、2008 年、2011 年、2014 年和 2018—2019 年进行随访，记录的最长生存时间是 17 年；2005 年新纳入的老年人的生存分析起点为 2005 年，在 2008 年、2011 年、2014 年和 2018—2019 年进行随访，记录的最长生存时间是 14 年；2008 年新纳入的老年人的生存分析起点为 2008 年，在 2011 年、2014 年和 2018—2019 年进行随访，记录的最长生存时间是 11 年；2011 年新纳入的老年人的生存分析起点为 2011 年，在 2014 年和 2018—2019 年进行随访，记录的最长生存时间是 8 年；2014 年新纳入的老年人的生存分析起点为 2014 年，在 2018—2019 年进行随访，记录的最长生存时间是 5 年。

2. 研究方法

（1）样本量及抽样

本部分研究纳入的样本量为 35104 人，其中衰弱老年人 14840 人，非衰弱老年人 20264 人。在分析衰弱老年人的生存时间、预后模型和生存函数时，纳入分析的仅为 14840 位衰弱的老年人。

（2）资料的收集

本部分研究的目标是分析衰弱老年人的生存时间及其影响因素。纳入的分析变量包括：生存时间、生存状态、社会人口学变量、FI、生活方式变量、社会支持变量和社会参与变量。

(3)资料分析方法

①生存分析。生存分析，也称为事件时间分析(time-to-event analysis)，是将事件的结果和出现这一结果所经历的时间结合起来分析的一类统计分析方法。该方法不仅考虑事件是否出现，也考虑事件出现的时间长短[1]。

生存时间可以广泛地定义为从规定的观察起点到某一给定事件(终点事件)出现的时间。例如，从开始接触某一危险因素至某病发病所经历的时间或癌症患者从术后开始到死亡的时间等。只要按照研究目的规定了观察起点和终点事件，从起点到终点事件发生的时间间隔就是生存时间，可按生存分析方法处理[2]。本研究将终点事件定义为死亡，则生存结局分为死亡与删失，除了死亡以外的其他生存结局都归类为删失，包括失访和存活。

②分析指标。在生存分析中，常用中位生存时间、生存函数、风险函数、死亡概率密度函数描述生存过程，它们是评价预后的主要指标。

死亡概率密度函数记为 f(t)，其定义为：

$$f(t) = \lim_{\Delta t \to 0} \frac{P(t \leq T < t + \Delta t)}{\Delta t}$$

是指所有观察对象在 t 时刻的瞬时死亡率。该函数的曲线下全部面积为1，从开始观察到时间 t 为止的曲线下面积就是死亡累积分布函数或累计死亡概率，简称死亡函数，记为 $F(t)$。时间 t 以右的曲线下面积是生存累计分布函数或累计生存概率，简称生存率或生存函数，记为 $S(t)$，表示个体生存时间 T 大于某时刻 t 的概率，即观察对象经历 t 个单位时间后仍存活的可能性。生存率与累计死亡概率之间的关系为 $S(t) = 1 - F(t)$。

风险函数记为 $h(t)$，定义为

$$h(t) = \frac{f(t)}{S(t)}$$

---

[1] 孙振球，徐勇勇. 医学统计学[M]. 4版. 北京：人民卫生出版社，2016.
[2] 王建文. 生存分析参数回归模型拟合及其SAS实现[D]. 太原：山西医科大学，2008.

表示已生存到时间 t 的观察对象在 t 时刻的瞬时死亡率。累积风险函数（cumulative hazard function）记为 $H(t)$，与生存函数之间的关系为 $H(t) = -\ln S(t)$[①]。

③分析方法。生存时间资料的特点包括：生存时间是正值且往往呈偏态分布；需同时考虑生存时间和生存结局；通常含有删失数据，需要考虑删失[②]。所以生存时间资料不适合采用基于正态分布理论上的统计方法[③]。常采用非参数统计、半参数统计和参数统计方法分析生存数据，包括：KM 法、Log-rank 检验与 Breslow 检验（也称为 Wilcoxon 检验）、多因素分析方法等。

KM 法是一种非参数分析方法，可根据生存时间的分布，描述并估计生存率及中位生存时间，以生存概率曲线的方式展示，从而分析生存特征。Log-rank 检验和 Breslow 检验通过生存率及其标准误比较两组或多组间的生存曲线是否有差异，也属于非参数分析方法。这些非参数检验在分析单个因素对生存时间和结局的影响时非常简洁、直观和高效，但在同时分析多个因素对生存时间和结局的影响时，变得难以进行和解释。

多因素分析方法是用各种数学模型描述和表达数据资料的特点及其分布规律，通过生存分析模型探讨影响生存时间的多个因素。常以生存时间和生存结局为因变量，通过拟合生存分析模型，筛选出影响生存时间的有利因素和有害因素。常用的生存分析模型有半参数模型和参数模型两类。如果总体分布未知，通常采用半参数生存分析模型，主要为 Cox 比例风险回归模型。当观测总体的分布类型已知时，可采用参数方法建模，例如：Weibull 分布、指数分布等。

④半参数分析方法。Cox 比例风险回归模型（Cox's proportional hazards regression model，以下简称 Cox 回归）是目前进行多因素生存分析的主要方法，应用十分广泛，它非常适用于分析多种因素对于生存时间的影响。该模型在应用上相对简单，不需要考虑生存时间服从何种分布，模型的基本形式为：

$$h(t, X) = h_0(t)\exp(\beta'X) = h_0(t)\exp(\beta_1 X_1 + \beta_2 X_2 + \cdots + \beta_m X_m)$$

[①] 孙振球，徐勇勇. 医学统计学[M]. 4 版. 北京：人民卫生出版社，2016.
[②] 张慧敏. 基于联合模型的纵向和生存数据统计方法探讨[D]. 南京：东南大学，2019.
[③] 王建文. 生存分析参数回归模型拟合及其 SAS 实现[D]. 太原：山西医科大学，2008.

其中，$h(t, X)$ 是具有协变量 X 的个体在时刻 t 的风险函数，t 为生存时间，$X = (X_1, X_2, X_3, \cdots, X_m)$ 是可能影响生存时间的协变量，$h_0(t)$ 是所有协变量取值为 0 时的风险函数，称为基线风险函数（baseline harzard function）。$\beta = (\beta_1, \beta_2, \cdots, \beta_m)$ 为回归系数，是一组待估计的回归参数，当 $\beta_j > 0$，X_j 取值越大时，$h(t, X)$ 的值越大，表示患者死亡的风险越大。由于 $h_0(t)$ 不需要服从特定的分布形状，具有非参数的特点，指数部分 $\exp(\beta'X)$ 具有参数模型的形式，因此，Cox 回归又称为半参数模型。

Cox 回归的主要前提条件是假定风险比值（proportional hazard）$\dfrac{h(t)}{h_0(t)}$ 是固定值，即协变量对生存率的影响不随时间改变而改变。只有当比例风险假定（PH 假定）得到满足时，Cox 回归的结果才有效。

⑤参数分析方法。虽然可以不管数据分布而直接使用 Cox 回归，但实际情况下，很多资料的协变量不能满足 PH 假定，从而使分析结果不能反映真实情况。此时，可采用参数回归模型替代 Cox 回归进行分析。参数回归模型是在各种生存时间的分布概率模型基础上建立的，它可以估计出影响因素对风险函数的影响及各时点的生存率。

参数回归分析的一个重要内容是分布拟合。通常，描述生存时间分布的模型有指数分布、Weibull 分布、对数正态分布、Gamma 分布、对数 Log-logistic 分布、灵活参数分布等。特定参数的回归模型就是在特定分布的基础上引入危险因素后的模型。

本研究首先采用非参数方法描述衰弱老年人的生存曲线和特征，用 Log-rank 检验比较不同性别和不同年龄组衰弱老年人的生存时间。其次采用 Cox 回归对影响衰弱老年人生存时间的因素进行单因素和多因素分析，并拟合基于 Cox 回归的我国衰弱老年人的预后模型。最后采用参数模型判断我国衰弱老年人生存时间的分布，拟合衰弱老年人的预后模型并绘制衰弱老年人的生存函数和风险函数。

⑥资料分析工具。采用 SPSS26.0，Stata15.0 和 R4.0 统计软件进行数据分析。统计检验水平设为 $\alpha = 0.05$。以 $P < 0.05$ 作为差异有统计学意义的判定标准。

三、结　果

1. 我国衰弱老年人的生存时间

(1) 总体衰弱老年人生存时间

本部分研究对象的基本信息见表6.1。由表6.1可知,有生存信息的老年人共35104人,其中衰弱老年人一共有14840人。衰弱老年人中女性占比为71.1%,100岁以上老年人占比最高,为43.1%。

表6.1　CLHLS 2002—2014年纳入的所有老年人的基本信息($n=35104$)

指标	总人数(%)	FI	非衰弱(n=20264)	衰弱(n=14840)
性别				
男	14626(41.7)	0.189±0.001	10332(51.0)	4294(28.9)
女	20478(58.3)	0.275±0.001	9932(49.0)	10546(71.1)
年龄(岁)				
60~69	4238(12.1)	0.087±0.001	4041(19.9)	197(11.3)
70~79	4894(13.9)	0.120±0.075	4369(21.6)	525(13.5)
80~89	8561(24.4)	0.200±0.002	5928(29.3)	2633(17.7)
90~99	9267(26.4)	0.287±0.002	4171(20.6)	5096(34.3)
≥100	8144(23.2)	0.377±0.002	1755(18.7)	6389(43.1)

采用KM法比较衰弱老年人和非衰弱老年人的生存时间和生存率,并绘制生存曲线,两组老年人的生存时间见表6.2,生存曲线见图6.1。Log-rank检验的卡方值为5731.96, $P<0.001$。

表6.2　非衰弱与衰弱老年人平均生存时间和中位生存时间

组别	样本量	平均生存时间	95%CI		中位生存时间	95%CI	
			下限	上限		下限	上限
非衰弱	20264	9.071±0.049	8.975	9.167	8±0.094	7.816	8.184

续表

组别	样本量	平均生存时间	95%CI		中位生存时间	95%CI	
			下限	上限		下限	上限
衰弱	14840	4.157±0.041	4.076	4.237	3±0.030	2.942	3.058
合计	35104	7.151±0.037	7.079	7.223	5±0.045	4.912	5.088

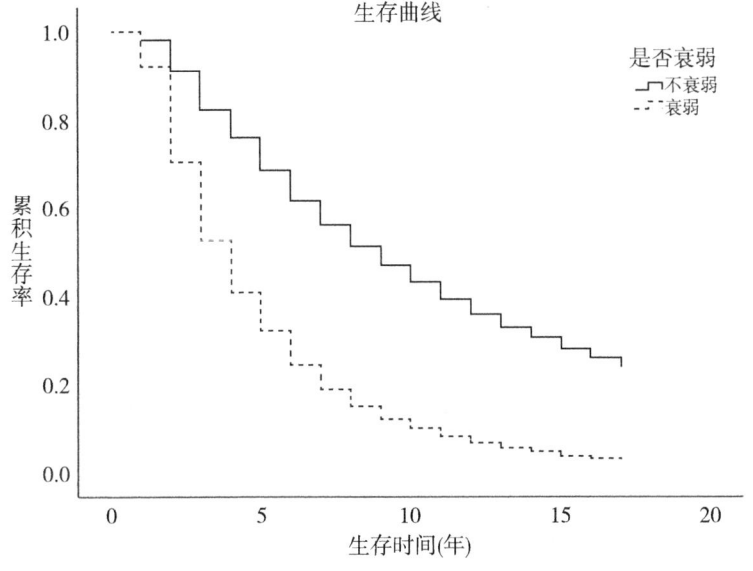

图 6.1 非衰弱与衰弱老年人的生存曲线

由表 6.2 和图 6.1 可知，非衰弱组老年人的中位生存时间为 8 年，衰弱组老年人的中位生存时间为 3 年，两组的生存时间显著不同。

(2) 不同性别衰弱老年人生存时间

由上一步分析可知，衰弱老年人中的女性占比为 71.1%，而非衰弱老年人中的女性占比为 49.0%，衰弱老年人多为女性，非衰弱老年人多为男性。

由于性别可影响老年人的衰弱水平，此处分性别进一步分析衰弱与非衰弱老年人生存时间的差异。采用 KM 法分别比较男性和女性老年人中衰弱与非衰弱老年人中位生存时间的差异，生存时间见表 6.3，生存曲线见图 6.2。结果发现，无论是在男性还是女性老年人中，衰弱老年人的中位生存时间均为 3 年，非衰弱老年人的中位生存时间均为8年。男性老年人中衰弱与非衰弱老年人生存时间的Log-rank检验的卡方值为2297.73，$P<0.001$，女性老年人中Log-rank检验的卡方值为3589.98，$P<0.001$。从图6.2可以看出，无论是在男性还是女性老年人中，衰弱老年人与非衰弱老年人的生存曲线都差异明显，差异的模式和形态在不同性别之间类似。

表6.3　男性非衰弱与衰弱老年人的中位生存时间与女性非衰弱与衰弱老年人的中位生存时间

组别	男性		95%CI		女性		95%CI	
	样本量	中位生存时间	下限	上限	样本量	中位生存时间	下限	上限
非衰弱	10332	8.000	7.746	8.254	10546	8.000	7.718	8.282
衰弱	4294	3.000	2.892	3.108	9932	3.000	2.933	3.067
合计	14626	6.000	5.840	6.160	20478	5.000	4.902	5.098

(3) 不同年龄衰弱老年人生存时间

由上一步分析可知，衰弱老年人中≥100岁的占比为43.1%，60~69岁的占比为1.3%，而非衰弱老年人中≥100岁的占比为8.7%，60~69岁的占比为19.9%。衰弱老年人中高龄老人占比高，非衰弱老年人中低龄老年人占比高。

由于年龄可影响老年人的衰弱水平，此处分年龄分析衰弱与非衰弱老年人中位生存时间的差异，结果见表6.4，生存曲线见图6.3。结果发现，年龄越低，衰弱老年人与非衰弱老年人生存时间的差异越明显，超过80岁的老年人中，衰弱与非衰弱的中位生存时间差异不超过3年。从图6.3中可以看出，年龄越大，衰弱与非衰弱老年人的生存曲线越接近。60~69岁组、70~79岁组、80~89岁组、90~99岁组和≥100岁组老年人中，衰弱与非衰弱老年人生存时间Log-rank检验的卡方值分别为92.006、175.493、461.521、295.085和90.578，P值均小于0.001。

三、结 果

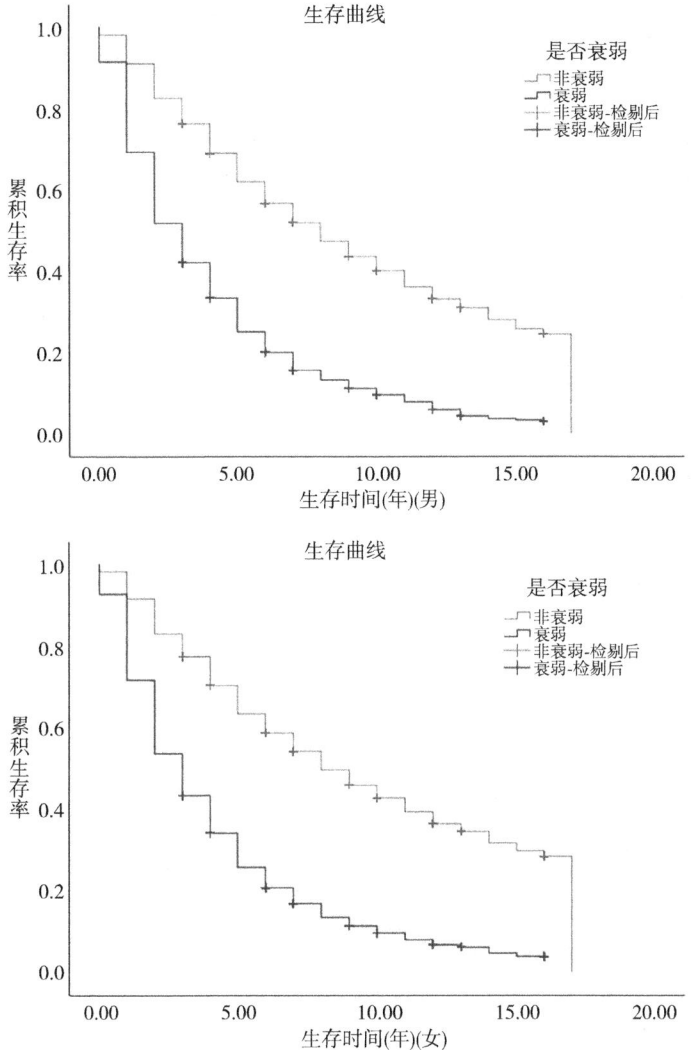

图 6.2 男性(上)和女性(下)非衰弱与衰弱老年人的生存曲线

表 6.4 不同年龄组非衰弱与衰弱老年人的中位生存时间

年龄	衰弱				非衰弱			
（岁）	样本量	中位生存时间	95%CI		样本量	中位生存时间	95%CI	
			下限	上限			下限	上限
60~69	198	12.000	8.905	15.095	4041	17.000	14.182	19.821
70~79	529	7.000	6.225	7.775	4369	12.000	11.564	12.436

123

续表

年龄（岁）	衰弱				非衰弱			
	样本量	中位生存时间	95%CI		样本量	中位生存时间	95%CI	
			下限	上限			下限	上限
80~89	2646	4.000	3.781	4.219	5928	7.000	6.776	7.224
90~99	5130	3.000	2.906	3.094	4171	4.000	3.854	4.146
≥100	6448	2.000	1.921	2.079	1755	3.000	2.809	3.191

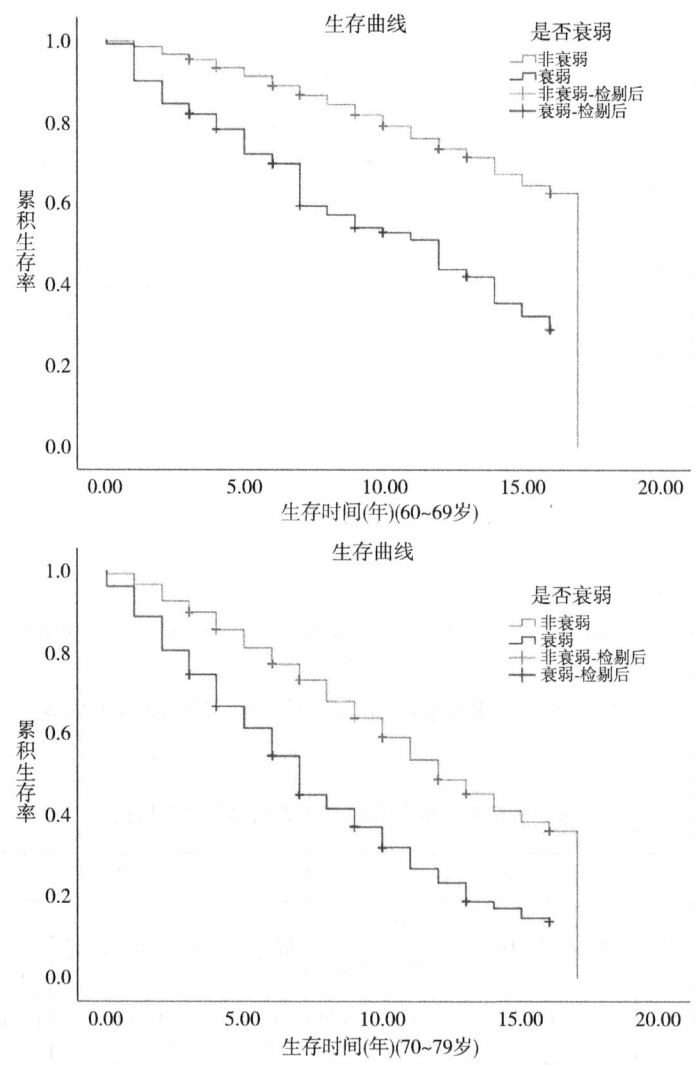

三、结 果

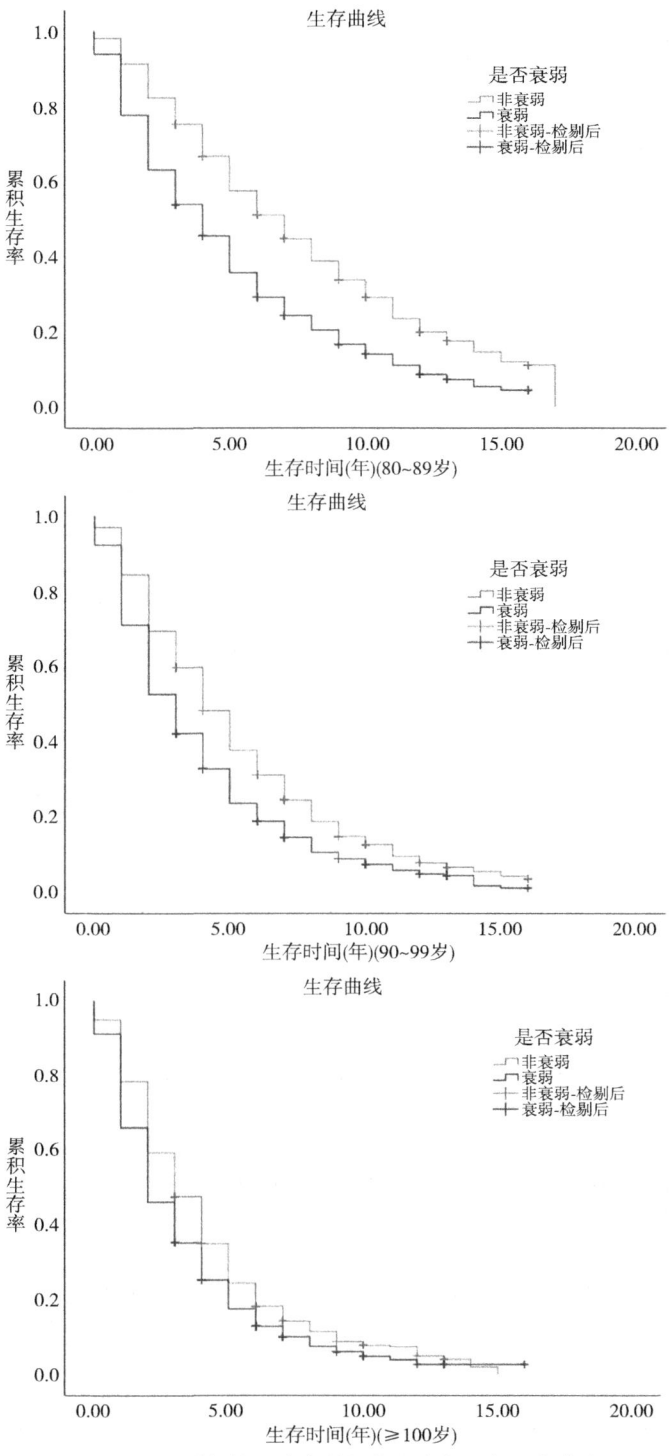

图 6.3 不同年龄组非衰弱与衰弱老年人的生存曲线

2. 影响我国衰弱老年人生存时间的因素

(1) 不同性别和年龄衰弱老年人生存时间的比较

采用 KM 法分别比较不同性别衰弱老年人和不同年龄组衰弱老年人的生存时间，并绘制生存曲线，不同性别衰弱老年人生存时间的 Log-rank 检验卡方值为 4.329，$P=0.037$，具体见表 6.5，生存曲线见图 6.4。由表 6.5 和图 6.4 可知，女性衰弱老年人的生存时间比男性略高，平均生存时间为 4.2 年，男性平均生存时间为 4.04 年，差异有统计学意义。

不同年龄组衰弱老年人生存时间的 Log-rank 检验有统计学意义，见表 6.6，具体生存时间见表 6.5，生存曲线见图 6.5。由表 6.5、表 6.6 和图 6.5 可知，衰弱老年人的生存时间随着年龄的增长呈现递减的变化规律，60~69 岁衰弱老年人的中位生存时间为 12 年，100 岁以上老年人的中位生存时间为 2 年。各组之间的差异均有统计学意义。

表 6.5　不同性别和年龄衰弱老年人的平均生存时间和中位生存时间

变量	样本量	平均生存时间	95%CI		中位生存时间	95%CI	
			下限	上限		下限	上限
性别							
男	4294	4.041±0.076	3.893	4.189	13±0.056	2.889	3.111
女	10546	4.203±0.049	4.107	4.298	13±0.035	2.932	3.068
年龄(岁)							
60~69	197	10.012±0.488	9.056	10.968	12±1.586	8.905	15.095
70~79	525	17.811±0.264	7.293	8.328	17±0.319	6.225	7.775
80~89	2633	15.115±0.098	4.922	5.307	14±0.113	3.781	4.219
90~99	5096	13.924±0.063	3.800	4.048	13±0.048	2.906	3.094
≥100	6389	13.379±0.060	3.262	3.497	12±0.042	1.921	2.079

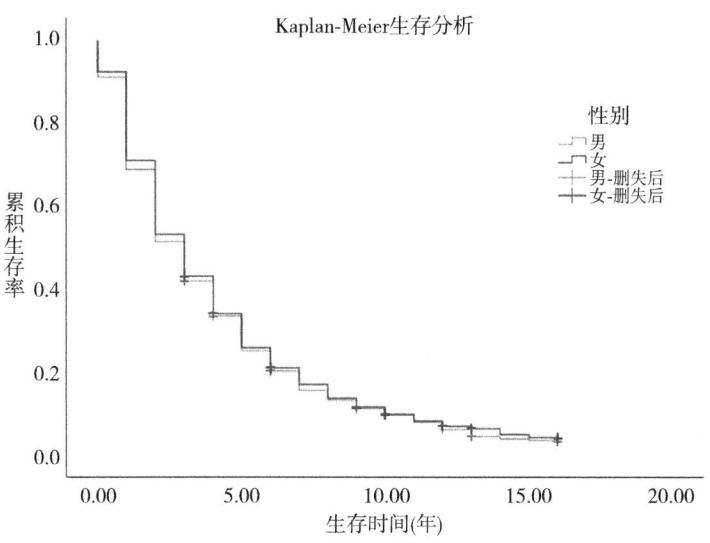

图 6.4　不同性别衰弱老年人的生存曲线

表 6.6　　　　　　　不同年龄衰弱老年人生存时间的 **Log-rank** 检验

年龄(岁)	60~69		70~79		80~89		90~99	
	χ^2	P	χ^2	P	χ^2	P	χ^2	P
70~79	15.090	0.000	—	—	—	—	—	—
80~89	102.100	0.000	106.345	0.000	—	—	—	—
90~99	179.203	0.000	259.543	0.000	125.284	0.000	—	—
≥100	229.735	0.000	378.727	0.000	335.188	0.000	71.638	0.000

(2)影响衰弱老年人生存时间的多因素分析

上一步已经发现性别和年龄对衰弱老年人的生存时间具有显著的影响。这一部分将探索和分析更多的、可能对衰弱老年人生存时间产生影响的因素。

首先筛选出 CLHLS 数据中可能影响衰弱老年人生存时间的因素,包括:社会人口学变量、生活方式变量、社会参与变量和社会支持变量,具体见表 6.7。其次采用容忍度和方差膨胀因子(VIF)诊断各协变量之间是否存在多重共线性,结果见表 6.8,所有协变量的容忍度均>0.1,VIF 均<10,表明各协变量间无明显多重共线性关系,可将所有协变量一次性纳入 Cox 回归。

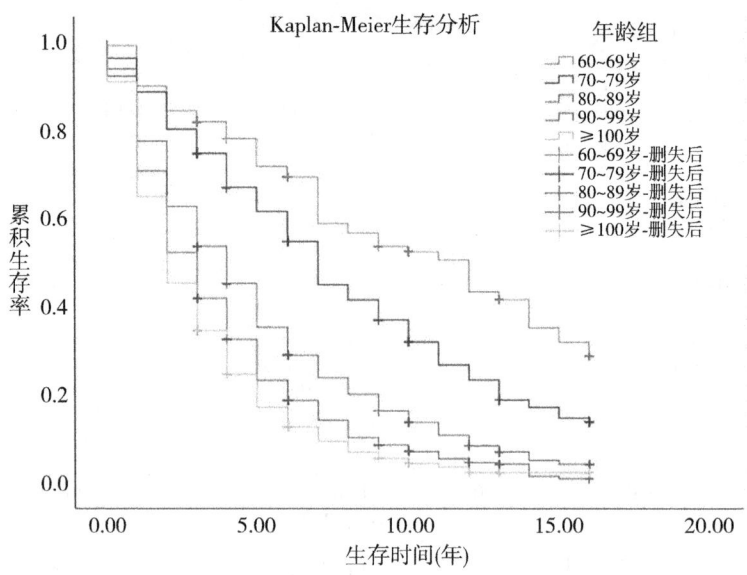

图 6.5　不同年龄组衰弱老年人的生存曲线

随后，针对每个协变量进行 Cox 回归，采用时协变量法验证各协变量是否满足 PH 假定，即在模型中加入一个生存时间与协变量的交互作用项，然后检验该交互项是否在模型中有意义，$P<0.05$ 时拒绝 PH 假定，无法纳入 Cox 回归，结果见表 6.8。

由表 6.8 可知，FI，受教育时间、居住地、家庭人均年收入、吃豆制品的频率、现在是否锻炼身体、现在是否做家务、现在是否进行个人户外运动、是否饲养家禽、是否打牌/麻将，需要帮助时的主要帮助者和能否得到及时医治这些协变量不满足 PH 假定，$P<0.05$。此外，将年龄分组后作为分类变量进行 PH 假定检验时 $P<0.05$，违反了 PH 假定，而将年龄作为连续变量进行检验时并不违反 PH 假定。因此，在 Cox 回归中，将年龄作为连续变量纳入模型。对于协变量 FI，无论是将 FI 作为连续变量还是分类变量，均拒绝 PH 假定，无法纳入模型。

表 6.7　　　　　　　　　　　变量赋值表

协变量	因素	分组及赋值
frailtyindex	衰弱等级	$1=0.2-0.27$（参照）；$2=0.27-0.33$；$3=0.33-0.46$；$4=0.46-0.60$；$5=>0.60$

续表

协变量		因素	分组及赋值
社会人口学变量	a1	性别	1=男(参照);2=女
	trueage	年龄(岁)	1=60-69(参照);2=70-79;3=80-89;4=90-99;5=≥100
	a2	民族	1=汉(参照);2=其他
	a43	出生地	1=城市(参照);2=农村
	f1	受教育时间(年)	1=文盲(参照);2=1-6;3=>6
	f2	60岁前主要职业	0=专业技术人员(参照);1=政府、机构或管理人员;2=员工/服务人员/工业工人;3=自雇人士;4=农业渔业林业畜牧业人员;5=家务;6=军事人员;7=待业;8=其他
	f41	婚姻状况	1=已婚并与伴侣居住(参照);2=分居;3=离婚;4=丧偶;5=未婚
	residenc	居住地	1=城市(参照);2=城镇;3=农村
	f35	家庭人均年收入(万元)	1=≤0.1(参照);2=10.1-0.3;3=0.3-0.8;4=0.8-1.0;5=1.0-8.0;6=>8.0
	f33	收入是否够用	1=是(参照);2=否
	a51	居住情况	1=与家人居住(参照);2=独自居住;3=养老机构
生活方式变量	d2	每天主食量(kg)	1=<0.2(参照);2=0.2-0.3;3=0.3-0.5;4=>0.5
	d31	吃水果的频率	1=几乎每天(参照);2=经常吃;3=有时吃;4=很少或从不吃
	d32	吃蔬菜的频率	1=几乎每天(参照);2=经常吃;3=有时吃;4=很少或从不吃
	d4meat2	吃肉的频率	1=几乎每天(参照);2=偶尔;3=几乎不吃
	d4fish2	吃鱼等水产品的频率	1=几乎每天(参照);2=偶尔;3=几乎不吃
	d4egg2	吃鸡蛋的频率	1=几乎每天(参照);2=偶尔;3=几乎不吃
	d4bean2	吃豆制品的频率	1=几乎每天(参照);2=偶尔;3=几乎不吃
	d4veg2	吃腌咸菜或泡菜的频率	1=几乎每天(参照);2=偶尔;3=几乎不吃
	d4suga2	吃白糖或糖果的频率	1=几乎每天(参照);2=偶尔;3=几乎不吃
	d4garl2	吃大蒜的频率	1=几乎每天(参照);2=偶尔;3=几乎不吃
	d4tea2	喝茶的频率	1=几乎每天(参照);2=偶尔;3=几乎不吃
	d71	现在是否吸烟	1=是(参照);2=否
	d81	现在是否喝酒	1=是(参照);2=否
	d91	现在是否锻炼身体	1=是(参照);2=否

续表

协变量		因素	分组及赋值
社会参与变量	d11a	是否做家务	1=几乎每天(参照);2=不是每天,但每周至少一次;3=不是每周,但每月至少一次;4=不是每月,但有时;5=不做
	d11b	是否进行个人户外运动	1=几乎每天(参照);2=不是每天,但每周至少一次;3=不是每周,但每月至少一次;4=不是每月,但有时;5=不做
	d11c	是否种花养鸟	1=几乎每天(参照);2=不是每天,但每周至少一次;3=不是每周,但每月至少一次;4=不是每月,但有时;5=不做
	d11d	是否阅读书报	1=几乎每天(参照);2=不是每天,但每周至少一次;3=不是每周,但每月至少一次;4=不是每月,但有时;5=不做
	d11e	是否饲养家禽	1=几乎每天(参照);2=不是每天,但每周至少一次;3=不是每周,但每月至少一次;4=不是每月,但有时;5=不做
	d11f	是否打牌/麻将	1=几乎每天(参照);2=不是每天,但每周至少一次;3=不是每周,但每月至少一次;4=不是每月,但有时;5=不做
	d11g	是否看电视听广播	1=几乎每天(参照);2=不是每天,但每周至少一次;3=不是每周,但每月至少一次;4=不是每月,但有时;5=不做
	d11h	参加社会活动	1=几乎每天(参照);2=不是每天,但每周至少一次;3=不是每周,但每月至少一次;4=不是每月,但有时;5=不做
	d12	外出旅游(次)	0=0(参照);1=≥1
社会支持变量	e610	需帮助时的主要帮助者	1=配偶(参照);2=子女;3=儿媳和女婿;4=其他;5=无人帮助;6=不需要帮助
	f34	经济水平自评	1=困难(参照);2=一般;3=富裕
	f5	生病时主要照料者	1=配偶(参照);2=子女;3=其他;4=无人照料
	f61	能及时得到医治吗	1=能(参照);2=不能
	f10	一共生过几个孩子	1=0(参照);2=1;3=2-4;4=5-7;5=≥8
	f113a	如遇困难最先找谁解决	1=配偶(参照);2=子女女婿儿媳;3=其他;4=无人照料

将满足 PH 假定的各协变量依次纳入 Cox 回归进行单因素分析,各协变量的风险比(Hazard ratio,HR)和 95% 置信区间(95%CI)见表 6.9 中的单因素分析栏。由结果可知,多数协变量的 HR 在单因素 Cox 回归分析中有统计学差异,不具有统计学差异的协变量包括:性别、吃肉的频率、吃鸡蛋的频率、吃大蒜的频率、现在是否吸烟、自评经济水平、生过几个孩子。采用 KM 法验证 Cox 回归单因素分析,结果发现,只有性别和吃鸡蛋的频率这两个协变量的 Log-rank 检验结果与 Cox 单因素回归分析的结果有差异。在 Log-rank 检验中,偶尔吃鸡蛋的衰弱老年人的生存时间(平均值为 4.162)显著($P=0.045$)低于几乎每天都吃鸡蛋的衰弱老年人(平均值生存时间为 4.292)。性别变量在 Log-rank 检验中有显著统计学差异,但是在单因素 Cox 回归中没有统计学差异。

表 6.8 **各协变量的多重共线性诊断和 PH 假定检验**

协变量	共线性诊断		PH 检验		协变量	共线性诊断		PH 检验	
	容忍度	VIF	χ^2	P		容忍度	VIF	χ^2	P
frailtyindex	0.747	1.338	21.190	0.000	d4garl2	0.895	1.117	12.370	0.306
a1	0.642	1.557	10.870	0.352	d4tea2	0.877	1.140	10.430	0.808
trueage	0.723	1.382	13.190	0.074	d71	0.895	1.118	10.990	0.320
a2	0.956	1.046	10.040	0.834	d81	0.924	1.083	10.290	0.591
a43	0.822	1.216	10.020	0.875	d91	0.792	1.262	13.640	0.000
f1	0.619	1.616	16.790	0.034	d11a	0.716	1.397	19.190	0.001
f2	0.795	1.258	15.340	0.720	d11b	0.702	1.424	18.800	0.001
f41	0.611	1.638	11.260	0.869	d11c	0.863	1.159	17.220	0.059
residenc	0.711	1.407	16.400	0.041	d11d	0.698	1.432	12.090	0.720
f35	0.760	1.316	17.160	0.004	d11e	0.818	1.222	12.580	0.014
f33	0.698	1.432	10.700	0.402	d11f	0.924	1.082	12.550	0.014
a51	0.752	1.330	12.260	0.323	d11g	0.751	1.332	14.090	0.394
d2	0.935	1.070	12.160	0.541	d11h	0.916	1.091	15.200	0.267
d31	0.747	1.338	17.020	0.071	d12	0.973	1.027	13.840	0.050
d32	0.872	1.147	12.330	0.507	e610	0.787	1.270	12.610	0.027
d4meat2	0.753	1.329	10.250	0.883	f34	0.660	1.514	10.140	0.932

续表

协变量	共线性诊断		PH 检验		协变量	共线性诊断		PH 检验	
	容忍度	VIF	χ^2	P		容忍度	VIF	χ^2	P
d4fish2	0.734	1.362	10.050	0.975	f5	0.551	1.814	16.200	0.102
d4egg2	0.763	1.311	11.340	0.513	f61	0.810	1.235	14.730	0.030
d4bean2	0.827	1.210	16.280	0.043	f10	0.950	1.052	14.350	0.360
d4veg2	0.880	1.137	10.520	0.771	f113a	0.648	1.543	12.950	0.400
d4suga2	0.892	1.121	10.820	0.663					

随后，将不违反比例风险假定的所有协变量纳入 Cox 比例风险回归模型，多因素分析结果见表6.9中的多因素分析栏。结果显示，在控制了其他协变量后，能显著（$P<0.05$）影响我国衰弱老年人生存时间的因素包括：性别、出生地、居住情况、主食量、吃水果的频率、吃蔬菜的频率、吃鱼的频率、吃糖的频率、是否种花养鸟、是否看电视听广播。控制了其他协变量之后，我国衰弱老年人中，女性发生死亡的风险是男性风险的 79.3%（95%CI（0.754，0.835））；年龄每增加一岁，发生死亡的风险增加 2.8%（95%CI（1.025，1.032））；出生在农村发生死亡的风险比出生在城市高 7.5%（95%CI（1.025，1.032））；独自居住发生死亡的风险是与家人居住的 91.2%（95%CI（0.853，0.975））；每天吃 0.3~0.5kg 主食发生死亡的风险是每天吃主食少于 0.2kg 的 94.6%（95%CI（0.896，0.999））；有时吃水果发生死亡的风险比几乎每天吃水果高 10.5%（95%CI（1.025，1.191））；很少或从不吃水果发生死亡的风险比几乎每天吃水果高 15.2%（95%CI（1.066，1.245））；很少或从不吃蔬菜发生死亡的风险比几乎每天吃蔬菜高 9.2%（95%CI（1.003，1.189））；几乎不吃鱼等水产品发生死亡的风险比几乎每天吃鱼等水产品高 7.4%（95%CI（1.004，1.147））；偶尔吃白糖或糖果发生死亡的风险是几乎每天吃白糖或糖果的 89.7%（95%CI（0.853，0.944））；几乎不吃白糖或糖果发生死亡的风险是几乎每天吃白糖或糖果的 84.2%（95%CI（0.800，0.885））；不种花养鸟发生死亡的风险比几乎每天种花养鸟的风险高 24.6%（95%CI（1.074，1.445））；不是每周但至少每月一次看电视听广播发生死亡的风险比几乎每天看电视听广播高 11.9（95%CI（1.008，1.242））；不看电视听广播发生死亡的风险比几乎每天看电视听广播高 20.3（95%CI（1.139，1.271））。即衰弱老年人死亡

的危险因素包括:年龄增长,出生地为农村,不吃或少吃水果,很少吃蔬菜,不吃鱼等水产品,不种花养鸟,不经常或从不看电视听广播;保护因素包括:女性,独自居住,每天吃0.3~0.5kg主食,偶尔吃或不吃白糖或糖果。

表6.9 基于Cox比例风险回归模型的各协变量单因素分析和多因素分析($n=14840$)

协变量	单因素分析				多因素分析			
	HR	95%CI		P	HR	95%CI		P
		下限	上限			下限	上限	
性别(参照:男性)								
女	0.979	0.938	1.023	0.343	0.793	0.754	0.835	0.000
年龄	1.034	1.031	1.036	0.000	1.028	1.025	1.032	0.000
民族(参照:汉族)								
其他	1.149	1.058	1.248	0.001	1.079	0.989	1.178	0.087
出生地(参照:城市)								
农村	1.243	1.169	1.322	0.000	1.075	1.007	1.146	0.029
60岁前主要职业(参照:专业技术员)								
政府/机构	0.988	0.801	1.219	0.912	1.108	0.878	1.398	0.387
工业/服务	1.017	0.878	1.179	0.821	1.029	0.865	1.225	0.746
自雇人士	1.097	0.890	1.351	0.386	1.085	0.851	1.384	0.510
农渔林畜牧	1.340	1.172	1.532	0.000	1.089	0.919	1.292	0.325
家务	1.224	1.063	1.410	0.005	1.062	0.892	1.265	0.498
军事人员	1.122	0.859	1.466	0.399	0.923	0.671	1.271	0.625
待业	0.959	0.756	1.217	0.730	0.970	0.734	1.283	0.833
其他	1.290	1.046	1.590	0.017	1.172	0.923	1.488	0.194
婚姻(参照:已婚并与伴侣居住)								
分居	1.312	1.056	1.631	0.014	1.176	0.914	1.513	0.208
离婚	1.399	0.984	1.989	0.061	1.354	0.918	1.999	0.127
丧偶	1.428	1.341	1.521	0.000	1.097	1.980	1.227	0.108
未婚	1.304	1.047	1.624	0.018	1.121	0.803	1.563	0.503

续表

协变量	单因素分析				多因素分析			
	HR	95%CI		P	HR	95%CI		P
		下限	上限			下限	上限	
钱是否够用(参照：是)								
否	0.953	0.910	0.997	0.036	0.966	0.908	1.028	0.276
居住情况(参照：与家人居住)								
独自居住	0.888	0.834	0.945	0.000	0.912	0.853	0.975	0.007
养老机构	0.804	0.722	0.894	0.000	0.959	0.840	1.094	0.530
每天主食量(kg)(参照：<0.2)								
0.2~0.3	0.935	0.894	0.977	0.003	0.962	0.921	1.004	0.077
0.3~0.5	0.943	0.893	0.996	0.035	0.946	0.896	0.999	0.047
>0.5	1.044	0.891	1.224	0.595	1.057	0.907	1.232	0.476
吃水果的频率(参照：几乎每天)								
经常吃	1.066	0.992	1.145	0.080	1.050	0.971	1.134	0.220
有时吃	1.128	1.048	1.206	0.000	1.105	1.025	1.191	0.009
很少或从不吃	1.196	1.114	1.284	0.000	1.152	1.066	1.245	0.000
吃蔬菜的频率(参照：几乎每天)								
经常吃	1.048	1.005	1.093	0.028	1.008	0.963	1.054	0.736
有时吃	1.064	1.004	1.128	0.035	0.996	0.936	1.059	0.892
很少或从不吃	1.241	1.147	1.344	0.000	1.092	1.003	1.189	0.042
吃肉的频率(参照：几乎每天)								
偶尔	0.986	0.943	1.031	0.527	0.975	0.928	1.024	0.187
几乎不吃	0.972	0.922	1.025	0.295	0.951	0.896	1.011	0.106
吃鱼等水产品的频率(参照：几乎每天)								
偶尔	1.026	0.968	1.087	0.392	1.016	0.953	1.082	0.634
几乎不吃	1.117	1.052	1.186	0.000	1.074	1.004	1.147	0.038
吃鸡蛋的频率(参照：几乎每天)								
偶尔	0.964	0.925	1.004	0.075	0.987	0.942	1.033	0.860
几乎不吃	0.954	0.905	1.007	0.085	0.999	0.941	1.062	0.920

续表

协变量	单因素分析				多因素分析			
	HR	95%CI		P	HR	95%CI		P
		下限	上限			下限	上限	
吃腌咸菜或泡菜的频率(参照：几乎每天)								
偶尔	1.034	0.975	1.096	0.266	1.043	0.976	1.115	0.214
几乎不吃	1.098	1.043	1.157	0.000	1.055	0.992	1.121	0.084
吃白糖或糖果的频率(参照：几乎每天)								
偶尔	0.855	0.814	0.898	0.000	0.897	0.853	0.944	0.000
几乎不吃	0.783	0.746	0.822	0.000	0.842	0.800	0.885	0.000
吃大蒜的频率(参照：几乎每天)								
偶尔	1.009	0.950	1.073	0.764	0.973	0.908	1.043	0.443
几乎不吃	1.038	0.979	1.101	0.215	0.997	0.931	1.068	0.938
喝茶的频率(参照：几乎每天)								
偶尔	1.021	0.954	1.092	0.549	1.012	0.939	1.091	0.748
几乎不吃	1.090	1.038	1.038	0.001	1.047	0.989	1.109	0.114
现在是否吸烟(参照：是)								
否	1.006	0.943	1.072	0.862	1.009	0.935	1.089	0.814
现在是否喝酒(参照：是)								
否	0.931	0.882	0.983	0.010	0.956	0.895	1.020	0.173
是否种花养鸟(参照：几乎每天)								
不是每天，但每周至少一次	1.155	0.905	1.475	0.246	1.132	0.889	1.442	0.313
不是每周，但每月至少一次	0.983	0.725	1.333	0.913	0.942	0.690	1.284	0.704
不是每月，但有时	1.147	0.915	1.440	0.234	1.048	0.834	1.317	0.686
不做	1.620	1.403	1.872	0.000	1.246	1.074	1.445	0.004
是否阅读书报(参照：几乎每天)								
不是每天，但每周至少一次	1.039	0.852	1.267	0.708	1.005	0.810	1.247	0.963
不是每周，但每月至少一次	1.000	0.782	1.279	0.998	0.977	0.746	1.281	0.868
不是每月，但有时	1.131	0.913	1.402	0.260	1.093	0.856	1.396	0.476
不做	1.469	1.309	1.649	0.000	1.093	0.945	1.263	0.231

续表

协变量	单因素分析				多因素分析			
	HR	95%CI		P	HR	95%CI		P
		下限	上限			下限	上限	
是否看电视听广播(参照:几乎每天)								
不是每天,但每周至少一次	1.132	1.048	1.222	0.002	1.054	0.976	1.139	0.181
不是每周,但每月至少一次	1.198	1.078	1.332	0.001	1.119	1.008	1.242	0.035
不是每月,但有时	1.144	1.047	1.250	0.003	1.043	0.954	1.141	0.355
不做	1.432	1.362	1.505	0.000	1.203	1.139	1.271	0.000
参加社会活动(参照:几乎每天)								
不是每天,但每周至少一次	0.898	0.597	1.353	0.608	0.951	0.629	1.440	0.814
不是每周,但每月至少一次	1.002	0.680	1.479	0.990	1.024	0.690	1.519	0.906
不是每月,但有时	1.015	0.724	1.423	0.933	1.077	0.764	1.571	0.672
不做	1.504	1.107	2.044	0.009	1.240	0.907	1.696	0.178
外出旅游(次)(参照:未出游)								
出游过	0.735	0.588	0.919	0.007	0.941	0.742	1.194	0.618
经济水平自评(参照:困难)								
一般	1.012	0.964	1.063	0.624	0.965	0.904	1.030	0.282
富裕	1.040	0.971	1.114	0.263	1.017	0.930	1.113	0.708
生病时主要照料者(参照:配偶)								
子女	1.565	1.439	1.702	0.000	1.152	0.993	1.337	0.062
其他	1.425	1.281	1.585	0.000	1.163	0.958	1.411	0.126
无人帮助	0.968	0.799	1.257	0.985	0.874	0.651	1.172	0.368
一共生过几个孩子(参照:0)								
1	0.946	0.834	1.072	0.382	0.928	0.798	1.078	0.327
2~4	0.946	0.850	1.052	0.303	0.930	0.815	1.061	0.280
5~7	0.989	0.889	1.101	0.842	0.968	0.848	1.106	0.635
≥8	1.077	0.958	1.211	0.214	1.011	0.877	1.166	0.879
如遇困难最先找谁解决(参照:配偶)								
子女	1.510	1.386	1.646	0.000	1.035	0.901	1.190	0.625
其他	1.408	1.255	1.581	0.000	1.113	0.926	1.338	0.252
无人帮助	1.482	1.277	1.277	0.000	0.996	0.819	1.212	0.970

(3) 基于 Cox 回归的我国衰弱老年人预后模型的构建和评价

①预后模型的构建与比较。在考虑某一因素对生存时间的影响时,还必须考虑其他影响因素的作用,并对其作用大小进行分析,需建立多因素回归模型,从而查明各种因素如何综合影响生存率①。Cox 回归的线性部分与风险函数 h(t) 成正比,因此模型的线性部分反映了个体的预后,可用 Cox 回归建立个体的预后模型。

由于协变量较多,为建立最佳预后模型,先依据 3 个不同的变量组合标准分别建立 3 个预后模型,再将 3 个模型进行比较,从而确定最佳模型。首先,将所有满足 PH 假定的协变量纳入 Cox 回归形成基准模型,各协变量的 HR 和显著性见表 6.9 中多因素分析部分。其次,只将基准模型中有统计学意义的协变量纳入 Cox 回归,形成模型一。再次,将所有满足 PH 假定的协变量纳入 Cox 回归,采用基于偏最大似然估计的后退法筛选变量,以 $P<0.05$ 作为变量选入标准,将 $P>0.2$ 作为变量剔除标准,形成模型二。最后,根据各预测模型拟合结果,结合各协变量具体情况,挑选一些虽然没有统计学意义,但有明确临床意义的协变量纳入模型,形成预后模型三。上述三个模型中,各协变量的 HR 和显著性见表 6.10。

表 6.10　　　　　基于 Cox 回归的我国衰弱老年人的预后模型

协变量	模型一 HR(95%CI)	模型二 HR(95%CI)	模型三 HR(95%CI)
性别(参照:男)			
女	0.818(0.782,0.855)***	0.811(0.773,0.851)***	0.806(0.770,0.843)***
年龄	1.031(1.028,1.034)***	1.032(1.029,1.035)***	1.029(1.027,1.032)***
民族(参照:汉族)	未纳入		
其他	—	1.080(0.992,1.177)	1.091(1.001,1.189)*
出生地(参照:城市)			
农村	1.102(1.036,1.172)**	1.110(1.042,1.184)**	1.103(1.037,1.174)**

---

① 王建文. 生存分析参数回归模型拟合及其 SAS 实现[D]. 太原:山西医科大学,2008.

续表

协变量	模型一 HR(95%CI)	模型二 HR(95%CI)	模型三 HR(95%CI)
60岁前主要职业(参照:专业技术员)	未纳入		未纳入
政府/机构	—	1.081(0.883,1.324)	—
工业/服务	—	1.083(0.940,1.248)	—
自雇人士	—	0.999(0.813,1.228)	—
农渔林畜牧	—	1.167(1.022,1.334)*	—
家务	—	1.131(0.984,1.301)	—
军事人员	—	0.928(0.701,1.227)	—
待业	—	0.942(0.738,1.202)	—
其他	—	1.226(1.002,1.501)*	—
居住情况(参照:与家人居住)			
独自居住	0.918(0.862,0.978)**	0.915(0.858,0.977)**	0.918(0.860,0.980)*
养老机构	0.961(0.859,1.074)	0.971(0.854,1.105)	0.943(0.830,1.071)
每天主食量(kg)(参照:<0.2)			
0.2~0.3	0.962(0.921,1.004)	0.961(0.921,1.004)	0.962(0.921,1.004)
0.3~0.5	0.948(0.898,1.001)	0.949(0.899,1.003)	0.950(0.900,1.003)
>0.5	1.074(0.922,1.251)	1.080(0.927,1.259)	1.078(0.926,1.256)
吃水果的频率(参照:几乎每天)			
经常吃	1.059(0.981,1.143)	1.058(0.979,1.142)	1.058(0.980,1.142)
有时吃	1.116(1.037,1.201)**	1.120(1.041,1.205)**	1.117(1.038,1.202)**
很少或从不吃	1.165(1.080,1.256)***	1.191(1.106,1.284)***	1.172(1.087,1.264)***
吃蔬菜的频率(参照:几乎每天)			
经常吃	1.000(0.957,1.046)	1.014(0.970,1.061)	1.005(0.961,1.051)
有时吃	0.980(0.922,1.042)	1.004(0.944,1.067)	0.992(0.933,1.055)
很少或从不吃	1.081(0.994,1.176)	1.122(1.031,1.220)**	1.092(1.003,1.188)*
吃肉的频率(参照:几乎每天)	未纳入	未纳入	
偶尔	—	—	0.967(0.921,1.015)
几乎不吃	—	—	0.939(0.885,0.996)*
吃鱼的频率(参照:几乎每天)		未纳入	

续表

协变量	模型一 HR(95%CI)	模型二 HR(95%CI)	模型三 HR(95%CI)
偶尔	0.997(0.941,1.057)	—	1.011(0.951,1.076)
几乎不吃	1.044(0.983,1.110)	—	1.076(1.008,1.149)*
吃糖的频率(参照:几乎每天)		未纳入	
偶尔	0.888(0.845,0.932)***	—	0.891(0.848,0.935)***
几乎不吃	0.832(0.793,0.873)***	—	0.835(0.796,0.877)***
吃大蒜的频率(参照:几乎每天)	未纳入		未纳入
偶尔	—	0.973(0.917,1.033)	—
几乎不吃	—	0.974(0.919,1.032)	—
是否种花养鸟(参照:几乎每天)		未纳入	
不是每天,但每周至少一次	1.118(0.879,1.423)	—	1.116(0.877,1.420)
不是每周,但每月至少一次	0.914(0.672,1.244)	—	0.912(0.670,1.241)
不是每月,但有时	1.043(0.832,1.309)	—	1.032(0.822,1.294)
不做	1.290(1.113,1.494)***	—	1.278(1.104,1.480)**
是否看电视听广播(参照:几乎每天)		未纳入	
不是每天,但每周至少一次	1.059(0.981,1.143)	—	1.058(0.980,1.142)
不是每周,但每月至少一次	1.134(1.023,1.258)*	—	1.130(1.019,1.253)*
不是每月,但有时	1.059(0.969,1.156)	—	1.057(0.967,1.154)
不做	1.228(1.165,1.295)***	—	1.228(1.164,1.295)***
参加社会活动(参照:几乎每天)	未纳入		未纳入
不是每天,但每周至少一次	—	0.968(0.640,1.462)	—
不是每周,但每月至少一次	—	1.034(0.699,1.531)	—
不是每月,但有时	—	1.067(0.759,1.501)	—
不做	—	1.373(1.006,1.875)*	—
生病时主要照料者(参照:几乎每天)	未纳入		
子女	—	1.162(1.064,1.268)***	1.153(1.056,1.259)**
其他	—	1.198(1.063,1.349)**	1.175(1.045,1.322)**
无人帮助	—	0.938(0.746,1.180)	0.967(0.737,1.164)
一共生过几个孩子(参照:0)	未纳入		未纳入

续表

协变量	模型一 HR(95%CI)	模型二 HR(95%CI)	模型三 HR(95%CI)
1	—	0.910(0.803,1.033)	—
2~4	—	0.929(0.833,1.036)	—
5~7	—	0.969(0.868,1.082)	—
≥8	—	1.016(0.901,1.144)	—

* 表示 $p<0.05$，** 表示 $p<0.01$，*** 表示 $p<0.001$

采用赤池信息准则 AIC（Akaike information criterion）和贝叶斯信息准则 BIC（Bayesian information criterion）评价模型的拟合优度（goodness of fit），AIC 值和 BIC 的值越低，说明模型拟合得越好。并且，模型的选择是在模型的复杂度与模型对数据集描述能力之间寻求最佳平衡，在拟合优度类似的情况下，优先选择更简单的模型。三个模型的拟合优度信息见表 6.11，采用似然比拟合优度检验比较各模型是否有差异，结果见表 6.11。

表 6.11　基于 Cox 回归的我国衰弱老年人预后模型的拟合优度

模型	AIC	BIC	log likelihood	基线模型		模型一		模型二	
				χ^2	P	χ^2	P	χ^2	P
基线	186963.3	187493.8	-93409	—	—	—	—	—	—
模型一	186949.1	187138.0	-93449	79.75	0.002	—	—	—	—
模型二	187062.8	187324.4	-93495	173.48	0.000	93.728	0.000	—	—
模型三	186936.4	187168.9	-93436	55.016	0.071	24.734	0.000	118.46	0.000

由表 6.11 可见，模型三的 AIC 最小，模型一的 BIC 最小。拟合优度检验结果显示，模型一和模型二对基线模型卡方统计量的 P 值小于 0.05，提示模型一和模型二与基线模型有显著差别，模型三对基线模型卡方统计量的 P 值大于 0.05，不能认为模型三和基线模型有差异。根据 AIC 和 BIC 越小，拟合优度越好的原则，在模型一和模型三中做选择。根据拟合优度检验，模型三与基线模型拟合能力相似，且模型三更简洁，因此，选择模型三作为基于 Cox 回归的我国衰弱老年人的预后模型。

根据 Cox 预后模型,控制了其他协变量之后,我国衰弱老年人中,女性发生死亡的风险是男性风险的 80.6%(95%CI(0.770,0.843));年龄每增加一岁,发生死亡的风险增加 2.9%(95%CI(1.027,1.032));其他民族发生死亡的风险比汉族高 9.1%(95%CI(1.001,1.189));出生地为农村发生死亡的风险比城市高 10.3%(95%CI(1.037,1.174));独自居住发生死亡的风险是与家人居住的 91.8%(95%CI(0.860,0.980));有时吃水果发生死亡的风险比几乎每天吃水果高 11.7%(95%CI(1.038,1.202));很少或从不吃水果发生死亡的风险比几乎每天吃水果高 17.2%(95%CI(1.087,1.264));很少或从不吃蔬菜发生死亡的风险比几乎每天吃蔬菜高 9.2%(95%CI(1.003,1.188));几乎不吃肉发生死亡的风险是几乎每天吃肉的 93.9%(95%CI(0.885,0.996));几乎不吃鱼等水产品发生死亡的风险比几乎每天吃鱼等水产品高 7.6%(95%CI(1.008,1.149));偶尔吃白糖或糖果发生死亡的风险是几乎每天吃白糖或糖果的 89.1%(95%CI(0.848,0.935));几乎不吃白糖或糖果发生死亡的风险是几乎每天吃白糖或糖果的 83.5%(95%CI(0.796,0.877));不种花养鸟发生死亡的风险比几乎每天种花养鸟的风险高 27.8%(95%CI(1.104,1.480));不是每周但至少每月一次看电视听广播发生死亡的风险比几乎每天看电视听广播高 13.0%(95%CI(1.019,1.253));不看电视听广播发生死亡的风险比几乎每天看电视听广播高 22.8%(95%CI(1.164,1.295))。与基线模型相比,危险因素多了非汉族,保护因素多了几乎不吃肉,少了每天吃 0.3~0.56kg 主食。

在 Cox 预后模型中,衰弱老年人死亡的危险因素包括:年龄,非汉族,出生地为农村,有时或很少吃水果,很少或从不吃蔬菜,几乎不吃鱼,不种花养鸟,不看电视听广播;保护因素包括:女性,独自居住,几乎不吃肉,偶尔吃或几乎不吃白糖。

②预后模型的评价。通过模型区分度(discrimination)和校准度(calibration)评价预后模型的预测效能。

评价 Cox 预后模型区分度的指标是 C 统计量(Harrell'concordance index)。C 统计量越大,说明预测模型的判别区分能力越好。一般 C 统计量小于 0.6 可认为模型区分度较差,在 0.6 与 0.75 之间认为模型有一定的区分能力,大于 0.75 认为模型区分能力较好。模型三的 C 统计量为 0.606,提示模型的预测能力尚可。

模型校准度(也称为一致性)是用来反映模型预测结果和实际结果符合程度

的指标。本研究采用图示法对 Cox 预后模型的校准度进行评价。不同于 Logistc 模型，Cox 预后模型有 2 个结局，即时间和状态，所以评价 Cox 预后模型的一致性是基于模型在某段时间所预测的结局与真实的状态是否一致。根据我国衰弱老年人在第 1~6 年的实际死亡率和 Cox 预后模型所预测的第 1~6 年死亡率绘制一致图，见图 6.6。结果显示，数据点能够比较均匀地分布在对角线附近，反映模型校准度较好。

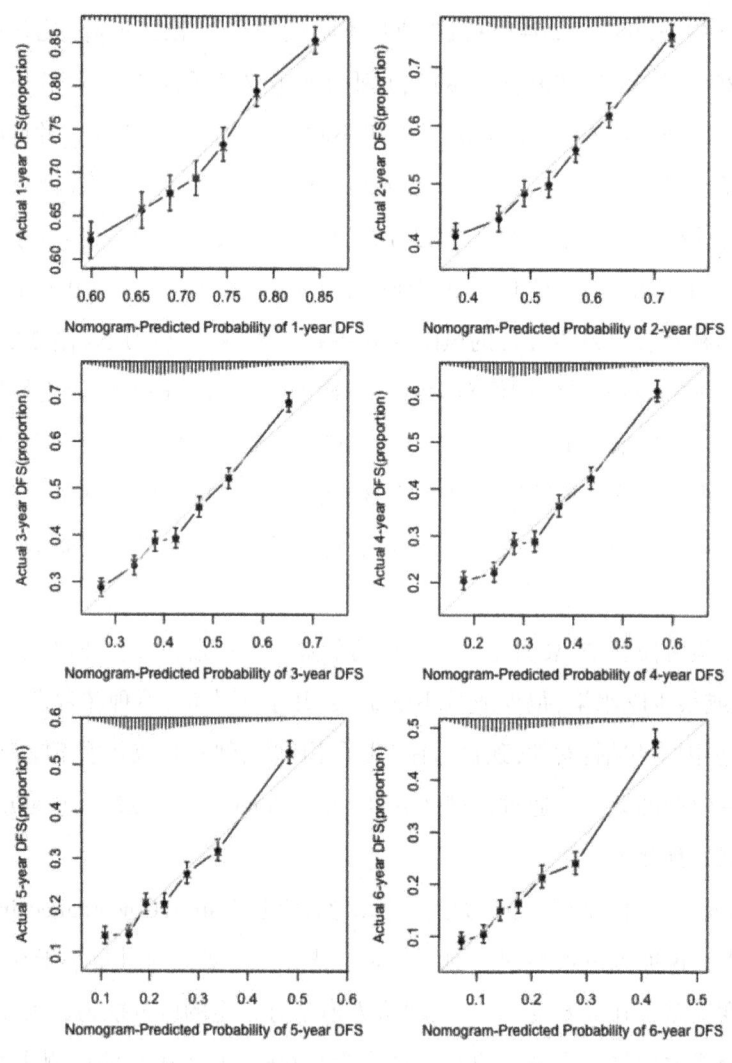

图 6.6　基于 Cox 回归的我国衰弱老年人预后模型的第 1~6 年死亡率校准图

3. 基于参数生存分析的衰弱老年人预后模型、生存函数和风险函数的构建

(1)我国衰弱老年人生存时间的参数分布

基于 Cox 回归的我国衰弱老年人预后模型的区分度和校准度尚可,但对于本研究中一些有明显临床意义的协变量,例如 FI,却由于没有满足 PH 假定而不能被纳入模型中,因此,无法判断衰弱的严重程度会如何影响衰弱老年人的生存时间。此外,Cox 回归不考虑生存时间的实际分布,估计出来的基准风险函数被认为是高度不稳定的①。因此,本研究还尝试使用参数生存分析方法建立更完整的预后模型。如果生存数据确实符合一定的参数分布,则参数方法比非参数方法的精度更高②。

常见的生存时间参数分布模型有指数模型,Weibull 模型,Log-logistic 模型,Gamma 模型和灵活参数生存分析模型③等。参数模型基于各种生存时间的分布概率模型建立,参数回归是在参数分布的基础上引入预后因素后的模型。采用参数回归分析时,要求生存时间符合特定的参数分布。实际操作中,可用上述各分布对生存时间数据进行分别拟合,再根据各参数模型的拟合优度检验结果,确定适当的参数分布。

①常见的参数分布模型

a. 指数模型。指数模型是指生存时间服从指数函数分布的一类模型④,是一种纯随机死亡模型,在任何时间上的风险函数为一常数,其大小不受生存时间长短的影响,其概率密度函数为:

$$f(t) = \lambda\ e^{-\lambda t}$$

---

① Royston, P., Parmar, M. K. B. Flexible parametric proportional-hazards and proportional-odds models for censored survival data, with application to prognostic modelling and estimation of treatment effects[J]. Statistics in Medicine., 2002, 21(15): 2175-2197.

② 王建文. 生存分析参数回归模型拟合及其 SAS 实现[D]. 太原:山西医科大学,2008.

③ Royston, P., Parmar, M. K. B. Flexible parametric proportional-hazards and proportional-odds models for censored survival data, with application to prognostic modelling and estimation of treatment effects[J]. Statistics in Medicine., 2002, 21(15): 2175-2197.

④ 张慧敏. 基于联合模型的纵向和生存数据统计方法探讨[D]. 南京:东南大学,2019.

分布函数为：

$$F(t) = 1 - e^{-\lambda t}$$

风险函数为：

$$h(t) = \frac{f(t)}{S(t)} = \lambda$$

λ 为指数分布的风险率，称为刻度参数或尺度参数，其大小决定了生存时间的长短。风险率越大，生存率下降越快，生存时间越短[①]。在指数分布中，λ 为常数，当 $\lambda = 1$ 时，分布称为标准指数分布。设 $x_1, x_2, \cdots, x_p$ 为影响因素，则参数 λ 与各因素间的关系可用回归方程表示：

$$\ln\lambda = \beta_0 + \beta_1 x_1 + \beta_2 x_2 + \Lambda + \beta_p x_p$$

其中，β_0 为常数项，表示无任何因素影响时的基准风险的对数。β_i 表示控制其他影响因素时，变量 x_1 每改变一个单位所引起的风险函数 λ 的对数值的改变量。风险函数为：

$$h(t) = \lambda = \exp(\beta_0 + \beta_1 x_1 + \beta_2 x_2 + \Lambda + \beta_p x_p)$$

基准风险表示为：

$$h_0(t) = \lambda_0 = e^{\beta_0}$$

b. Weibull 模型。Weibull 模型是一种连续性分布，其假定生存风险率不一定是常数，可用于描述生存风险率随时间增大、减小或不变等分布的情况，因而有更广的应用性。其概率密度函数为：

$$f(t) = \lambda \gamma(t)^{\gamma-1}\exp[-\lambda(t)^{\gamma}]$$

分布函数为：

$$F(t) = 1 - \exp[-\lambda(t)^{\gamma}]$$

生存函数为：

$$S(t) = \exp[-\lambda(t)^{\gamma}]$$

式中 λ 和 γ 为两个参数，λ 为尺度参数，它决定分布的分散度，γ 为形状参数，它决定分布的形态。$\gamma > 1$ 时，风险函数随时间单调递增；$\gamma < 1$ 时，风险函数随时间单调递减；$\gamma = 1$ 时，风险不随时间变化，简化为指数分布。因此，指数分布是 Weibull 分布的特例。在 Weibull 模型中，风险函数与影响因素间的关系也假

[①] 王建文. 生存分析参数回归模型拟合及其 SAS 实现[D]. 太原：山西医科大学，2008.

设为指数关系：

$$\log h(t) = \frac{1}{\gamma - 1} \log t + \beta_0 + \beta_1 x_1 + \beta_2 x_2 + \Lambda + \beta_p x_p$$

β_i 表示控制其他影响因素时，变量 x_1 每改变一个单位所引起的风险函数 λ 的对数值的改变量。除了要估计 β_i 之外还要估计形状参数 γ。

生存函数为：

$$S(t) = - t^{\gamma} \exp(\beta_0 + \beta_1 x_1 + \beta_2 x_2 + \Lambda + \beta_p x_p)$$

风险函数为：

$$h(t) = - \gamma t^{\gamma - 1} \exp(\beta_0 + \beta_1 x_1 + \beta_2 x_2 + \Lambda + \beta_p x_p)$$

基准风险为：

$$h_0(t) = - \gamma t^{\gamma - 1} e^{\frac{1}{\gamma - 1}}$$

c. Log-logistic 模型。该模型假设生存时间服从 Log-logistic 分布，则其概率密度函数为：

$$f(t) = \begin{cases} \dfrac{\lambda \gamma (\lambda t)^{\gamma - 1}}{[1 + (\lambda t)^{\gamma}]^2} & (t \geq 0, \gamma > 0, \lambda > 0) \\ 0 & (t < 0) \end{cases}$$

生存函数为：

$$S(t) = \frac{1}{1 + (\lambda t)^{\gamma}}$$

风险函数为：

$$h(t) = \frac{\lambda \gamma (\lambda t)^{\gamma - 1}}{1 + (\lambda t)^{\gamma}}$$

γ 是形状参数，当 $\gamma \leq 1$ 的时候，风险值随时间增加而下降；当 $\gamma > 1$ 的时候，风险值先增加后减小，风险函数图像为"单峰"[1]。

d. 广义 Gamma 模型。广义 Gamma 模型有 3 个参数，形状更为灵活。假设生存时间服从广义 Gamma 分布，则对应的概率密度函数为：

$$f(t) = \begin{cases} \dfrac{\gamma \lambda^k t^{\gamma k - 1} \exp(-\lambda t^{\gamma})}{\Gamma(k)} & (t \geq 0, \gamma > 0, \lambda > 0, k > 0) \\ 0 & (t < 0) \end{cases}$$

---

[1] 刘红伟，张甜甜，刘媛媛，李长平，胡良平. 生存资料回归模型分析——生存资料参数回归模型分析基础[J]. 四川精神卫生，2020，33(1)：33-38.

生存函数为：

$$S(t) = 1 - I[\lambda t^\gamma, k]$$

风险函数为：

$$h(t) = \frac{f(t)}{S(t)}$$

其中，$I(s, \gamma)$ c 称为不完全 Gamma 函数。指数模型（$\lambda = 1$，$\gamma = 1$）、Weibull 模型（$\gamma = 1$）和标准 Gamma 模型（$\gamma = \lambda$）都是广义 Gamma 模型的特例，都嵌套于广义 Gamma 模型，因此，可利用广义 Gamma 模型进行拟合优度检验和比较判断。

e. 灵活参数生存分析模型（flexible parametric survival model，FPSM）。FPSM 是通过连接函数对 Weibull 模型和 Log-logistic 模型等常见生存分析参数模型进行扩展和转化，借助立方样条函数平滑基准函数，并采用极大似然估计对其进行估计①。其模型表达为：

$$g[S(t; z)] = g[S_0(t)] + \beta^T z$$

其中，$S_0(t) = S(t; 0)$，是基线生存函数，β 是协变量 z 被估计的参数向量。模型常用的尺度有"hazard"和"odds"，对应的模型分别为比例风险模型（proportional hazard）和比例优势模型（proportional odds model），分别表达为：

$$g[S(t; z)] = \ln[-\ln S(t; z)] = \ln H(t; z) = \ln H_0(t) + \beta^T z = s(x; \gamma) + \beta^T z$$

和

$$g[S(t; z)] = \ln[S(t; z)^{-1} - 1] = \ln O(t; z) = \ln O_0(t) + \beta^T z = s(x; \gamma) + \beta^T z$$

其中 $s(x; \gamma)$ 是平滑函数，当时间分布既不符合 Weibull 分布也不符合 Log-logistic 分布的时候，就借助平滑函数拟合成更灵活的模型。因此，FPSM 将基线累积风险函数取对数建立为时间对数的自然立方样条函数。自然样条函数被定义为：在超出边界节点 k_{min} 和 k_{max} 的时候立方样条函数被限制为线性。若 m 为内部节点数量，规定 $k_1 < \cdots < k_m$，且 $k_1 > k_m$，$k_m < k_{max}$，则自然立方样条函数表达为：

$$s(x; \gamma) = \gamma_0 + \gamma_1 x + \gamma_2 v_1(x) + \cdots + \gamma_{m+1} v_m(x)$$

---

① 闫沛静，李镜，冉孟冬，惠旭. 灵活参数生存分析模型简介及应用[J]. 中国卫生统计，2020，37(5)：776-779.

第 $j(j=1, \cdots, m)$ 个基线函数的表达为

$$v_j(x) = (x - k_j)_+^3 - \lambda_j (x - k_{\min})_+^3 - (1 - \lambda_j)(x - k_{\max})_+^3$$

且

$$\lambda_j = \frac{k_{\max} - k_j}{k_{\max} - k_{\min}}, \quad (x - k_{\min})_+ = \max(0, x - a)$$

模型基准函数的复杂度取决于节点的数目。节点自由度过大可能导致结果曲线潜在不稳定。对于 FPSM，当自由度为 1，尺度为 odds 时是 Log-logistic 分布；当自由度为 1，尺度为 hazard 时是 Weibull 分布，因此认为 Weibull 模型和 Log-logistic 模型为 FPSM 的特例，嵌套于 FPSM。可利用 FPSM 进行拟合优度检验和比较判断。

②参数模型拟合和分布判断。使用参数生存分析模型时应首先判断生存时间符合哪种分布。在实际分析过程中，可用各种参数分布模型分别对生存时间进行拟合，再根据拟合优度检验的结果选择适当的模型。当样本量足够时，可通过不同的变量组合提高模型精度，但应平衡模型的复杂度与其对数据集的描述能力，从而选择最佳模型。

本研究用生存时间数据分别拟合上述各个模型，根据经验将 FPSM 的节点设置为 2[①]，并分别拟合尺度为 hazard 和 odds 的两个 FPSM。各模型拟合的生存函数曲线见图 6.7，各模型拟合的风险函数曲线见图 6.8。采用各模型的 AIC 和 BIC 作为模型拟合优度指标，AIC 和 BIC 的值越小，说明模型拟合得越好，各模型的拟合优度指标见表 6.12。对于嵌套模型，采用拟合优度检验来选取最合适的分布。由于指数模型和 Weibull 模型嵌套于广义 Gamma 模型，Weibull 模型和 Log-logistic 模型嵌套于 FPSM，因此计算嵌套模型之间的差值然后乘以 2，可得到两模型比较的似然比（χ^2 统计量），拟合优度检验见表 6.13。

---

① Royston, P., Parmar, M. K. B. Flexible parametric proportional-hazards and proportional-odds models for censored survival data, with application to prognostic modelling and estimation of treatment effects[J]. Statistics in Medicine., 2002, 21(15): 2175-2197.

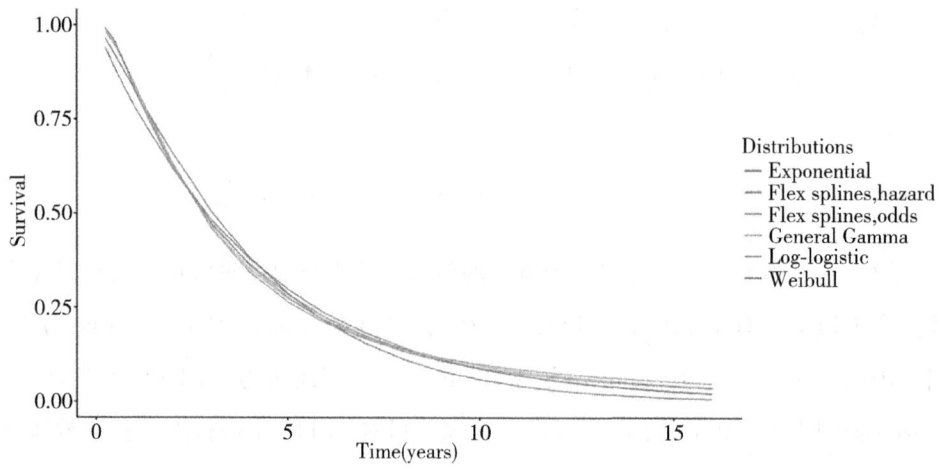

图 6.7　各参数生存分析模型拟合的我国衰弱老年人的生存函数

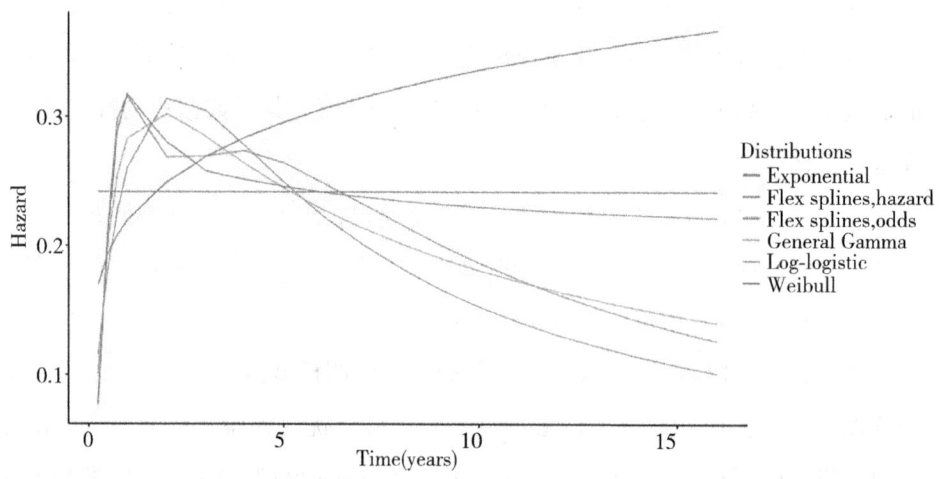

图 6.8　各参数生存分析模型拟合的我国衰弱老年人的风险函数

表 6.12　我国衰弱老年人生存时间拟合各参数模型的拟合优度指标

模型	df	Log likelihood	AIC	BIC
指数	1	−26934.74	53871.48	53879.09
Weibull	2	−26694.08	53392.17	53407.38
Log-logistic	2	−26310.90	52625.80	52641.01
广义 Gamma	3	−26190.63	52387.25	52314.89

续表

模型	df	Log likelihood	AIC	BIC
FPSM，scale=hazard	4	−26138.23	52284.47	52318.90
FPSM，scale=odds	4	−26140.24	52288.48	52324.42

表6.13　　　　　各参数生存分析模型似然比拟合优度检验

比较模型	df	χ^2	P
指数 vs Weibull	1	481.32	<0.005
指数 vs 广义 Gamma	2	1488.22	<0.005
Weibull vs 广义 Gamma	1	1006.90	<0.005
Log-logistic vs FPSM	2	345.34	<0.005

由表6.13可发现，指数模型不论是对Weibull模型还是对广义Gamma模型，卡方统计量的P值均小于0.005，说明必须拒绝指数模型。Weibull模型对广义Gamma模型的卡方统计量P值小于0.005，说明生存时间不符合Weibull分布；Log-logistic模型对FPSM的卡方统计量P值小于0.005，说明生存时间不符合Log-logistic分布。根据研究结果，尚无法拒绝广义Gamma分布和FPSM。进一步检查表6.12中各模型的拟合优度指标，尺度为odds的FPSM的AIC和BIC最小，拟合度最好。因此，选用尺度为odds，节点为2的FPSM进行我国衰弱老年人的多因素生存分析，建立预后模型并构建生存函数和风险函数。FPSM拟合的基线生存函数和风险函数见图6.9。

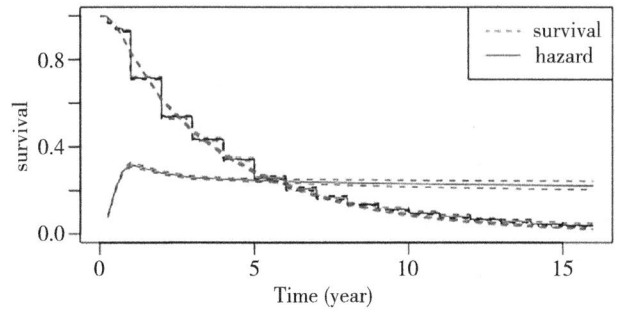

图6.9　FPSM拟合的我国衰弱老年人基线生存函数和风险函数

（2）基于 FPSM 的我国衰弱老年人多因素生存分析和预后模型构建

与上文中基于 Cox 回归的衰弱预后模型的建立方法一样，这里也将采用不同的变量筛选标准建立不同的模型，通过比较后确定最佳模型。首先，将所有协变量纳入尺度为 odds，节点为 2 的 FPSM，形成基线 FPSM 预后模型。其次，只将基线 FPSM 中有统计学意义的协变量纳入 FPSM，拟合形成模型一。最后，挑选有明显临床意义但没有统计学意义的变量加入模型一，形成模型二。模型一和模型二的参数值和拟合优度指标见表 6.14。

表 6.14 我国衰弱老年人 FPSM 预后模型的协变量 HR 估计值和拟合优度值

协变量	模型一 HR(95%CI)	模型二 HR(95%CI)
FI(参照：0.2~0.27)		
0.27~0.33	0.927(0.803, 1.070)	0.926(0.802, 1.069)
0.33~0.46	1.182(1.032, 1.354)	1.182(1.032, 1.354)
0.46~0.6	1.520(1.310, 1.764)	1.526(1.315, 1.772)
>0.6	1.746(1.475, 2.067)	1.740(1.469, 2.060)
性别(参照：男)		
女	0.772(0.706, 0.843)	0.752(0.687, 0.823)
年龄(岁)(参照：60~69)		
70~79	1.479(1.002, 2.182)	1.418(0.958, 2.096)
80~89	4.531(3.179, 6.459)	4.131(2.879, 5.928)
90~99	6.628(4.660, 9.427)	5.980(4.168, 8.579)
≥100	8.439(5.927, 12.02)	7.577(5.273, 10.89)
民族(参照：汉族)		
其他	未纳入	1.158(0.993, 1.351)
教育(年)(参照：0)		
1~6	1.171(1.061, 1.293)	1.170(1.060, 1.291)
>6	0.974(0.807, 1.176)	0.962(0.797, 1.162)
60 岁前主要职业(参照：专业技术员)		
政府/机构	0.964(0.689, 1.348)	0.965(0.690, 1.350)

续表

协变量	模型一 HR(95%CI)	模型二 HR(95%CI)
工业/服务	1.066(0.829, 1.372)	1.056(0.820, 1.359)
自雇人士	0.951(0.666, 1.359)	0.944(0.661, 1.350)
农渔林畜牧	0.999(0.780, 1.281)	0.993(0.774, 1.273)
家务	0.992(0.769, 1.279)	0.986(0.764, 1.272)
军事人员	0.628(0.396, 0.994)	0.609(0.385, 0.965)
待业	0.897(0.596, 1.352)	0.883(0.586, 1.331)
其他	1.212(0.848, 1.732)	1.193(0.834, 1.705)
居住地类别(参照：城市)		
城镇	1.313(1.178, 1.463)	1.318(1.182, 1.469)
农村	1.409(1.278, 1.553)	1.418(1.285, 1.563)
家庭人均年收入(万元)(参照：≤0.1)		
0.1~0.3	1.037(0.945, 1.138)	1.035(0.942, 1.136)
0.3~0.8	0.972(0.878, 1.076)	0.974(0.879, 1.079)
0.8~1.0	0.889(0.763, 1.036)	0.893(0.766, 1.040)
1.0~8.0	0.640(0.565, 0.726)	0.641(0.565, 0.727)
>8.0	0.638(0.532, 0.765)	0.630(0.526, 0.756)
每天主食量(kg)(参照：<0.2)		
0.2~0.3	0.925(0.859, 0.996)	0.927(0.861, 0.998)
0.3~0.5	0.907(0.826, 0.996)	0.908(0.827, 0.997)
>0.5	1.243(0.954, 1.618)	1.239(0.952, 1.613)
吃水果的频率(参照：几乎每天)		
经常吃	1.008(0.892, 1.141)	1.011(0.894, 1.143)
有时吃	1.085(0.962, 1.223)	1.084(0.962, 1.223)
很少或从不	1.162(1.025, 1.316)	1.165(1.028, 1.320)
吃肉的频率(参照：几乎每天)		
偶尔	0.895(0.825, 0.973)	0.901(0.830, 0.979)
几乎不吃	0.861(0.780, 0.951)	0.870(0.788, 0.961)
吃鱼等水产品的频率(参照：几乎每天)		
偶尔	1.068(0.964, 1.183)	1.066(0.963, 1.181)

续表

协变量	模型一 HR(95%CI)	模型二 HR(95%CI)
几乎不吃	1.166(1.046,1.300)	1.171(1.050,1.305)
吃腌咸菜或泡菜的频率(参照:几乎每天)		
偶尔	1.057(0.959,1.166)	1.053(0.955,1.161)
几乎不吃	1.123(1.029,1.226)	1.115(1.021,1.217)
吃白糖或糖果的频率(参照:几乎每天)		
偶尔	0.893(0.821,0.970)	0.889(0.818,0.966)
几乎不吃	0.853(0.785,0.927)	0.849(0.781,0.922)
是否做家务(参照:几乎每天)		
不是每天,但>1次/每周	1.097(0.901,1.336)	1.082(0.887,1.318)
不是每周,但>1次/每月	1.135(0.853,1.510)	1.121(0.842,1.492)
不是每月,但有时	1.023(0.826,1.266)	1.005(0.811,1.246)
不做	1.364(1.197,1.555)	1.337(1.172,1.525)
是否进行个人户外运动(参照:几乎每天)		
不是每天,但>1次/每周	1.002(0.877,1.145)	0.999(0.874,1.142)
不是每周,但>1次/每月	0.944(0.772,1.154)	0.953(0.779,1.166)
不是每月,但有时	1.038(0.888,1.213)	1.040(0.890,1.215)
不做	1.156(1.047,1.276)	1.155(1.046,1.275)
是否打牌/麻将(参照:几乎每天)		
不是每天,但>1次/每周	0.918(0.611,1.380)	0.922(0.614,1.385)
不是每周,但>1次/每月	0.765(0.482,1.214)	0.764(0.482,1.212)
不是每月,但有时	0.576(0.376,0.884)	0.579(0.378,0.888)
不做	1.012(0.743,1.380)	1.016(0.745,1.384)
是否看电视听广播(参照:几乎每天)		
不是每天,但>1次/每周	1.078(0.945,1.229)	1.077(0.945,1.229)
不是每周,但>1次/每月	1.161(0.970,1.390)	1.156(0.966,1.383)
不是每月,但有时	1.142(0.981,1.329)	1.139(0.979,1.326)
不做	1.197(1.090,1.314)	1.193(1.086,1.310)
经济水平自评(参照:困难)		
一般	1.081(0.992,1.179)	1.070(0.981,1.168)

续表

协变量	模型一 HR(95%CI)	模型二 HR(95%CI)
富裕	1.241(1.097, 1.404)	1.225(1.083, 1.386)
生病时主要照料者(参照：配偶)		
子女	未纳入	1.211(1.038, 1.414)
其他	—	1.388(1.150, 1.675)
无人帮助	—	0.816(0.547, 1.217)
拟合优度指标		
Log-likelihood	−19419.24	−19409.58
AIC	38962.49	38951.17
BIC	39417.99	39436.06

模型一中所有的协变量都具有统计学意义，模型二比模型一多了两个协变量：民族和生病时的主要照料者。而民族协变量在模型二中并没有统计学意义，是模型二中唯一没有统计学意义的协变量。根据 AIC、BIC 越小模型拟合越好的原则，选择模型二作为参数预后模型，即为基于 FPSM 的我国衰弱老年人预后模型。

由参数预后模型可知，控制了其他协变量之后，我国衰弱老年人中，FI 为 0.33~0.46 的老年人的死亡风险比 FI 为 0.2~0.27 的老年人高 18.2%(95%CI(1.032, 1.354))；FI 为 0.46~0.60 的死亡风险比 FI 为 0.2~0.27 高 52.6%(95%CI(1.315, 1.772))；FI 为 0.60 以上的死亡风险比 FI 为 0.2~0.27 高 74.0%(95%CI(1.469, 2.060))；女性发生死亡的风险是男性风险的 75.2%(95%CI(0.687, 0.823))；年龄为 80~89 岁发生死亡的风险是 60~69 岁的 4.131 倍(95%CI(2.879, 5.928))；年龄为 90~99 岁发生死亡的风险是 60~69 岁的 5.98 倍(95%CI(4.168, 8.579))；年龄为 100 岁以上发生死亡的风险是 60~69 岁的 7.577 倍(95%CI(5.273, 10.887))；受教育年限为 1~6 年发生死亡的风险比未接受过教育的高 17.0%(95%CI(1.060, 1.291))；军事人员发生死亡的风险是专业技术员的 60.9%(95%CI(0.385, 0.965))；居住在城镇发生死亡的风险比居住在城市高 31.8%(95%CI(1.182, 1.469))；居住在农村发生死亡的风险比居住在城市高 41.8%(95%CI(1.285, 1.563))；家庭人均年收入 1 万~8 万元发生

死亡的风险是小于 0.1 万元的 64.1%（95%CI（0.565，0.727））；家庭人均年收入大于 8 万元发生死亡的风险是小于 0.1 万元的 63.0%（95%CI（0.526，0.756））；每天主食量 0.2~0.3kg 发生死亡的风险是小于 0.2kg 的 92.7%（95%CI（0.861，0.998））；每天主食量 0.3~0.5kg 发生死亡的风险是小于 0.2kg 的 90.8%（95%CI（0.827，0.997））；很少或从不吃水果发生死亡的风险比几乎每天吃水果高 16.5%（95%CI（1.028，1.320））；偶尔吃肉发生死亡的风险是几乎每天吃肉的 90.1%（95%CI（0.830，0.979））；几乎不吃肉发生死亡的风险是几乎每天吃肉的 87.0%（95%CI（0.788，0.961））；几乎不吃鱼等水产品发生死亡的风险比几乎每天吃鱼等水产品高 17.1%（95%CI（1.050，1.305））；几乎不吃腌咸菜或泡菜发生死亡的风险比几乎每天吃腌咸菜或泡菜高 11.5%（95%CI（1.021，1.217））；偶尔吃白糖或糖果发生死亡的风险是几乎每天吃白糖或糖果的 88.9%（95%CI（0.818，0.966））；几乎不吃白糖或糖果发生死亡的风险是几乎每天吃白糖或糖果的 84.9%（95%CI（0.781，0.922））；不做家务发生死亡的风险比几乎每天做高 33.7%（95%CI（1.172，1.525））；不进行个人户外运动发生死亡的风险比几乎每天做高 15.5%（95%CI（1.046，1.275））；不是每月但有时打牌/麻将发生死亡的风险是几乎每天打的 57.9%（95%CI（0.378，0.888））；不看电视听广播发生死亡的风险比几乎每天看电视听广播高 19.3%（95%CI（1.086，1.310））；自认为经济水平富裕发生死亡的风险比自认为贫困高 22.5%（95%CI（1.083，1.386））；生病时主要照料者为子女发生死亡的风险比主要照料者为配偶高 21.1%（95%CI（1.038，1.414））；生病时主要照料者为其他人发生死亡的风险比主要照料者为配偶高 38.8%（95%CI（1.150，1.675））。

在基于 FPSM 的预后模型中，衰弱老年人死亡的危险因素包括：FI，年龄，受教育年限 1~6 年，居住在城镇和农村，很少或从不吃水果，几乎不吃鱼等水产品，几乎不吃腌咸菜或泡菜，不做家务，不进行个人户外运动，不看电视听广播，自认为经济水平富裕，生病时主要照料者为子女和其他人；保护因素包括：女性，军事人员，家庭人均年收入大于 1 万元，每天主食量 0.2~0.5kg，偶尔和几乎不吃肉，偶尔吃或几乎不吃白糖，不是每月但有时打牌/麻将。

与 Cox 预后模型相比，保护因素多了：衰弱程度低，文盲，退休前为军事人员，居住在城市，家庭人均年收入>1 万元，偶尔或几乎不吃肉，做家务，进行个人户外运动,有时打麻将或牌,经济水平较困难。保护因素少了:出生在城市,独自居住。其中,衰弱程度、受教育水平、居住地、家庭人均年收入、是否做家务等变量是无法纳入 Cox 回归进行分析的。而职业、吃肉的频率、自评经济水平、出生地、居住情况和种花养鸟的习惯是 Cox 回归与参数模型结果不同的地方。

(3)我国衰弱老年人生存函数和风险函数的构建

参数模型能够根据生存时间的分布对生存概率作出更为准确的估计,本部分使用 FPSM 预后模型构建衰弱老年人的生存函数。

①不同性别衰弱老年人的生存函数。采用 FPSM 预后模型分别拟合不同性别衰弱老年人的生存函数和风险函数,并与 KM 法计算的生存曲线相比较,具体见图 6.10。

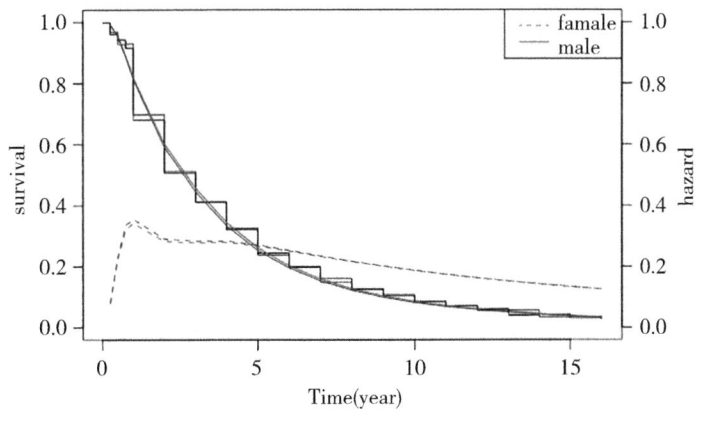

图 6.10 基于 FPSM 预后模型的不同性别衰弱老年人的生存函数和风险函数

根据上图可发现,男性与女性的生存函数几乎重叠,总体平行,女性的生存函数在男性之上,男性的风险函数在女性之上,两者的生存函数在大约第 8 年的时候重叠,风险函数在大约第 5 年的时候重叠。两者的风险函数在约第 1 年的时候达到峰值,随后开始下降,在大约第 2 年的时候下降速度变得缓慢甚至水平,在第 5 年的时候下降速度明显加快,随后保持稳定的下降速度。

②不同年龄组衰弱老年人的生存曲线。采用 FPSM 预后模型分别拟合不同年

龄衰弱老年人的生存函数和风险函数,并与 KM 法计算的生存曲线相比较,具体见图 6.11。

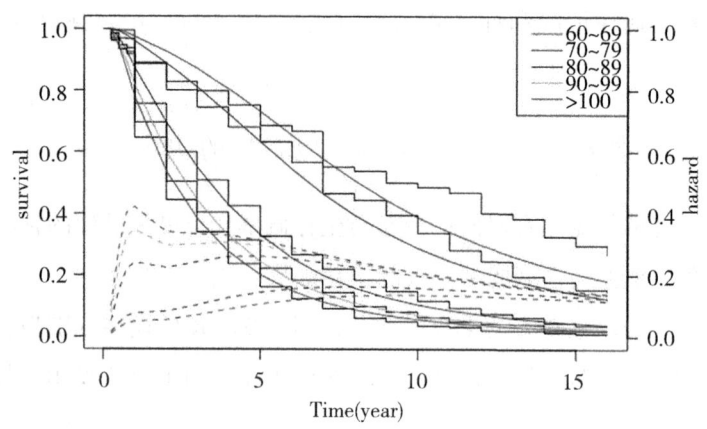

图 6.11　基于 FPSM 预后模型的不同年龄衰弱老年人的生存函数和风险函数

根据图 6.11,年龄为 60~69 岁和 70~79 岁的衰弱老年人的生存函数和风险函数形态相似,但与其他组不同。年龄为 80~89 岁和 90~99 岁的衰弱老年人的生存函数和风险函数的形态相似,年龄为 100 岁以上的衰弱老年人的生存函数和风险函数形态与其他组不同。

总体上,生存函数按照年龄的顺序依次变陡,60~69 岁组和 70~79 岁组的生存函数更为平缓,接近线性,而其他组的生存函数明显呈现"凹"形。总体上,风险函数按照年龄组的顺序逐渐升高,60~69 岁组和 70~79 岁组的风险函数呈现单峰形态,峰值出现在大约第 9 年,随后缓慢下降,两组风险函数不重叠不交叉,也不与其他组重叠或交叉;80~89 岁组和 90~99 岁组的风险函数呈现双峰形态,第一个峰值出现在大约第 1 年,随后下降,到大约第 2 年的时候开始缓慢升高,到大约第 5 年的时候达到第二个峰值,随后开始缓慢下降;大于 100 岁组的风险函数呈现单峰形态,峰值出现在大约第 1 年,随后快速下降,到第 2 年的时候下降速度变得缓慢,到第 5 年的时候下降速度稍有加快。

③不同衰弱等级老年人的生存曲线。采用 FPSM 预后模型分别拟合不同衰弱等级老年人的生存函数和风险函数,并与 KM 法计算的生存曲线相比较,具体见图 6.12。

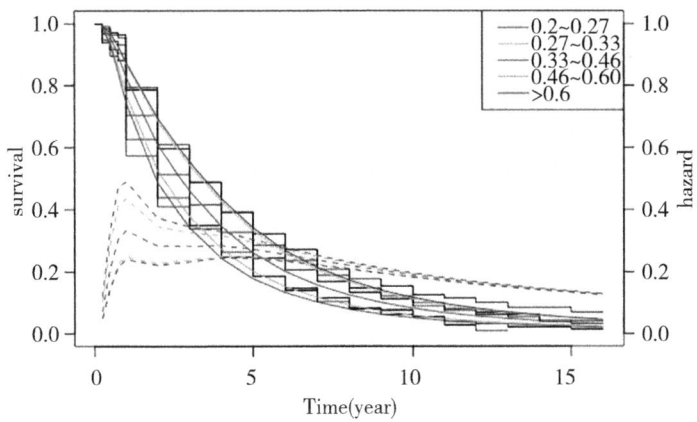

图 6.12　基于 FPSM 预后模型的不同衰弱等级老年人的基线生存函数和风险函数

总体上,生存函数按照衰弱等级依次变陡,FI 为 0.2~0.27 组及 0.27~0.33 组的生存函数和风险函数均十分贴近,形态类似,FI 为 0.46~0.60 组与其他组距离较远,位于中间,FI 为 0.46~0.60 组及>0.60 组的生存函数和风险函数比较贴近,形态类似,最为陡峭。总体上,风险函数随着衰弱等级的增加逐渐升高,FI 为 0.2~0.27 组及 0.27~0.33 组的风险函数呈现双峰状态,第一个峰值出现在大约第 1 年,随后缓慢下降,到大约第 2 年的时候开始缓慢升高,到大约第 5 年的时候达到第二个峰值,随后开始缓慢下降;FI 为 0.33~0.46 组的峰值出现在第 1 年,随后开始缓慢下降到第 2 年出现一个平台期并持续到第 5 年,此后再缓慢下降;FI 为 0.46~0.60 组及>0.60 组的风险函数在大约第 1 年的时候达到峰值,随后一直下降,在大约第 2 年的时候开始变得平缓。

四、结　　论

本章着重于分析我国衰弱老年人的生存时间及其影响因素并建立预后模型,判断其参数分布并构建生存函数和风险函数。本部分用到的生存分析方法包括非参数 KM 法和 Log-rank 检验,半参数 Cox 比例风险回归模型和多个参数生存分析模型。采用非参数方法描述我国衰弱老年人的生存时间并比较不同性别和年龄衰弱老年人的生存时间;采用 Cox 回归分析社会人口学因素、生活方式因素、社会参与和社会支持因素中单个因素和多个因素对我国衰弱老年人生存时间的影响，并比较不同变量组合的拟合效果，建立基于 Cox 回归的我国衰弱老年人预后模型；最后，采用参数生存分析方法判断我国衰弱老年人生存时间的分布，建立基于 FPSM 的我国衰弱老年人的预后模型并构建其生存函数和风险函数。

研究发现，在 CLHLS 中，非衰弱老年人的中位生存时间为 8 年，而衰弱老年人的中位生存时间则只有 3 年，可见衰弱会显著减少老年人的寿命。通过 Log-rank 检验发现，不同性别和年龄衰弱老人的生存时间显著不同，即性别和年龄可以显著影响衰弱老年人的生存时间。这与现有研究结果是一致的。此外，本研究还筛选并纳入了一系列可能潜在影响衰弱的因素，包括：生活方式变量、社会参与变量和社会支持变量，以系统而全面地分析各因素对衰弱的综合影响。

从 Cox 比例风险回归模型的结果可以看出，社会人口学变量包括：性别、年龄、出生地、居住情况；生活方式变量包括：饮食偏好；社会参与变量包括：种花养鸟和看电视听广播。这些变量可以显著影响衰弱老年人的生存时间，而社会支持变量包括：生过几个孩子，生病时的主要照料者，如果遇到困难最先找谁解决却没有被认为能够显著影响衰弱老年人的生存时间。笔者认为可能的原因有三：第一，有些变量不满足比例风险假定而没有被纳入研究，例如：衰弱程度、年收入、生病时主要照料者等；第二，有些变量的分类偏简单，例如：吸烟变量只分为现在吸烟和现在不吸烟两个选项，没有考虑吸烟的时长；第三，研究纳入的社会支持变量还不够全面，仅包括经济水平自评、生病时主要照料者、一共生过几个孩子等 6 个变量。

Cox 比例风险回归模型在分析多个因素对生存时间的影响时非常简洁和高效。使用 Cox 回归对生存时间建模与 Logistic 回归建模类似，先针对每个变量进行单因素分析，再进行多因素分析，并比较变量进入模型的适宜形式，最后完成多因素建模。因素是否被纳入模型，不仅考虑其统计学意义，还应考虑其实际意义[①]。多因素建模分析能够同时考虑多个因素对生存时间的影响，但是如果太过于依赖统计学结果会导致忽略一些有明显临床意义但却没有统计学意义的变量，因此，本研究尝试建立一个最佳变量组合，以反映多种因素如何共同影响衰弱老年人的生存时间。本研究在用 Cox 回归建立预后模型时，尝试使用不同标准构建

---

① 王建文. 生存分析参数回归模型拟合及其 SAS 实现[D]. 太原：山西医科大学，2008.

了3个变量组合模型,并采用拟合优度指标和拟合优度检验来比较这3个模型的结果,使分析变得相对可靠,最后选择最优变量组合作为基于 Cox 回归的我国衰弱老年人预后模型,并对该模型进行区分度和校准度的评价,发现模型区分度和校准度尚可。然而,使用 Cox 回归需要协变量满足 PH 假定,即 Cox 回归并不假设危害是恒定的,但要求假定组间危害的比率随着时间的推移是恒定的。因此,在使用 Cox 回归进行多因素分析时无法纳入一些可能影响衰弱生存时间的协变量,比如衰弱等级等,这也是本研究要采用参数生存分析模型进行生存分析的原因。此外,由于 Cox 回归并不考虑生存时间的分布,其估计所得的各因素对生存时间的影响可能是高度不稳定的。

参数生存分析模型比 Cox 回归更为精准,但前提是知晓生存时间的分布。因此,在使用参数生存分析模型时,首先使用各参数模型对生存时间进行拟合,得出各模型的拟合优度值并对嵌套模型进行基于似然比的拟合优度检验,最终确定我国衰弱老年人生存时间的分布类型。随后使用该分布进行我国衰弱老年人生存时间的多因素分析,并建立我国衰弱老年人的参数预后模型。研究用不同标准建立了两个参数预后模型用于比较,首先只将多因素分析中有统计学意义的变量纳入参数模型形成模型一。其次将一些没有统计学意义但有明显临床意义的变量纳入模型一形成模型二。通过拟合优度值和拟合优度检验来选择模型,确定基于参数模型的我国衰弱老年人的预后模型。最后使用拟合的参数预后模型构建我国衰弱老年人的生存函数和风险函数。在本部分研究中,使用了灵活参数模型(FPSM),虽然在国内使用较少[①],但该模型在分析生存数据时十分强大,在普通参数分布的基础上,通过样条函数来灵活地拟合生存时间,兼具曲线方程和分段回归的优点,可平滑地展示生存函数和风险函数。

根据本部分研究的结果,衰弱男性的死亡风险始终高于衰弱女性,但是两者差别不大,并且死亡风险随时间的变化模式相似。而在第二部分"我国老年人的衰弱指数"中,女性的 FI 和衰弱率(0.275±0.180,70.2%)显著高于男性(0.194±0.164,29.8%),因此,可认为,虽然我国女性老年群体更为衰弱,但进入衰弱阶段女性老年人的生存时间却显著优于男性,各阶段的死亡率更低,生存时间

---

① 闫沛静,李镜,冉孟冬,惠旭. 灵活参数生存分析模型简介及应用[J]. 中国卫生统计,2020,37(5):776-779.

更长。

根据不同年龄组我国衰弱老年人的生存函数和风险函数可知，总体上，死亡风险随年龄增长而增加。年龄会显著影响衰弱老年人的生存时间，年龄越大，衰弱老人的生存时间就越短，从生存曲线上可以看出，70~79岁组老年人的生存曲线与前后两组的差距都非常明显。可以理解为，70~79岁衰弱老人，死亡风险明显高于60~69岁，明显低于80~89岁。而超过80岁的衰弱老人，死亡风险会逐年增高，但速度变得较慢。而不管是哪一个年龄段的衰弱老人，其死亡风险都不是恒定不变的，也并非随着时间推移而稳定增长或减退，而是有波动。年龄为60~79岁的衰弱老年人的死亡率峰值出现在第7~10年，年龄为80~89岁的衰弱老年人会在第1年和第5年出现死亡率峰值，年龄为90岁以上的衰弱老年人的死亡率峰值出现在第1年，随后快速下降，再缓慢下降。这种现象可能说明三个问题：第一，衰弱老年人的生存时间并非单纯受年龄影响，有其他因素作用于衰弱老年人的生存时间，第二，该潜在因素作用于衰弱老年人的方式是缓慢的，逐渐累积到一定阈值后造成老年人死亡，而存活下来的老年人又继续开始下一个到达死亡的累积过程。这种死亡率达到峰值后快速下降的变化方式十分符合衰弱的特点和变化规律，高龄老年人群中衰弱程度较高的老年人会经历快速死亡，随后衰弱老年人便会经历一个缓慢进展直至死亡的过程。第三，从不同衰弱等级的衰弱老年人的死亡风险分析中可发现，总体上，死亡风险随衰弱等级增加而增加。无论是哪一个衰弱等级的老人，其死亡风险都会随着时间推移出现波动。尤其是衰弱程度较低的老人，会出现死亡率先上升后下降再上升的状况，不是单调递增或递减。这可能意味着，衰弱老年人向死亡的进展是累积式的，即衰弱进展到一定程度导致一部分人死亡，存活下来的人又开始下一个阶段衰弱的进展，直至死亡。因此，很有必要进行更多的研究，以明确衰弱的发展轨迹，而现有关于衰弱随时间变化轨迹的研究较少，结论不统一。

综上所述，部分社会人口学、生活方式、社会参与和支持因素可显著影响衰弱老年人的生存时间，其中保护因素包括：女性，军事人员，家庭人均年收入大于1万元，每天主食量0.2~0.5kg，偶尔和几乎不吃肉，偶尔吃或几乎不吃白糖，不是每月但有时打牌/麻将。

本章通过生存分析中的非参数、半参数和参数法系统分析了我国衰弱老年人的生存时间、预后模型、生存函数和风险函数。我国衰弱老年人的中位生存时间为3年,可显著影响衰弱老年人生存时间的因素包括:社会人口学因素,例如:年龄、性别;生活方式因素,例如:吃糖的频率、吃蔬菜的频率;社会支持因素,例如:生病时的主要照料者;社会参与因素,例如:是否做家务、是否进行个人户外运动等。我国衰弱老年人的生存时间分布符合尺度为odds,节点为2的FPSM,性别、年龄和衰弱等级不同,我国衰弱老年人的生存函数与风险函数也不同。

第七章 衰弱的变化轨迹

通过上一章分析可知,衰弱老年人发生死亡的风险不是恒定不变的,而是随着时间的推移表现出一定的波动性。由此,可假设衰弱老年人向死亡的进展是累积式的,即衰弱进展到一定程度导致一部分人死亡,存活下来的人又开始下一个阶段衰弱的进展,直至死亡。由于现有研究证据有限,因此本章的主要目的是通过不同的角度描述衰弱随时间的变化规律,明确其变化轨迹。

一、研究背景及目的

目前,非常需要衰弱相关的纵向研究来明确衰弱随着年龄推移是如何变化的,是否会出现波动,衰弱在个体层面的变化轨迹如何,哪些因素可以影响衰弱的进展,但是该部分研究尚处于起步阶段①。现有的衰弱纵向研究较少,有研究表明,大部分老年人的衰弱状态可能在某一水平持续1~5年,但也有37%的老年人在此期间经历过衰弱水平的加重或减轻②。也有纵向研究结果显示,衰弱水平会随着年龄增长呈现稳定的增长趋势,并认为性别和社会经济地位对其有显著影响③。这些研究主要来自欧美国家。

---

① Hoogendijk, E.O., Afilalo, J., Ensrud, K.E., Kowal, P., Onder, G., Fried, L.P. Frailty: implications for clinical practice and public health[J]. The Lancet, 2019, 394(10206): 1365-1375.

② Pollack, L.R., Litwack-Harrison, S., Cawthon, P.M., Ensrud, K., Lane, N.E., Barrett-Connor, E., Dam, T.T. Patterns and predictors of frailty transitions in older men: the osteoporotic fractures in men study[J]. J Am Geriatr Soc., 2017, 65(11): 2473-2479.

③ Stenholm, S., Ferrucci, L., Vahtera, J., Hoogendijk, E.O., Huisman, M., Pentti, J., Kivimaki, M. Natural course of frailty components in people who develop frailty syndrome: evidence from two cohort studies[J]. J Gerontol A Biol Sci Med Sci., 2019, 74(5): 667-674.

然而，年龄对衰弱的影响实际上不仅反映的是时间对衰弱的影响，因为在衰老的过程中，年龄效应是与个体特定的生物衰老过程和社会过程相关的变异，它同时包含生理变化和社会经验的积累[①]。由此可知，老年人在整个生命周期中所经历的重要事件对老年的衰弱状况也会产生影响，这些重要事件包括具有相同出生队列的群体在遭遇特定历史事件(例如：战争、社会重大变故、流行病暴发)后的独特体验，即队列效应，还包括所有年龄组和出生队列受到的相同外部宏观因素(社会、环境、经济等)造成的结果，即时期效应。特别是对于衰弱这种慢性改变状态，社会环境和时间在其发生发展过程中起着非常重要的作用。在中国，高龄老人见证了中国近100年的发展进程，尚未知他们的生命历程对衰弱的发展有什么影响。因此，通过分析年龄、时期和队列效应对衰弱的影响可以更好地理解衰弱的发生和发展轨迹及其影响因素。然而目前这类研究非常少。

因此，本章首先通过横断面调查数据分析我国老年人年龄与衰弱的相关性。从群体层面分析衰弱随年龄的变化轨迹和趋势。其次通过多次横断面数据分析年龄效应(时间效应)、时期效应和队列效应对我国老年人衰弱率的影响，从群体层面将单独的时间效应从年龄与衰弱的相关性中抽提出来，从而描述和分析衰弱率在群体层面随时间的变化趋势。最后通过重复测量数据分析个体层面上衰弱随年龄的变化轨迹和趋势并分析各社会人口因素和社会支持对其造成的影响，从而综合分析老年人衰弱的变化轨迹及其影响因素。

二、研究对象及方法

1. 研究对象

本部分研究首先通过广义加性模型探索我国老年人年龄与衰弱的关系，其次通过年龄-时期-队列模型分析我国老年人衰弱率的年龄效应、时期效应和队列效应，最后采用广义估计方程分析个体层面衰弱随时间的变化轨迹并分析影响变化

[①] Reither, E.N., Hauser, R.M., Yang, Y. Do birth cohorts matter? Age-period-cohort analyses of the obesity epidemic in the United States[J]. Journal of Social Science & Medicine, 2009, 69(10): 1439-1488.

轨迹的因素。第一和第二部分研究采用的是 CLHLS 的总样本,第三部分研究采用的是 2002 队列的老年人。

2. 广义线性模型和广义加性模型

1972 年,Nelder 和 Wedderburn 对经典线性模型进行了推广,正式提出广义线性模型的概念(Generalized linear model,GLM)①。在 GLM 中,因变量可以为指数分布族,如二项分布、泊松分布等。因此,GLM 可用于连续型变量也可用于离散型变量。假定 Y 为一随机变量,如果其密度函数(连续性时为分布密度,离散型时为概率分布列)为

$$f_y(y;\theta,\varphi) = \exp\left(\frac{y\theta - b(\theta)}{a(\varphi)} + c(y,\varphi)\right)$$

则称 Y 服从参数为 θ 和 φ 的指数分布族分布,其中 $a(\varphi)$,$b(\theta)$,$c(y,\varphi)$ 均为已知函数,θ 称为自然参数,φ 称为讨厌参数,也称为散度参数。指数分布族的均值为:$E(Y) = \mu = b'(\theta)$。

如果 $Y = (Y_1, Y_2, \cdots, Y_n)$ 为独立分布的随机变量的向量,协变量为 x_1,$x_2, \cdots, x_p$,满足以下三个条件,则称 Y 满足广义线性模型。

①随机成分:Y_i 相互独立,且分布为指数族分布,即 $Y_i \sim f(y_i \theta_i \varphi_i)$;

②系统成分:线性预测 η 和协变量为 $x_1, x_2, \cdots, x_p$ 的表达式为:

$$\eta_i = \sum_{j=1}^{p} \beta_i x_{ij}$$

③随机成分和系统成分的连接:假定 $g(\mu)$ 为单调可微函数,有 $\eta_i = g(\mu_i)$,则称 $g(\mu_i)$ 为连接函数。其中 $\mu_i = E(Y_i)$②。虽然 GLM 适用的数据类型更广,能够描述两随机变量间的相关关系,但模型假定两变量之间的关系是单调的,难以用于非线性关系的描述和分析。广义加性模型(generalized additive models,GAM)是一种在 GLM 的框架内构造非单调的响应模型的方法,于 1990 年由 Hastie 和 Tibshirani 提出。GAM 是 GLM 的非参数扩展,比 GLM 更灵活:

$$g(\mu) = s_0 + s_1(x_1) + s_2(x_2) + \cdots + s_p(x_p)$$

---

① 万崇华,罗家洪. 高级医学统计学[M]. 北京:科学出版社,2014.
② 万崇华,罗家洪. 高级医学统计学[M]. 北京:科学出版社,2014.

$$\eta_i = s_0 + \sum_{i=1}^{p} s_i(x_i)$$

其中，s_i 是非参数光滑函数，它可以是光滑样条函数、核函数或局部回归光滑函数，可揭示出自变量的非线性效应①。

3. APC 模型

在有关个人发展的观察性纵向研究中，每次在特定的时间点对个体的测量都受到3个因素的影响：年龄（从出生日期到测量的日期）；时期（测量完成的时间段）；出生队列（在同一年出生的群体）。现有研究大多采用 APC 模型将年龄效应从另外两个混杂效应中提取出来。该模型已经成为常见的流行病学分析工具，主要用于描述和分析总人口中某一特定疾病的发病和死亡风险的变化趋势②。

APC 模型以泊松分布为基础，可在同时调整年龄、时期、队列等因素的条件下，估计一定人群的疾病或死亡危险性，体现疾病在年龄、时期和队列上的变化趋势。APC 可以看作一个多元回归模型，基本形式为：

$$Y = \alpha_0 + \alpha X_1 + \beta X_2 + \gamma X_3 + \varepsilon$$

其中，Y 代表发病率或死亡率，α，β，γ 分别为年龄效应、时期效应和队列效应，X_1，X_2，X_3 分别为年龄、时期和队列，ε 为残差。

本研究采用正态对数线性模型来对 APC 模型进行求解：

$$\ln[E(M_{ij})] = \ln(D_{ij}/P_{ij}) = \mu + \alpha_i + \beta_j + \gamma_k$$

其中，i 表示第 i 个年龄组，j 表示第 j 个时期，k 表示第 k 个出生队列，D_{ij} 表示第 i 个年龄组在第 j 个时期内的衰弱人数，P_{ij} 表示第 i 个年龄组在第 j 个时期内的总人数。本研究采用 intrinsic estimator(IE) 对模型进行求解，解决 APC 模型中三个变量的共线性问题并求出唯一解③。

---

① 李丽霞，郜艳晖，周舒冬，邹宗峰，张瑛. 广义加性模型及其应用[J]. 中国卫生统计，2007(3)：243-244.

② Twisk, W. R. J., 陈心广，俞斌，王培刚. 实用流行病学纵向数据分析方法[M]. 北京：人民卫生出版社，2016.

③ 李春辉，宇传华. 1990—2009 年中国女性乳腺癌死亡趋势的 APC 模型分析[J]. 中国卫生统计，2015，32(3)：393-400.

4. 广义估计方程

上述 GLM、GAM 和 APC 模型在群体层面上描述了衰弱随年龄(或时间)的变化趋势,本部分研究将采用广义估计方程(generalized estimation equation,GEE)分析个体层面衰弱随时间的变化轨迹,以及衰弱与协变量之间的纵向关联[3]。

GEE 是专门用于处理纵向数据等重复测量资料的统计模型,可利用所有有效的数据分析多个不同时间点结果变量和多个协变量之间的关系。一般情况下,GLM 可用于分析结果变量和多个协变量的关系,但由于重复测量资料的组内相关性,一般的 GLM 难以处理这一问题。GEE 通过计算工作相关结构解决了重复测量数据的非独立性问题,可得到稳健的参数[1]。GEE 既可以处理连续型结局变量也可以处理分类型结局变量,其优势在于即使设定的数据相关结构与实际有偏差,在样本量较大时其模型估计参数仍然具有无偏性。

GEE 分析是一个迭代的过程,基于拟似然估计的半参数方法来估计回归系数。如果每个观察对象都在 p 个时间点上被观测,y_{ij} 为第 $i(i=1,2,\cdots,n)$ 个观察对象在第 $j(j=1,2,\cdots,p)$ 个时间点的观测值,相应的协变量记为 $X_{ij}=(x_{ij_1},x_{ij_2},\cdots,x_{ij_m})'$。不同观察对象之间的观测值相互独立,同一观察对象的多次观测值组内相关。GEE 模型的基本结构如下:

(1) y_{ij} 的期望为 $E(y_{ij})$,有:

$$E(y_{ij})=\mu_{ij},\ g(u_{ij})=\beta_0+\beta_1 x_{ij_1}+\beta_2 x_{ij_2}+\cdots+\beta_m x_{ij_m}$$

其中,$g(u_{ij})$ 为连接函数,可根据数据类型选取合适的连接函数,经过该函数变换后数据符合正态分布。$\beta=(\beta_0,\beta_1,\cdots,\beta_m)'$ 为模型待估计的 $m\times 1$ 维参数向量。

(2) y_{ij} 的方差为 $Var(y_{ij})$,有

$$Var(y_{ij})=v(\mu_{ij})\phi$$

其中,$v(\mu_{ij})$ 为已知函数,表示均数和方差之间的函数关系,ϕ 为未知的尺度参数。

(3) 第 i 个观察对象的 p 个时间点观测值的相关性,可用 $p\times p$ 维"工作相关矩阵" $R_i(\alpha)$ 来表示。$R_i(\alpha)$ 由参数 α 所决定,称 α 为相关参数。

(4) $R_i(\alpha)$ 对应的工作协方差阵为

$$V_i=\phi A_i^{1/2}R_i(\alpha)A_i^{1/2}$$

其中,A_i 为 $p\times p$ 维对角矩阵,其对角线元素为 $v(\mu_{ij})$。

---

[1] 顾刘金. 应用广义估计方程分析纵向数据[J]. 预防医学,2018,30(1):106-107.

构造 GEE 为：

$$\sum_{i=1}^{n} \frac{\partial \mu_i^T}{\partial \beta} V_i^{-1}(Y_i - \mu_i) = 0$$

其中，$Y_i = (y_{i_1}, y_{i_2}, \cdots, y_{i_p})'$，$\mu_i = (\mu_{i_1}, \mu_{i_2}, \cdots, \mu_{i_p})'$。

GEE 中有三类待估计参数：协变量的系数 β、尺度参数 φ 和相关参数 α。φ 和 α 都是 β 的函数，只有得到 β 的估计值后才能得到 φ 和 α 的解，因此 GEE 要采用迭代的方法进行数值计算。

5. 资料分析工具

采用 Stata 15.0 和 R 4.0 统计软件进行数据分析，以 $P<0.05$ 作为差异有统计学意义的判定标准。

三、结　果

1. 我国老年人衰弱指数随年龄的变化趋势

首先，将年龄作为自变量，将 FI 和衰弱率分别作为因变量，采用 GAM 拟合 CLHLS 总样本，所得结果显示，FI 和衰弱率的拟合结果相似。年龄与 FI 的拟合模型中，$R^2 = 35.9\%$。

根据上述结果，认为年龄与 FI 的相关模式为单调递增，因此，采用 GLM 计算年龄与 FI 的相关性。GLM 拟合结果显示年龄的系数为 0.008604，模型 $R^2 = 34.1\%$。比较 GAM 和 GLM 的拟合结果发现，两个模型的 R^2 变化不大，能比较稳定地解释 FI 约 34% 的变异。

2. 基于 APC 模型的我国老年人衰弱率的变化轨迹

（1）我国老年人衰弱率的年龄、时期和队列变化趋势

以 CLHLS 总样本为研究对象，本部分研究分析了 69 岁至 110 岁老年人的衰弱率在 2002—2016 年的变化趋势，年龄每间隔 3 岁为一组，一共 14 组，时期每间隔为 3 年为一组，一共 5 组，分别为 2002—2004，2005—2007，2008—2010，

2011—2013 和 2014—2016 年。

首先描述我国 69~110 岁老年人年龄-时期衰弱率的分布，见图 7.1 和图 7.2。

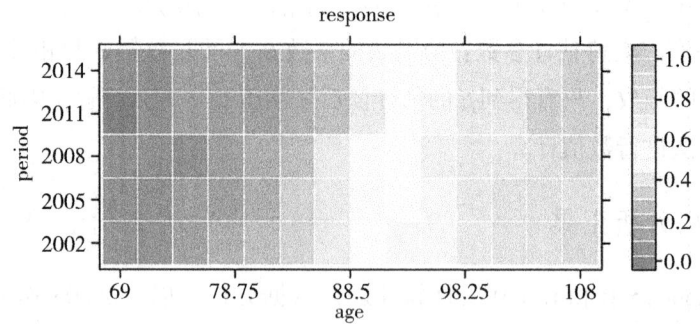

图 7.1　2002—2016 年我国 69~110 岁老年人年龄-时期衰弱率的分布图

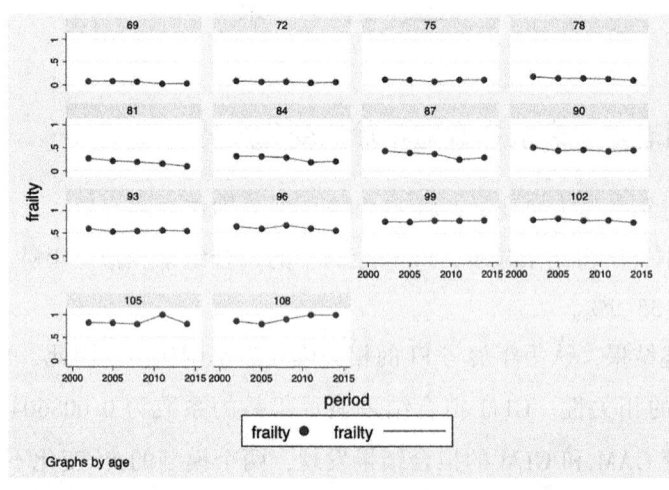

图 7.2　2002—2016 年我国 69~110 岁老年人各年龄组衰弱率在不同时期的分布

从图 7.1 和图 7.2 可知，衰弱率基本上随着年龄的增加而增加，同一年龄组的衰弱率在各个时期的变化基本不大，81 岁以下老年人衰弱率比较平坦，没有明显的上升或下降趋势；81~92 岁年龄段的老年人衰弱率略有波动，但没有一致规律；105 岁以上老年人的衰弱率在不同时期的波动比较明显。

其次描述我国 69~110 岁老年人年龄-队列衰弱率的分布，见图 7.3。

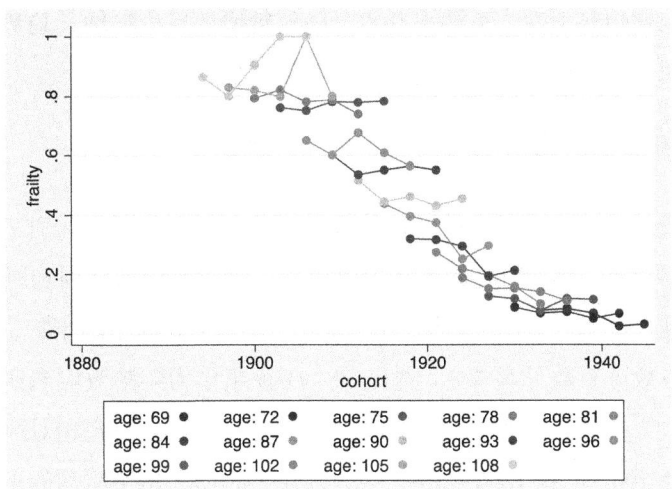

图 7.3 2002—2016 年我国 69~110 岁老年人各年龄组衰弱率在不同队列的分布

从总体衰弱率随出生年份的变化趋势上看,衰弱率基本上随出生年份呈下降趋势,84 岁以上年龄段的老年人衰弱率随出生队列呈现幅度大却不规则的变化,84 岁以下老年人衰弱率的变化较平稳。图 7.1、图 7.2、图 7.3 混杂了年龄效应、时期效应和队列效应,虽然无法看出净效应,但可以基本判断,同一年龄组的老年人在不同出生队列和不同时期的衰弱率有差异。

随后,分析我国 69~110 岁老年人衰弱率在年龄、时期和队列中各个水平的总和,见图 7.4。

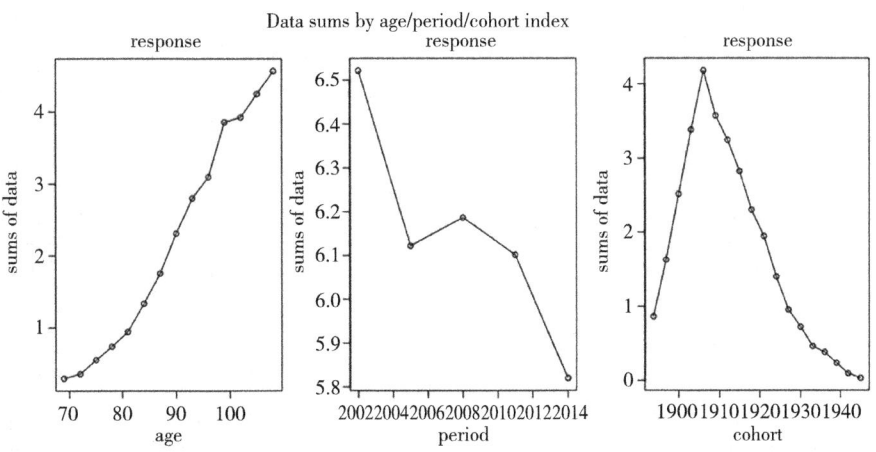

图 7.4 2002—2016 年我国老年人衰弱率在不同年龄(左)、时期(中)和出生队列(右)的分布

从总的变化趋势上看，衰弱率基本上随年龄增加呈稳定增长趋势，随时期变化的规律不明显，随出生队列呈现先增后降的变化趋势。

（2）我国老年人衰弱率随时间的变化趋势

上述对我国老年人衰弱率的变化趋势描述将年龄、时期和队列三种效应混杂在一起，本部分通过 IE 算法拟合 APC 模型，将时间效应从队列和时期效应中分离出来，得到我国 69~110 岁老年人在 2002—2016 年衰弱率的年龄、时期和出生队列效应。各效应系数见表 7.1。选择 69~71 岁组作为年龄效应参照组，取其他各年龄组系数与参照组系数的差值，将差值进行对数转换得到相对风险值，依此方法分别选择 2002 年和 1894—1896 年分别作为时期和出生队列的参照组计算其他各组的相对风险值，具体见图 7.5。

表 7.1 我国 69~110 岁老年人在 2002—2016 年衰弱率的 APC 模型分析结果

年龄（岁）	系数	标准误	时期（年）	系数	标准误	出生队列（年）	系数	标准误
69~71	-0.950	0.259	2002	0.015	0.037	1894—1896	0.294	0.102
72~74	-1.002	0.227	2005	-0.041	0.024	1897—1899	0.306	0.086
75~77	-0.676	0.157	2008	-0.017	0.018	1900—1902	0.381	0.076
78~80	-0.505	0.130	2011	0.036	0.023	1903—1905	0.397	0.068
81~83	-0.367	0.109	2014	0.007	0.037	1906—1908	0.441	0.065
84~86	-0.170	0.088				1909—1911	0.365	0.069
87~89	0.002	0.071				1912—1914	0.369	0.076
90~92	0.189	0.056				1915—1917	0.352	0.085
93~95	0.340	0.045				1918—1920	0.297	0.098
96~98	0.406	0.040				1921—1923	0.272	0.110
99~101	0.606	0.040				1924—1926	0.124	0.126
102~104	0.618	0.048				1927—1929	-0.084	0.145
105~107	0.711	0.060				1930—1932	-0.175	0.164
108~110	0.797	0.075				1933—1935	-0.474	0.202
						1936—1938	-0.343	0.214

续表

年龄(岁)	系数	标准误	时期(年)	系数	标准误	出生队列(年)	系数	标准误
						1939—1941	-0.415	0.269
						1942—1944	-0.870	0.522
						1945—1947	-1.238	1.124

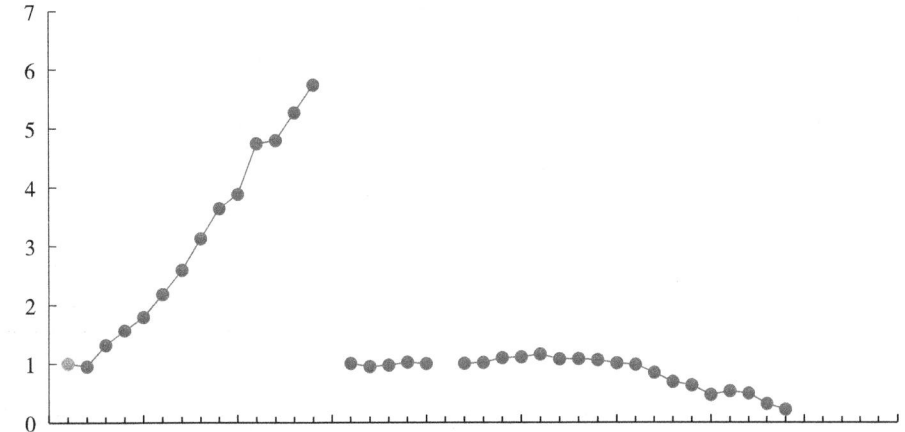

图 7.5　2002—2016 年我国 69~110 岁老年人衰弱率的年龄(左)、时期(中)和队列(右)效应估计结果

根据表 7.1 和图 7.5 可知,总体上老年人衰弱率随着年龄的增长呈现递增的变化趋势,年龄为 81~83 岁组,90~92 岁组,102~104 岁组老年人的衰弱率分别是 69~71 岁组老年人衰弱率的 1.791,3.123 和 4.797 倍;各时期老年人的衰弱率没有明显差异;不同队列老年人的衰弱率不同,呈现先轻微上升后加速下降的模式,1906—1908 年出生的老年人衰弱率最高,为 1894—1896 年出生的老年人的 1.158 倍,1945—1947 年出生的老年人衰弱率最低,为 1894—1896 年出生的老年人的 0.216 倍。

3. 基于 GEE 的我国老年人衰弱指数的变化轨迹及其影响因素分析

(1) 我国老年人衰弱指数的变化轨迹

本部分研究以 2002 年队列的老年人为研究对象,采用 GEE 分析其 FI 随时间

(2002—2018年)的变化轨迹,将时间作为分类变量纳入模型,采用线性GEE方法,连接函数为identity,family为Gaussian,分析选用的是等相关结构,对标准误采取稳健估计,结果见表7.2和图7.6。

表7.2　2002年队列老年人的FI与时间的变化关系的GEE分析

时间	系数±标准误	z	P	95%CI	
				下限	上限
2002年(参照)					
2005年	0.037±0.002	22.020	0.000	0.034	0.040
2008年	0.058±0.002	25.260	0.000	0.053	0.062
2011年	0.098±0.003	31.510	0.000	0.092	0.104
2014年	0.126±0.004	30.950	0.000	0.118	0.134
2018年	0.176±0.006	28.400	0.000	0.164	0.188

由上表可知,2005年的FI比2002年升高了0.0371,2008年的FI比2002年升高了0.0577,2011年的FI比2002年升高了0.0980,2014年的FI比2002年升高了0.1260,2018年的FI比2002年升高了0.1760。

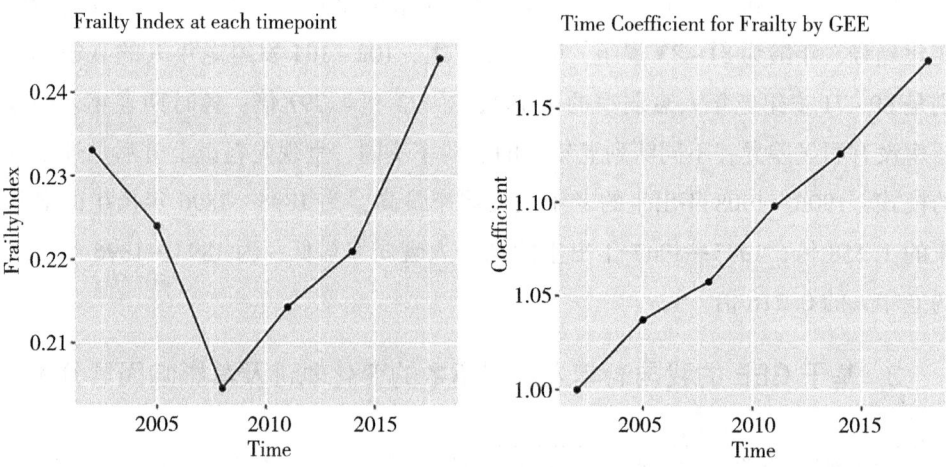

图7.6　2002年队列老年人每次重复测量的FI(左)和GEE拟合的FI随时间的变化系数(右)

由上图可知，2002年队列的老年人在每次随访时FI的均值呈现倒"U"形变化，这种趋势没有考虑在随访过程中失访或死亡的老年人，描述的是当年仍然存活的老年人FI的均值。上图右边是GEE拟合的个体FI在不同时间点上的变化情况，准确地反映了个体FI随时间的变化趋势。

(2) 我国老年人衰弱指数变化轨迹的影响因素分析

在本部分研究中，纳入分析的协变量包括社会人口学变量、生活方式变量、社会参与变量和社会支持变量。在分析纵向数据中的结果变量和多个自变量的关系时需要分两种情况：一种情况是自变量为时间独立协变量，不随时间的变化而改变；另一种情况是自变量为时间依赖协变量，在每次测量时的值可能发生变化。在本研究中时间独立协变量包括：性别、出生地、居住地、受教育时间、退休前主要职业和生过多少个孩子；其他的协变量均为时间依赖协变量。分析时首先分析时间独立变量对FI的影响，其次分析时间独立协变量对FI变化轨迹的影响，再次分析时间依赖协变量对FI的影响，最后综合分析时间独立协变量和时间依赖协变量对FI的影响。

①时间独立协变量对FI的影响。将上述各时间独立变量纳入GEE模型，采用线性GEE方法，连接函数为identity，family为Gaussian，选用等相关结构，对标准误采取稳健估计，结果见表7.3。

表7.3　时间独立协变量对2002年队列老年人FI的GEE分析

时间	系数±标准误	z	P	95%CI	
				下限	上限
性别(参照：男)					
女	−0.035±0.003	12.040	0.000	0.030	0.041
民族(参照：汉族)					
其他	−0.018±0.005	−3.630	0.000	−0.027	−0.008
出生地(参照：城市)					
农村	−0.002±0.004	0.460	0.646	−0.006	−0.009

续表

时间	系数±标准误	z	P	95%CI	
				下限	上限
居住地(参照:城市)					
镇	−0.023±0.004	−5.910	0.000	−0.030	−0.015
农村	−0.027±0.004	−7.330	0.000	−0.034	−0.020
教育(年)(参照:0)					
1~6	−0.046±0.003	−14.740	0.000	−0.052	−0.040
>6年	−0.060±0.005	−12.100	0.000	−0.070	−0.051
60岁前主要职业(参照:专业技术员)					
政府/机构	−0.011±0.008	−1.430	0.153	−0.027	−0.004
工业/服务	−0.001±0.007	−0.110	0.916	−0.014	−0.012
自雇人士	−0.007±0.011	−0.620	0.538	−0.027	−0.014
农渔林畜牧	−0.007±0.006	1.150	0.251	−0.005	−0.020
家务	−0.051±0.007	7.140	0.000	−0.037	−0.065
军事人员	−0.045±0.016	2.770	0.006	−0.013	−0.076
待业	−0.024±0.024	1.010	0.313	−0.023	−0.070
其他	−0.019±0.011	1.750	0.080	−0.002	−0.041
一共生过几个孩子(参照:0)					
1	−0.003±0.007	0.440	0.661	−0.011	−0.018
2~4	−0.009±0.006	−1.520	0.130	−0.021	−0.003
5~7	−0.023±0.006	−3.770	0.000	−0.035	−0.011
≥8	−0.006±0.007	0.920	0.360	−0.007	−0.020

由于时间独立协变量不随时间改变,因此,对其系数解释与横断面回归分析的系数解释类似。由上表可知,女性比男性的 FI 高 0.0354;其他民族比汉族的 FI 低 0.0178 个单位;居住地为镇比城市的 FI 低 0.023 个单位;居住地为农村比城市的 FI 低 0.0270 个单位;受教育年限为 1~6 年比没上过学的 FI 低 0.0457;受教育年限超过 6 年比没上过学的 FI 低 0.0605;职业为家务劳动和军事人员的

FI 分别比专业技术人员的高 0.0513 和 0.0447;生过 5~7 个孩子比没生过孩子的 FI 低 0.0230。

②时间独立协变量对 FI 变化轨迹的影响。上面分析了各时间独立协变量对 FI 的影响,本部分分析各时间独立协变量对 FI 变化轨迹的影响,即 FI 随时间的变化轨迹在各协变量区分的组间差异。将时间独立协变量和其与时间的交互项同时纳入 GEE 模型,结果见表 7.4。

表 7.4 时间独立协变量对 2002 年队列老年人 FI 随时间线性变化影响的 GEE 分析

时间	系数±标准误	z	P	95%CI	
				下限	上限
性别(参照:男性)					
时间	−0.032±0.001	29.010	0.000	−0.030	−0.034
性别时间交互	−0.001±0.002	10.400	0.689	−0.002	−0.004
民族(参照:汉族)					
时间	−0.032±0.001	40.600	0.000	−0.031	−0.034
民族时间交互	−0.000±0.003	10.070	0.946	−0.005	−0.006
出生地(参照:城市)					
时间	−0.037±0.002	15.690	0.000	−0.033	−0.042
出生地时间交互	−0.006±0.003	−2.220	0.026	−0.011	−0.001
居住地(参照:城市)					
时间	−0.038±0.002	20.240	0.000	−0.035	−0.042
居住地(镇)时间交互	−0.005±0.003	−1.800	0.072	−0.010	−0.000
居住地(农村)时间交互	−0.008±0.002	−3.950	0.000	−0.013	−0.004
教育(年)(参照:未接受过教育)					
时间	−0.034±0.001	31.550	0.000	−0.032	−0.036
教育(1~6)时间交互	−0.004±0.002	−2.710	0.007	−0.008	−0.001
教育(>6)时间交互	−0.001±0.003	−0.340	0.735	−0.006	−0.004
60 岁前主要职业(参照:专业技术员)					
时间	−0.033±0.003	10.260	0.000	−0.027	−0.040
职业(政府/机构)时间交互	−0.001±0.005	10.150	0.881	−0.009	−0.010

续表

时间	系数±标准误	z	P	95%CI	
				下限	上限
职业(工业/服务)时间交互	-0.004±0.004	10.950	0.341	-0.004	-0.011
职业(自雇人士)时间交互	-0.006±0.006	-0.980	0.327	-0.019	-0.006
职业(农渔林畜牧)时间交互	-0.003±0.003	-0.940	0.348	-0.010	-0.003
职业(家务)时间交互	-0.003±0.004	10.660	0.508	-0.006	-0.011
职业(军事人员)时间交互	-0.000±0.009	10.050	0.964	-0.018	-0.019
职业(待业)时间交互	-0.023±0.011	-2.210	0.027	-0.044	-0.003
职业(其他)时间交互	-0.005±0.007	10.770	0.442	-0.008	-0.019
生过几个孩子(参照：0)					
时间	-0.037±0.005	18.010	0.000	-0.028	-0.046
生过几个孩子(1)时间交互	-0.005±0.006	10.880	0.381	-0.006	-0.017
生过几个孩子(2~4)时间交互	-0.007±0.005	-1.450	0.146	-0.016	-0.002
生过几个孩子(5~7)时间交互	-0.006±0.005	-1.210	0.228	-0.015	-0.004
生过几个孩子(≥8)时间交互	-0.001±0.005	-0.230	0.821	-0.012	-0.009

由上表可见，对于男性，FI 每次增长 0.032221，对于女性 FI 每次增长 0.032221+0.0006141=0.0328351，性别和时间的交互项在统计学上是不显著的（$P=0.6888$），这表明 FI 值随时间的直线变化轨迹在男性和女性之间是没有显著差异的。结合上一步 GEE 分析的结果可知，男性与女性的 FI 是显著不同的，但是性别并不影响 FI 的发展轨迹；而出生地、受教育年限、职业和居住地和时间的交互项是有显著差异的，表明 FI 随时间的直线变化在这些协变量的不同取值之间是不同的。

对上述结果中与时间交互项有显著意义的协变量再次进行 GEE 分析，此次将时间作为分类变量纳入方程，分别将 2002 年，2005 年，2008 年，2011 年，2014 年和 2018 年编码为 1，2，3，4，5，6，以探索 FI 随协变量变化的具体模式，具体结果见表 7.5，表中只保留了各协变量有显著意义的部分。

表7.5 部分时间独立协变量与时间之间关系的组间差异的GEE分析

时间	系数±标准误	z	P	95%CI 下限	95%CI 上限
出生地(参照：城市)					
时间3	−0.081±0.007	12.230	0.000	−0.068	−0.094
时间4	−0.117±0.009	12.350	0.000	−0.098	−0.136
农村与时间3交互	−0.027±0.007	−3.790	0.000	−0.040	−0.013
农村与时间4交互	−0.022±0.010	−2.190	0.029	−0.042	−0.002
教育(年)(参照：0)					
时间5	−0.133±0.006	22.900	0.000	−0.122	−0.144
时间6	−0.189±0.009	20.800	0.000	−0.171	−0.207
1~6与时间5交互	−0.020±0.009	−2.370	0.018	−0.037	−0.004
1~6与时间6交互	−0.041±0.013	−3.130	0.002	−0.066	−0.015
职业(参照：专业技术人员)					
时间5	−0.131±0.017	−7.610	0.000	−0.098	−0.165
失业与时间5交互	−0.129±0.051	−2.520	0.012	−0.230	−0.029
居住地(参照：城市)					
时间2	−0.047±0.004	12.980	0.000	−0.040	−0.054
时间3	−0.079±0.006	14.370	0.000	−0.068	−0.090
时间4	−0.112±0.007	15.060	0.000	−0.098	−0.127
时间5	−0.144±0.010	13.960	0.000	−0.123	−0.164
时间6	−0.201±0.016	12.670	0.000	−0.170	−0.232
镇与时间3交互	−0.021±0.007	−2.800	0.005	−0.036	−0.006
农村与时间2交互	−0.015±0.004	−3.610	0.000	−0.024	−0.007
农村与时间3交互	−0.030±0.006	−4.860	0.000	−0.042	−0.018
农村与时间4交互	−0.024±0.008	−2.800	0.005	−0.040	−0.007
农村与时间5交互	−0.025±0.012	−2.140	0.033	−0.047	−0.002
农村与时间6交互	−0.037±0.018	−2.070	0.038	−0.071	−0.002

对于出生地为城市的老年人，FI在第三次和第一次测量之间的差异为0.081，第四次和第一次测量之间的差异为0.117，而对于出生地为农村的老年

人，FI 在第三次和第一次测量之间的差异为 0.081-0.027=0.054，第四次和第一次测量之间的差异为 0.117-0.022=0.095，这表明出生地为农村的老年人的 FI 在 2008 年和 2011 年的增长速度比城市老年人慢；对于没有接受过教育的老年人，FI 在第五次和第一次测量之间的差异为 0.133，第六次和第一次测量之间的差异为 0.189，而对于受教育年限为 1~6 年的老年人，FI 在第五次和第一次之间的差异为 0.133-0.020=0.113，第六次和第一次测量之间的差异为 0.189-0.041=0.148，这表明受教育年限为 1~6 年的老年人的 FI 在 2014 年和 2018 年的增长速度比没有接受过教育的老年人慢；对于职业为专业技术人员的老年人，FI 在第五次和第一次测量之间的差异为 0.131，对于职业为失业的老年人 FI 在第五次和第一次测量之间的差异为 0.131-0.129=0.002，表明失业的老年人的 FI 在 2014 年的增长速度比专业技术人员的老年人慢；对于居住地为城市的老年人，FI 在第二次和第一次测量之间的差异为 0.047，在第三次和第一次测量之间的差异为 0.079，在第四次和第一次测量之间的差异为 0.112，在第五次和第一次测量之间的差异为 0.144，在第六次和第一次测量之间的差异为 0.201，对于居住在镇的老年人，FI 在第三次和第一次测量之间的差异为 0.079-0.021=0.058，对于居住地为农村的老年人，FI 在第二次和第一次测量之间的差异为 0.047-0.015=0.032，在第三次和第一次测量之间的差异为 0.079-0.030=0.049，在第四次和第一次测量之间的差异为 0.112-0.024=0.088，在第五次和第一次测量之间的差异为 0.144-0.025=0.119，在第六次和第一次测量之间的差异为 0.201-0.037=0.164，这表明居住在镇的老年人，FI 在 2008 年的增长速度比城市老年人慢，居住在农村的老年人在每次随访时 FI 的增长速度都比城市老年人慢。

③时间依赖协变量对 FI 的影响。时间依赖协变量可能随时间变化而变化，时间可能既和结果变量有关又和协变量有关，因此，需要在分析中将时间项作为混杂因素纳入方程。本部分首先将各时间依赖协变量依次纳入 GEE 模型得到未校正时间的各协变量的系数和统计值，其次将时间项纳入 GEE 模型，以得到校正时间后各协变量的系数和统计值，最后将所有的时间独立协变量、时间依赖协变量和时间项纳入 GEE 模型形成多因素 GEE 模型，但只保留模型中的时间依赖协变量的系数和统计值，具体结果见表 7.6。

三、结　果

表 7.6　时间依赖协变量对 FI 影响的 GEE 分析

协变量	未校正时间			校正时间			多因素模型		
	系数±标准误	z	P	系数±标准误	z	P	系数±标准误	z	P
居住情况（参照：与家人居住）									
独自居住	-0.031±0.003	-11.670	0.000	-0.033±0.003	-12.660	0.000	-0.023±0.002	-9.930	0.000
养老机构	-0.044±0.006	-17.130	0.000	-0.041±0.007	-15.970	0.000	-0.050±0.007	-7.620	0.000
每天主食量（kg）（参照：<0.2）									
0.2~0.3	-0.068±0.002	-30.030	0.000	-0.056±0.002	-25.420	0.000	-0.031±0.002	-17.180	0.000
0.3~0.5	-0.115±0.002	-49.760	0.000	-0.092±0.002	-39.850	0.000	-0.052±0.002	-26.770	0.000
>0.5	-0.133±0.004	-30.030	0.000	-0.105±0.004	-24.030	0.000	-0.058±0.004	-15.340	0.000
吃水果的频率（参照：几乎每天）									
经常吃	-0.007±0.003	-2.240	0.025	0.001±0.003	0.490	0.622	-0.006±0.003	-2.300	0.022
有时吃	-0.009±0.003	-12.880	0.004	0.017±0.003	-15.880	0.000	-0.005±0.003	-2.130	0.033
很少或从不吃	-0.044±0.003	-13.180	0.000	0.043±0.003	-13.860	0.000	-0.002±0.003	-0.860	0.392
吃蔬菜的频率（参照：几乎每天）									
经常吃	0.029±0.002	-14.880	0.000	0.027±0.002	15.180	0.000	-0.012±0.002	17.850	0.000
有时吃	0.073±0.003	-21.820	0.000	0.063±0.003	19.880	0.000	-0.026±0.003	19.790	0.000
很少或从不吃	0.135±0.006	-24.090	0.000	0.114±0.006	20.680	0.000	-0.043±0.004	19.760	0.000
吃肉的频率（参照：几乎每天）									
偶尔	0.013±0.002	-16.880	0.000	0.009±0.002	4.910	0.000	-0.001±0.002	10.580	0.559
几乎不吃	0.051±0.003	-18.630	0.000	0.042±0.003	15.630	0.000	-0.009±0.002	14.030	0.000

续表

协变量	未校正时间			校正时间			多因素模型		
	系数±标准误	z	P	系数±标准误	z	P	系数±标准误	z	P
吃鱼等水产品的频率（参照：几乎每天）									
偶尔	0.026±0.002	-10.900	0.000	0.015±0.002	6.490	0.000	-0.008±0.002	13.860	0.000
几乎不吃	0.057±0.003	-21.220	0.000	0.038±0.003	14.530	0.000	-0.010±0.002	14.320	0.000
吃鸡蛋的频率（参照：几乎每天）									
偶尔	0.009±0.002	-14.380	0.000	0.005±0.002	2.600	0.009	-0.007±0.002	-4.260	0.000
几乎不吃	0.025±0.003	-19.280	0.000	0.020±0.003	7.460	0.000	-0.010±0.002	-4.560	0.000
吃豆制品的频率（参照：几乎每天）									
偶尔	0.022±0.002	-11.360	0.000	0.009±0.002	5.060	0.000	-0.001±0.002	10.510	0.609
几乎不吃	0.048±0.003	-18.610	0.000	0.029±0.003	11.750	0.000	-0.003±0.002	11.470	0.142
吃腌咸菜或泡菜的频率（参照：几乎每天）									
偶尔	0.015±0.002	-17.000	0.000	0.009±0.002	4.100	0.000	-0.006±0.002	13.410	0.001
几乎不吃	0.048±0.002	-21.840	0.000	0.030±0.002	13.790	0.000	-0.013±0.002	16.980	0.000
吃白糖或糖果的频率（参照：几乎每天）									
偶尔	-0.003±0.003	-1.250	0.212	-0.002±0.002	-1.060	0.291	-0.001±0.002	-0.750	0.453
几乎不吃	0.014±0.002	-16.000	0.000	0.006±0.002	2.460	0.014	-0.001±0.002	-0.280	0.783
喝茶的频率（参照：几乎每天）									
偶尔	0.027±0.003	-10.000	0.000	0.026±0.003	10.120	0.000	-0.008±0.002	13.760	0.000
几乎不吃	0.057±0.002	-27.290	0.000	0.043±0.002	20.630	0.000	-0.011±0.002	16.590	0.000

续表

协变量	未校正时间 系数±标准误	未校正时间 z	未校正时间 P	校正时间 系数±标准误	校正时间 z	校正时间 P	多因素模型 系数±标准误	多因素模型 z	多因素模型 P
吃大蒜的频率(参照:几乎每天)									
偶尔	0.021±0.002	-19.540	0.000	0.019±0.002	9.260	0.000	-0.003±0.002	11.510	0.131
几乎不吃	0.056±0.002	-23.630	0.000	0.044±0.002	19.490	0.000	-0.005±0.002	12.570	0.010
现在是否吸烟(参照:是)									
否	0.079±0.002	-32.340	0.000	0.066±0.003	25.380	0.000	-0.021±0.002	10.410	0.000
现在是否喝酒(参照:是)									
否	0.066±0.002	-29.010	0.000	0.052±0.002	22.240	0.000	-0.017±0.002	19.280	0.000
现在是否锻炼身体(参照:是)									
否	0.102±0.002	-56.820	0.000	0.087±0.002	49.150	0.000	-0.049±0.002	31.480	0.000
是否做家务(参照:不是每天,但每周至少一次)									
不是每周,但每月至少一次	0.039±0.002	-17.270	0.000	0.039±0.002	17.400	0.000	-0.036±0.002	16.110	0.000
不是每月,但有时	0.062±0.005	-12.610	0.000	0.061±0.005	12.610	0.000	-0.040±0.005	18.610	0.000
不是每月,但有时	0.073±0.004	-20.650	0.000	0.070±0.004	19.940	0.000	-0.050±0.003	14.830	0.000
不做	0.196±0.002	105.570	0.000	0.189±0.002	101.200	0.000	-0.134±0.002	68.150	0.000
是否种花养鸟(参照:几乎每天)									
不是每天,但每周至少一次	0.006±0.004	-11.530	0.127	0.007±0.004	1.950	0.051	-0.001±0.004	-0.330	0.743
不是每周,但每月至少一次	0.014±0.006	-12.600	0.009	0.017±0.005	3.020	0.002	-0.000±0.006	10.060	0.950
不是每月,但有时	0.038±0.005	-18.010	0.000	0.034±0.005	7.250	0.000	-0.012±0.005	12.480	0.013

续表

协变量	未校正时间			校正时间			多因素模型		
	系数±标准误	z	P	系数±标准误	z	P	系数±标准误	z	P
不做	0.097±0.002	-41.580	0.000	0.080±0.002	33.850	0.000	-0.009±0.002	14.210	0.000
是否阅读书报(参照：几乎每天)									
不是每天，但每周至少一次	0.015±0.004	-14.220	0.000	0.023±0.004	-6.260	0.000	-0.007±0.003	12.030	0.043
不是每周，但每月至少一次	0.026±0.005	-15.360	0.000	0.033±0.005	-6.910	0.000	-0.008±0.005	11.650	0.098
不是每月，但有时	0.039±0.005	-18.340	0.000	0.038±0.005	-8.290	0.000	-0.011±0.004	12.630	0.008
不做	0.112±0.003	-41.390	0.000	0.099±0.003	-34.320	0.000	-0.018±0.003	16.400	0.000
是否饲养家禽(参照：几乎每天)									
不是每天，但每周至少一次	0.025±0.003	-17.540	0.000	0.019±0.003	-5.710	0.000	-0.007±0.003	12.230	0.026
不是每周，但每月至少一次	0.052±0.006	-19.030	0.000	0.045±0.006	-8.040	0.000	-0.019±0.005	13.480	0.001
不是每月，但有时	0.065±0.005	-13.810	0.000	0.053±0.005	-11.730	0.000	-0.016±0.004	13.760	0.000
不做	0.122±0.002	-65.040	0.000	0.101±0.002	-51.790	0.000	-0.031±0.002	17.170	0.000
是否打牌/麻将(参照：几乎每天)									
不是每天，但每周至少一次	0.012±0.003	-13.560	0.000	0.019±0.003	-5.630	0.000	-0.012±0.003	13.570	0.000
不是每周，但每月至少一次	0.025±0.005	-15.370	0.000	0.032±0.005	-6.680	0.000	-0.022±0.003	14.570	0.000
不是每月，但有时	0.038±0.004	-18.860	0.000	0.037±0.004	-8.520	0.000	-0.022±0.004	15.230	0.000
不做	0.123±0.003	-42.450	0.000	0.107±0.003	-34.080	0.000	-0.045±0.003	15.960	0.000
是否看电视听广播(参照：几乎每天)									
不是每天，但每周至少一次	0.034±0.003	-13.210	0.000	0.035±0.002	-14.650	0.000	-0.005±0.002	12.340	0.019

续表

协变量	未校正时间			校正时间			多因素模型		
	系数±标准误	z	P	系数±标准误	z	P	系数±标准误	z	P
不是每周,但每月至少一次	0.048±0.004	-11.700	0.000	0.049±0.004	-12.420	0.000	-0.008±0.003	12.420	0.016
不是每月,但有时	0.070±0.004	-17.960	0.000	0.068±0.004	-18.320	0.000	-0.021±0.003	16.260	0.000
不做	0.149±0.002	-66.100	0.000	0.138±0.002	-60.920	0.000	-0.059±0.002	28.760	0.000
是否参加社会活动(参照:几乎每天)									
不是每天,但每周至少一次	-0.005±0.005	-1.140	0.255	-0.001±0.005	-0.200	0.839	-0.002±0.005	-0.360	0.719
不是每周,但每月至少一次	-0.001±0.005	-10.320	0.751	0.004±0.005	-0.940	0.345	-0.001±0.005	10.250	0.806
不是每月,但有时	-0.023±0.004	-15.540	0.000	0.020±0.004	-4.740	0.000	-0.007±0.004	11.610	0.106
不做	-0.099±0.004	-26.850	0.000	0.078±0.004	-20.590	0.000	-0.015±0.004	13.870	0.000
外出旅游次数(参照:0)									
≥1	-0.078±0.003	-28.570	0.000	-0.054±0.003	-19.730	0.000	-0.013±0.002	-5.460	0.000
钱是否够用(参照:是)									
否	-0.046±0.002	-19.520	0.000	0.046±0.002	-20.270	0.000	-0.018±0.002	18.130	0.000
经济水平自评(参照:困难)									
一般	-0.052±0.003	-19.270	0.000	-0.048±0.003	-18.730	0.000	-0.020±0.002	-8.020	0.000
富裕	-0.076±0.003	-23.300	0.000	-0.074±0.003	-23.410	0.000	-0.030±0.003	-9.970	0.000
家庭人均年收入(万元)(参照:≤0.1)									
0.1~0.3	-0.013±0.003	-5.310	0.000	-0.017±0.002	-6.810	0.000	-0.002±0.002	10.850	0.394
0.3~0.8	-0.004±0.003	-1.540	0.123	-0.018±0.003	-6.670	0.000	-0.010±0.002	14.120	0.000

续表

协变量	未校正时间			校正时间			多因素模型		
	系数±标准误	z	P	系数±标准误	z	P	系数±标准误	z	P
0.8~1.0	-0.008±0.004	-11.900	0.058	-0.014±0.004	-3.700	0.000	-0.017±0.003	15.130	0.000
1.0~8.0	-0.036±0.003	-11.490	0.000	-0.016±0.004	-4.480	0.000	-0.014±0.003	14.540	0.000
>8.0	-0.066±0.007	-9.180	0.000	-0.020±0.008	-2.620	0.009	-0.010±0.007	11.520	0.128
婚姻(参照：已婚并与伴侣居住)									
分居	0.019±0.006	-3.000	0.003	0.020±0.006	-3.220	0.001	-0.000±0.005	-0.090	0.927
离婚	0.059±0.014	-4.060	0.000	0.062±0.014	-4.560	0.000	-0.006±0.013	10.430	0.665
丧偶	0.106±0.002	-49.050	0.000	0.092±0.002	-39.430	0.000	-0.023±0.003	18.830	0.000
未婚	0.072±0.011	-6.750	0.000	0.065±0.011	-5.940	0.000	-0.004±0.011	10.410	0.685
生病时主要照料者(参照：配偶)									
子女	0.087±0.002	-39.470	0.000	0.065±0.002	28.860	0.000	-0.008±0.002	13.170	0.002
其他	0.143±0.005	-30.380	0.000	0.119±0.005	24.730	0.000	-0.058±0.005	10.920	0.000
无人帮助	0.030±0.005	-15.880	0.000	0.026±0.005	14.980	0.000	-0.015±0.005	-2.660	0.008
能及时得到医治吗(参照：能)									
不能	0.067±0.003	-20.240	0.000	0.064±0.003	19.950	0.000	-0.032±0.003	11.270	0.000
如遇困难最先找谁解决(参照：配偶)									
子女	0.065±0.002	-27.840	0.000	0.044±0.002	19.350	0.000	-0.000±0.002	-0.180	0.856
其他	0.075±0.004	-16.820	0.000	0.056±0.004	12.720	0.000	-0.014±0.005	-3.010	0.003
无人帮助	0.065±0.006	-10.980	0.000	0.051±0.006	18.990	0.000	-0.010±0.005	-1.850	0.064

上表分析了时间依赖协变量的回归系数和 P 值,但是不能对系数做定量解释。根据上述结果,在校正了时间的单因素 GEE 分析中,所有纳入的协变量都与 FI 相关,包括:居住情况、每天主食量、吃水果的频率、吃蔬菜的频率、吃肉的频率、吃鱼等水产品的频率、吃鸡蛋的频率、吃豆制品的频率、吃腌咸菜或泡菜的频率、吃白糖或糖果的频率、吃大蒜的频率、喝茶的频率、现在是否吸烟、现在是否喝酒、现在是否锻炼身体、是否做家务、是否进行个人户外运动、是否种花养鸟、是否阅读书报、是否饲养家禽、是否打牌/麻将、是否看电视听广播、参加社会活动、外出旅游(次)、需帮助时的主要帮助者、经济水平自评、生病时主要照料者、能及时得到医治吗、如遇困难最先找谁解决。在多因素 GEE 模型中,只有吃豆制品的频率和吃白糖或糖果的频率不再与 FI 相关。

四、结 论

本章主要是分析我国老年人衰弱状况随时间的变化轨迹,首先采用 GLM 和 GAM 分析群体层面上我国老年人年龄与衰弱的相关模式与强度。其次采用 APC 模型将单独的时间效应从队列和时期效应中提取出来。最后采用 GEE 分析个体层面衰弱随时间的变化轨迹及其影响因素。

在分析我国老年人衰弱指数随年龄的变化趋势时发现,我国老年人 FI 与年龄呈现近似线性的相关,随着年龄的增长,FI 呈现稳定增长的趋势,由于 FI 的取值范围为 0~1,且未对其做统计转换,因此年龄与 FI 的相关系数为 0.008604,但能够解释 FI34.1%的变异。年龄是衰弱最重要的影响因素之一。本部分研究结果与大部分研究结果类似,在群体水平,衰弱水平随着年龄的增长而增长。

随后,采用 APC 模型分析 2002—2016 年我国老年人衰弱率的变化轨迹,将年龄(或时间)效应从时期和队列效应中分离出来,得到了单纯的时间效应对我国老年人衰弱率的影响。结果表明,年龄效应对衰弱的影响十分明显,年龄越大,衰弱率越高,102~104 岁组老年人的衰弱率是 69~71 岁组老年人衰弱率的 4.797 倍。而测量时期对衰弱率没有明显的影响(测量时期为 2002—2016 年),表明此段时期的社会变迁对老年人群体是否衰弱以及衰弱的变换情况没有明显的影响,老年人总体处于一个相对稳定的环境。而出生队列对衰弱率的影响呈现先轻微上升后加速下降的趋势，此结果表明，出生队列确实能够影响老年人的衰弱状况，但比年龄效应小很多，作用效应有限。研究中最早的出生队列为1894—1896年，最晚的出生队列为1945—1947年。1894—1947年正是中国历史上社会非常动荡的一个时期。研究中所有的老年人都出生于这个从始至终都动荡不安的时期，加上研究中队列的划分比较紧密，因此不同出生队列对于衰弱的影响相对较小。目前，老年学家一致认为，老年人的健康状况是在整个生命历程中日积月累的结果。从本研究中的结果并不能断定出生队列会给个体健康状况造成多大、正面或负面的影响，甚至这部分结果也可以理解为，在这一系列社会动荡中仍然存活的老年人是相当具有韧性的老年人。由于无法从出生开始追踪不同出生队列的老年人和幸存者偏差导致的选择性偏移，因此，无法详细分析生命早期经历对老年时期健康的影响。未来可使用更精细的统计方法探索年龄-时期-队列效应对我国老年人衰弱的影响。

最后，采用GEE模型分析我国老年人FI在个体层面的发展轨迹，并分析哪些因素会影响FI本身和FI的变化轨迹。由于不清楚时间和FI是直线还是曲线关系，因此直接将时间作为分类变量纳入方程，以获取FI在每个时间点的变化情况。本部分研究显示，FI随着年龄（也可以理解为时间）的增加而稳定增长，这与目前大多数研究结果是一致的，但是，也有研究认为衰弱是可以逆转的，但在本研究中，FI随着时间的推移而减小的情况很难出现，这可能与衰弱的测量方式有关。本研究中FI是采用比例计算的，这些计算FI的指标例如：慢性病、日常生活能力、认知等身体状况都是难以出现逆转的指标，更难以出现个体FI指标的下降。

在分析衰弱的影响因素时，将影响因素分为时间独立协变量和时间依赖协变量，对两者系数的解释是不同的。对于时间依赖协变量，GEE模型拟合出的回归系数不仅可以理解为组间差异，还可以理解为组内差异，目前尚没有方法将两种差异的效应分开。在研究时间独立变量时将其与时间的交互项纳入模型，从而进一步分析了该协变量对衰弱变化轨迹的影响。加入交互效应后，组别与时间点反映的不再是主效应，而是单独效应。根据本部分研究结果，纳入模型的大部分协变量都可以影响FI，包括大部分社会人口学变量、生活方式变量和社会支持与参与变量。对于时间独立协变量能够做出定量解释，但是对于时间依赖协变量，只能判断该协变量是否与 FI 相关。此外，GEE 有多种工作相关结构，在本研究中，只用了等相关结构，因为研究样本较大，所以认为 GEE 模型的系数具有无偏性。对此部分结果的解读应当注意，2002 年队列老年人的失访和死亡数量较多，尚不知道缺失的变量会如何影响研究结果，尽管现有观点认为在广义估计方程中，不填补缺失值和填补缺失值所得到结果差别不明显①。

本章研究表明，无论是个体层面还是群体层面，衰弱均随着年龄的增长和时间的推移呈现稳定的增长趋势，社会人口学因素、生活方式因素、社会参与和社会支持因素会影响衰弱的发生和发展。由于该队列的死亡和失访比例较高，因此，这部分结果的推广应当谨慎，未来可以使用生存分析和纵向分析结合的方式分析衰弱的变化轨迹及其影响因素。

---

① Twisk, W. R. J., 陈心广, 俞斌, 王培刚. 实用流行病学纵向数据分析方法[M]. 北京：人民卫生出版社，2016.

第八章 总　　结

随着世界人口逐渐老化，如何顺利步入老龄化社会，如何基于老龄化社会的特点制定适宜的发展策略，如何提高全人类全生命周期的福祉是各国都必须面对的紧迫问题和挑战。

本书第一章从我国老龄化现状出发，分析了我国老龄化的特点，包括：总人口及老年人口基数大、老龄化进展迅速等，并认为健康老龄化是我国进入老龄化社会的合适模式和途径。随后阐述了健康老龄化的概念、内涵和行动框架，分析了其主要思想并总结了健康老龄化对我国的启示。本书第二章旨在分析科学研究领域中健康老龄化这一研究主题的研究框架、思路、前沿、热点和最新研究进展。基于老年研究的特点，通过多个文献计量学方法的组合使用，比较客观和全面地分析了健康老龄化相关的科学研究。从这一章的结论中可以发现，衰弱是老年人群中突出的健康问题，也是健康老龄化研究的热点和发展趋势。本书第三章以衰弱为主题，系统分析了衰弱概念的提出和发展、衰弱相关研究的结构和结果，明确了衰弱的概念和测量，分析了衰弱对老年人群的影响。随后，本书第四、五、六、七章对我国老年人的衰弱情况展开了逐层深入的研究和分析，使用的数据来自中国老年健康影响因素跟踪调查——CLHLS这一全世界规模最大的高龄老人队列研究和我国跟踪时间最长的老年人队列研究。第四章系统分析了我国老年人的整体衰弱水平和不同时间、地区老年人的衰弱变化情况；第五章分析了衰弱的多维度影响因素（社会人口学、生活方式、社会参与和社会支持）并构建衰弱预测模型；第六章分析了衰弱老年人的生存时间及其影响因素并构建了衰弱预后模型；第七章分析了衰弱的变化轨迹及其影响因素。

一、研究方法

本书部分章节使用的数据来源——CLHLS 具有以下优势：(1)规模大，调查范围覆盖全国 23 个省市自治区，占中国人口的 85%；(2)随访时间长，调查从 1998 年开始，分别在 2000 年、2002 年、2005 年、2008 年、2011 年、2014 年和 2018 年进行研究对象的随访和替补；(3)调查内容全面，包括详尽的社会人口学信息、生活方式、生活环境、认知功能、社会支持、社会参与、身体测量等；(4)数据质量较好，已有大量的高水平学术论文和学位论文使用该数据进行研究并发表。该数据在收集过程中遵循严格的质量控制标准和核查制度，有系列的中英文图书持续披露其数据质量。但在本研究使用的部分 CLHLS 数据也有以下劣势：(1)高龄老人比例较高，由于该队列于 2002 年才开始纳入 80 岁以下的老年人群，且纳入比例较小，因此，本书使用的数据中，高龄老人比例很高。由于衰弱与年龄有很强的相关性，因此，本书中的部分结果和结论可能对衰弱水平产生较高的估计；(2)失访率较高，以 2002 年队列为例，2002 年加入的老年人有 16064 人，在 2005 年随访时只获取了 8179 位老年人的信息，其余 2015 位老年人为失访，占比 12.5%，5874 位老年人为死亡，占比 36.6%。在进行生存分析时，较高的失访率会导致死亡风险的估计产生偏误。因此，在对结果进行解读时应当综合考虑使用的数据特点。

本书使用 Rockwood 衰弱指数 FI 计算老年人的衰弱水平。FI 常用于大型流行病学或临床研究。通过综合考虑超过 30 个健康相关指标(包括体征、症状、残疾、疾病、他评健康状况等)进行计算，FI 旨在反映个体病态的严重程度和接近死亡的危险。但在研究衰弱的变化轨迹时，FI 的劣势为难以反映衰弱水平的逆转。现有研究表明，部分衰弱老年人的衰弱水平会在一定时间出现下降的情况。然而，本书中计算 FI 的 39 个健康相关指标都是难以出现逆转的指标，例如，所患慢性疾病、日常生活活动能力等。因此，在研究衰弱的变化轨迹时，应充分考虑这一特点。

本书使用了多种数据分析方法，包括第二章使用的文献计量学，第四章使用的时间序列分析、空间可视化方法和 Logistic 回归，第五章使用的预测模型，第六章使用的生存分析，第七章使用的广义线性模型、年龄-时期-队列模型和广义估计方程等。此外，还综合使用了 CiteSpace，SPSS，Stata，R 等分析软件进行数据分析。

二、创新与不足

本书的创新之处有四点：第一，本书用文献计量学方法分析了健康老龄化领域的研究框架、思路和前沿。虽然只针对英文文献进行分析且时间有限，采用的检索策略不如系统综述般精确，但本书结果仍然可以为理解健康老龄化概念、内涵和科学研究提供一个入口和思路。第二，研究选取的数据来自全国、专门针对老年人建立的队列研究，在国内，老年人衰弱研究尚处于起步阶段。据笔者所了解，现有研究多局限为某个地区的老年人，尚未使用全国老年人数据对衰弱进行分析。在世界范围，衰弱的研究大多为横断面研究，纵向研究的数量十分有限，目前十分需要纵向研究提供的衰弱发展轨迹及影响因素的证据。本研究选取的数据不仅能够系统而全面地反映我国老年人的衰弱状况，而且有足够数量的随访次数(6次)和时间跨度(16年)对老年人衰弱进行纵向分析。此外，研究的样本量较大，数据质量高，能够提供可靠的信息。第三是研究方法，本研究应用到的研究方法有时间序列法、空间流行病学方法、生存分析法、参数生存分析模型、GLM 和 GAM、APC 模型和 GEE 模型。在衰弱研究领域，尚没有研究使用时间序列法这种纵向数据分析方法对衰弱进行预测；采用空间流行病学对衰弱进行分析的证据也十分有限；在生存分析方面，研究衰弱老年人生存时间的研究十分有限和稀缺，而本研究利用 CLHLS 的大样本和长时间跨度的优势完成了衰弱老年人的生存分析，探索了我国衰弱老年人的生存时间及其影响因素，并构建了预后模型、生存函数和风险函数；在分析衰弱的变化轨迹方面，采用了多个统计学模型分析其随时间的变化情况，在实际研究中，也可以将时间效应理解为年龄效应，即时间对衰弱的影响就是年龄对衰弱的影响，因此首先采用 GAM 分析衰弱与年龄的相关性，GAM 在不假定衰弱与年龄是线性相关的前提下充分探索两者可能的关系模式，在明确其关系模式后再使用 GLM 获取更准确的相关系数。据笔者了解，目前仅有 1 篇研究使用 APC 模型对老年人衰弱的年龄、时期和队列效应进行分析，因此，本研究结果为现有研究提供了重要补充；GEE模型虽然不是一个用于纵向数据分析的新方法，但目前很少有研究使用GEE分析老年人衰弱在16年间的变化情况，这也是本研究的一个重要贡献。第四是纳入的变量，研究纳入的变量不局限于现有衰弱研究中的社会人口学变量和生活方式变量等，而是利用CLHLS广覆盖的优势，纳入了社会参与和社会支持的相关变量，这在研究衰弱的影响因素方面是十分重要的，因为现有的关于老年人衰弱与社会支持和社会参与相互作用模式的证据十分有限。

而不足之处有三点。第一，研究的数据局限在全国23个地区，并不包括新疆、西藏等地区，因此，将研究结论推广到这些地区时应当谨慎；研究在2011年和2014年没有新增替补受访者，仅访问上次调查被访、仍然存活的老人以及上次调查被访后已去世老人的亲属，因此，研究中各随访时点的样本替补原则有差异，可能会对数据分析结果有影响，在对研究结果进行解读时应谨慎；研究为大型队列研究，在每次调查中不可避免地出现了缺失值，虽然本研究描述了缺失模式，并综合采用了填补法和删除法对数据进行了预处理，但对于数据分析结果的解释和推广仍需谨慎。

第二，研究尝试使用了时间序列分析预测衰弱率，但是由于历史数据记录次数较少，预测的结果需要进一步验证；研究尝试使用了空间流行病学分析方法，但没有进行空间自相关分析，不能明确各地区的衰弱率是否具有相关性；在进行生存分析时，没有进一步分析死亡的原因，尚未知死亡原因是身体衰弱还是其他意外等因素；在使用GEE对2002年队列的老年人进行纵向分析时，老年人的死亡率是比较高的，一些更衰弱的老人可能无法存活至下一次随访，因此，较高的死亡率对GEE纵向分析的结果会造成什么影响需要进一步研究，或采用更高级的统计方法，例如生存分析和重复测量数据分析联合的方法。

第三，在分析相关因素对衰弱的影响时，纳入了家庭人均年收入这一变量，在对不同时间点的这一变量进行分析时没有考虑年收入在当年能代表的真实情况，即2002年家庭人均年收入为1万元所代表的收入等级和2018年家庭人均年收入为1万元所代表的收入等级是不同的，但是本研究在对大样本分析时，没有考虑到这个差异；本研究使用的是用FI计算老年人的衰弱水平，不同于Fried衰弱表型，FI计算时纳入的变量大部分为慢性疾病和日常生活能力，一旦患有慢性疾病或者丧失某种能力，很难出现恢复或逆转，因此，在使用 FI 分析衰弱的变化轨迹时，很难看到衰弱水平出现降低的可能，将来的研究可以使用 Fried 衰弱表型对老年人衰弱的变化轨迹进行分析。

总之，本书针对健康老龄化和衰弱开展了系列研究，为人们了解健康老龄化和衰弱提供了一个特殊的角度。但是，由于笔者研究经验有限，书中难免有许多不成熟、不足甚至谬误之处，希望在未来的交流学习过程中得以完善。